Vom Krieg ein Leben lang geprägt

Franz-Josef Schmeling

Vom Krieg ein Leben lang geprägt

Ehemalige Luftwaffen- und Marinehelfer antworten
50 Jahre danach

OSNABRÜCK 1997

ISBN 3-87898-358-1
© Franz-Josef Schmeling 1997
Printed in Germany

Vertrieb durch: H. Th. Wenner, Osnabrück, Große Straße 69

Inhalt

Das Leben, das mich durch diese Jahre trug, ist noch in meinen Händen und Augen. Ob ich es überwunden habe, weiß ich nicht. Aber solange es da ist, wird es sich seinen Weg suchen, mag dieses, das in mir „Ich" sagt, wollen oder nicht.

Erich Maria Remarque
(Im Westen nichts Neues)

Vorwort

Nach meinem Ausscheiden aus dem Berufsleben entschloß ich mich, noch einmal die Universität zu besuchen, und begann mit dem Studium der Geschichte. Da ich auch Veranstaltungen zur Neuesten Geschichte besuchte, lernte ich bald den Leiter des Instituts für Migrationsforschung und Interkulturelle Studien (IMIS), den Osnabrücker Historiker, Prof. Dr. Klaus J. Bade, kennen, der in mir nicht nur den Studierenden sah, sondern auch einen Zeitzeugen, der als Schülersoldat am Zweiten Weltkrieg teilgenommen hat. Bei meiner Suche nach einem geeigneten Arbeitsthema mit Bezug zur erlebten Vergangenheit machte er mir den Vorschlag, der Frage nachzugehen, ob das Erlebnis des Kriegsdienstes als Luftwaffen- und Marinehelfer Spuren im weiteren Leben der damaligen Schülersoldaten hinterlassen hat. Diese Anregung griff ich gerne auf. 200000 Schüler der Geburtsjahrgänge 1926 bis 1928 wurden in den Jahren 1943 und 1944 zum Kriegsdienst bei der Heimatflak herangezogen. Als Kanonenfutter vom NS-Regime mißbraucht, starben viele von ihnen im Bombenhagel auf deutsche Städte und an den Fronten in Ost und West. Bald wurde mir klar, daß ich eine solche Aufgabe nur mit der Befragung der betroffenen Zeitzeugen lösen kann. So begann für mich ein mühevoller, langwieriger Hindernislauf: Erarbeitung eines Fragenkatalogs, die Verschickung an über 200 Adressen, Auswertung der rückläufigen Fragebögen und die Durchführung von Interviews mit 50 Zeitzeugen zwischen München und Flensburg, Berlin und Köln. Das vorliegende Buch bietet die Ergebnisse aus dieser mehr als dreijährigen Arbeit, für deren Umsetzung und Interpretation vor dem Hintergrund selbst erlebter Zeitgeschichte ich allein verantwortlich zeichne. Andrea Riecken danke ich für ihre begleitende Beratung bei der Erarbeitung der Fragebögen und der methodischen Ausrichtung der Untersuchung in ihrer ersten Phase. Herzlichen Dank auch meiner Familie für die Mithilfe und Geduld. Einen ganz besonderen Dank möchte ich an meine 164 Zeitzeugen richten, die mit ihren Fragebögen und Auskünften bei den Interviews erst die Quellen lieferten, um die Forschung zu ermöglichen.

Erster Teil: - Das Problem - Die Methode - Die Zeitzeugen

Fragestellung

Die Lebensschicksale der Schüler der Jahrgänge von 1926 bis 1928, die geschlossen mit ihren Schulklassen bei der Heimatflak Kriegsdienste leisten mußten, waren in der Vergangenheit schon Thema einiger Untersuchungen von Historikern, Soziologen und Psychologen.[1]

Über zweieinhalb Jahrzehnte nach Kriegsende gab es allerdings zum Thema „Luftwaffen- und Marinehelfer" keine Veröffentlichungen. Es waren vielleicht die zur Frage stehenden Jahrgänge selbst, die zur kollektiven Annullierung der jüngsten Geschichte in der Nachkriegszeit beitrugen. Sie selbst haben die Vergangenheit wahrscheinlich vielfach verdrängt. War es Scham, war es Schock, daß die jungen Soldaten ihre Vergangenheit „weggesteckt" hatten? Oder war es einfach nur die jugendliche „Kunst" zu vergessen in Anbetracht des Überlebenskampfes in den unmittelbaren Nachkriegsjahren und eines unbändigen Aufbauwillens in die Zukunft hinein? Sie sind als „vollwertiges Produkt" der nationalsozialistischen Bewegung zu betrachten, „unverdorben" von Einflüssen aus vornationalsozialistischer Epoche. Die Jahrgänge 1926 bis 1928 bekamen das stärker zu spüren als alle Jahrgänge zuvor. Sie erlebten in ihrer Kindheit, in der frühesten Phase ihrer Bewußtseinsbildung, den emphatischen Aufstieg des Dritten Reiches und wurden voll in die Hitlerjugend mit all ihren Einflüssen integriert. Die meisten von ihnen identifizierten sich mit den Größen der Nazizeit und später, nach Ausbruch des Krieges, mit den „Helden" an allen Fronten. Ihr historisches Schicksal bestand darin, daß sie in kürzester Zeit ein bisher noch nie existierendes System auferstehen und hernach bis zur völligen Vernichtung haben untergehen sehen.

Günter Grass schildert die Situation dieser Jugendlichen in einem Vortrag, den er 1967 in Tel Aviv und Jerusalem gehalten hat:

„Ich komme aus einem Land, dem ich durch Herkommen und Sprache, durch verpflichtende Tradition und geschichtliche Verschuldung, durch Liebe und Haß verbunden bin. Im Jahre 1927 wurde ich in Danzig geboren. Als 14jähriger war ich ein Hitlerjunge; als 16jähriger wurde ich Soldat, und mit 17 Jahren war ich ein amerikanischer Kriegsgefangener. Diese Daten besagten viel in einer Zeit, die zielstrebig den einen Jahrgang dezimierte, den nächsten schuldig werden ließ, einen anderen Jahrgang aussparte. Mein Geburtsjahr sagt: ich war zu jung, um ein Nazi gewesen zu sein, aber alt genug, um von einem System, das von 1933 bis 1945 die Welt zuerst in Staunen, dann in Schrecken versetzte, mitgeprägt zu werden. Es spricht also zu Ihnen weder ein bewährter Antifaschist noch ein ehemaliger Nationalsozialist, eher das Zufallsprodukt eines halbwegs zu früh geborenen und halbwegs zu spät infizierten Jahrgangs."[2]

Für die Eltern dieser Jahrgänge war die Situation unbekannt und fremd. Weder sie selbst noch die Generation ihrer Eltern hatten einen ähnlich totalitären Machtanspruch seitens des Staates kennengelernt. Bis zum Eintritt der männlichen Erwachsenen in den pflichtgemäßen Militärdienst gab es zu keiner Zeit einen ähnlichen Zugriff des Staates auf Kinder und Jugendliche.

Rückschauend können wir sagen, daß die sogenannten Flakhelferjahrgänge in einer extremen Ausnahmesituation lebten, die für sie in Kindheit und Jugend zur Normalsituation wurde. Einem kritisch geschulten Erwachsenen war immerhin noch die Möglichkeit des Vergleichs zu früher erlebten Zeiten gegeben. Er konnte die Andersartigkeit des neuen totalitären Staates verarbeiten, wenn auch die Masse des Volkes aus Angst vor Verfolgung und Anklage alles Widersprüchliche wegsteckte und totschwieg und sich dann schließlich auch mit dem System identifizierte. Den Jugendlichen fehlte der an normale Zeiten angepaßte Gegenwarts- und Zukunftshorizont völlig, sie wurden vom Staat regelrecht vereinnahmt. Eine rationale Auseinandersetzung mit dem NS-System gab es nicht. Es fehlten Informationen und kompetente Gesprächspartner. Zur politischen Kritikfähigkeit wurde niemand erzogen. Politische Bildung wurde völlig einseitig ausgerichtet. Im NS-Staat genügte es, auf seinem ihm zugewiesenen Platz seine Pflicht zu erfüllen. Blindes Gehorchen war angesagt. So vorbereitet, mußten sie mit 15 oder 16 Jahren an die Kanonen eilen, teils froh, einer inzwischen erfahrenen HJ-Monotonie entkommen zu sein, und teils glücklich, als Luftwaffenhelfer für vollwertige Männer gehalten zu werden.

Herausgerissen aus dem vertrauten Kreis der Familie, der gewohnten Umgebung des schulischen Lebens, aus dem Umfeld der Verwandten, Bekannten und Freunde, erlebten sie nun eine Phase, die ihresgleichen in der bisherigen deutschen Geschichte sucht. Daß nun das neue Umfeld, die Männerwelt des soldatischen Lebens, sich wie ein Sturzbach über das Leben dieser der Pubertät noch nicht entwachsenen Jugendlichen ergoß und die innere Verfassung der Flakhelfer entscheidend und dauerhaft prägte, läßt sich wohl kaum abstreiten.

Etwa 200.000 deutsche Schüler im Alter von 15 bis 16 Jahren waren betroffen.[3] Von der NS-Leitung als Hilfsdienst von Schülern und Hitlerjungen deklariert, entwickelte sich der Einsatz bei den Heimatflakbatterien als echter militärischer Dienst im Bombenhagel auf deutsche Städte. In der Endphase des Krieges gerieten die Jungen zunehmend in die Frontlinien von Ost und West. Unzählige dieser Schülersoldaten starben oder erlitten Verwundungen. Hieraus ergibt sich die Aufgabenstellung dieser Arbeit: Kann heute, 50 Jahre nach den Geschehnissen, nachgewiesen werden, daß die Luftwaffen- und Marinehelfer von diesem außergewöhnlichen Zeitabschnitt für ihr weiteres Leben geprägt worden sind?

Die Aufgabe also lautet, ein historisches Bild des Menschen zu erstellen, der in einer kurzen Phase seines jugendlichen Lebens einer Extremsituation, geprägt von totalitärem Machtanspruch eines Regimes und eines totalen Krieges, ausgesetzt war. Um dieser Aufgabe gerecht zu werden und an die Wirklichkeit der Lebenssituation der Betroffenen heranzukommen, genügt es nicht, nur die herkömmlichen Mittel historischer Forschung, wie beispielsweise das Studium der gesellschaftlichen Verhältnisse und der Sozialisationsmethoden des Systems, heranzuziehen. Bei dieser Aufgabenstellung ist dem Ziel auch mit der Methode der Wiedergabe der mündlichen Geschichte durch die Betroffenen selbst nahe zu kommen.

Oral History-Methode

In der Vergangenheit sind schon viele Versuche unternommen worden, die Geschichte der Luftwaffen- und Marinehelfer literarisch aufzuarbeiten. Allerdings hat es nach Kriegsende fast 30 Jahre gedauert, bis das erste Buch über den Einsatz der Schülersoldaten in den letzten Kriegsjahren 1943 bis 1945 berichtete.[4] Hiermit wurde endlich eine aus kriegshistorischer Sicht klaffende Lücke geschlossen. Wer sich für das Phänomen Schülersoldaten interessierte, konnte nun eine Fülle von Informationen aus dieser Literatur entnehmen und sich ein umfassendes Bild der historischen Situation in jenen Jahren machen. Im wesentlichen werden in den Büchern und Schriften drei Elemente gezeigt: die kriegshistorische Situation, die sich mit dem massiv verstärkten Luftkrieg über Deutschland ergab, die rechtliche Voraussetzung für den Schülereinsatz bei der Heimatflak und die Schilderung der Erlebnisse der Schülersoldaten an den Kanonen in den mörderischen Bombenangriffen und im Erdkampf.

Um so mehr die Zeit fortschreitet und die Überlebenden der Schülersoldatengeneration in die Phase des Rentner-Pensionär-Daseins treten, desto offensichtlicher tut sich eine Lücke in der historischen Aufarbeitung des Phänomens Flakhelfer auf.[5] Die Erlebnisperspektive ist in der Literatur überreichlich ausgeschöpft. Sie bildet auch den Grundstock unzähliger bis auf den heutigen Tag wiederkehrender Ehemaligentreffen: „Weißt du noch, damals?" „Kennst du noch den?" usw. Aber eine Frage lassen Schriften und Ehemaligentreffen offen: Wie haben diese Kriegsereignisse in den 15- und 16jährigen gewirkt, und welche Spuren haben sie hinterlassen? Sind die Jungen von damals geprägt worden für das Leben nach dem Krieg und vielleicht sogar bis heute? Kein Erlebnisbericht, keine Tagebuchnotizen und kein überlieferter Briefwechsel aus jener Zeit können Antwort geben auf solche Fragen. Es gibt nur eine einzige Quelle für Prägungen in den psychologischen und physiologischen Abläufen späterer Jahre aus anamnestischem Erleben: die persönlich kommentierende Einschätzung der Betroffenen. Die Luftwaffen- und Marinehelfer der Jahre 1943 bis 1945 sind heute 69 bis 71 Jahre alt. Um zu den Ergebnissen zu kommen, die der Verfasser mit seiner Themenstellung anstrebt, müssen diese Veteranen als Zeitzeugen die Ereignisse von damals in ihr Gedächtnis zurückholen. Sie müssen sich wieder als 15- und 16jährige an den Flugabwehrgeschützen sehen und versuchen, ihr einstiges Erleben zu vergegenwärtigen. Erst dann ist die Voraussetzung geschaffen für das eigentliche Ziel dieser Untersuchung: Hat der Einsatz an der „Heimatfront" für das weitere Leben der Schülersoldaten Spuren hinterlassen, und kann der Zeitzeuge diese Spuren aufdecken und deuten? Um zu solchen Aussagen zu kommen, befaßte sich der Verfasser mit der Quellenforschung nach der Oral History-Methode, einem Verfahren, das in den 70er Jahren in den USA entwickelt wurde und in etwa mit „mündlich erfragter Geschichte" übersetzt werden kann. Oral History hat sich inzwischen in der Geschichtswissenschaft etabliert. „Trotz dieser Entwicklung und obwohl es genügend Anhaltspunkte dafür gibt, daß immer mehr Historiker selbst mit Oral History-Interviews arbeiten, ist unter Historikern über die Oral History selbst noch kaum ernsthaft diskutiert worden."[6]

Die Befragung der Subjekte (Zeitzeugen) ermöglichte es aber dem Verfasser, „gesellschaftliche Wirklichkeit nicht mehr hinter dem Rücken und über die Köpfe der Subjekte hinweg zu erforschen, sondern deren Perspektive in diese Forschungarbeit mit hineinzuholen"[7] und die Erfahrung und deren Bewertungen für das künftige Handeln und Denken der ehemaligen Flakhelfer individuell, wenn auch nur subjektiv, in sein Forschungsprojekt einzubeziehen.

Um so mehr sich der Verfasser mit der Methode von Oral History auseinandergesetzt hat, um so stärker reifte bei ihm die Erkenntnis, daß Oral History für ihn nur eine Forschungstechnik bedeuten kann. Die Skepsis vieler gegenüber Forschungsergebnissen, die auf Aussagen von Zeitzeugen resultieren und die in die Kritik münden, solche Aussagen seien subjektiv, einseitig und nur auf Grund einer zufälligen seelischen Verfassung des Interviewten zustande gekommen, ist entkräftet, wenn bedacht wird, daß Oral History-Interviews genauso der Quellenkritik unterworfen werden müssen wie alle anderen historischen Quellen. Denn das muß dem Interviewer von vornherein klar sein: Die Aussagen des interviewten Zeitzeugen unterliegen vielen Faktoren, die den objektiven Wahrheitsgehalt in vielerlei Hinsicht verändern können. Solch einen Faktor stellt in erster Linie das Gedächnis dar, das Fehlerinnerungen produzieren kann, aber nicht muß. Und je nach persönlicher Veranlagung unterliegen Erinnerungen der Schönfärberei, der ideologiegeleiteten Auslegung und manchmal sogar der mehr oder minder bewußten Irreführung. Hier muß das Geschick des Interviewers bei der Analyse der Oral History-Quelle einsetzen, um das Gesagte in ein methodisch abgesichertes Forschungsergebnis zu überführen. Bei der Bewertung des so oder so funktionierenden Gedächtnisses des Zeitzeugen zeigt sich dem Interviewer dieselbe Problematik, wie sie sich bei der Bewertung anderer Quellen wie Autobiografien, Geschichtsschreibererzeugnisse und der schon immer so beliebten und gern gelesenen Memoiren darstellt.

Während es sich bei solchen Schrifterzeugnissen um überlieferte schon vorliegende Quellen handelt, hat es der Oral History-Historiker mit Quellen zu tun, die er erst durch

Befragungen produzieren muß. Hier heißt es nun, den „Gaul von hinten aufzuzäumen", denn der textkritische Vorgang und auch schon vorher die „Herstellung" der Quellen, wie Planung und Ablauf des Interviews, verlaufen im Vergleich zur „klassischen" Verfahrensweise zum Teil umgekehrt. Beim ersten Vorgang liegt die Quelle schon vor, beim zweiten muß sie erst produziert werden. Da hat der Historiker in Gestalt des Interviewers und Redetextanalytikers Pluspunkte vor dem Geschichtsforscher, der mit althergebrachten Methoden arbeitet. Er kann bereits bei der Planung des Interviews den Grundstock für eine leichtere Auswertung legen. So wird er sich schon im voraus ein Bild von seinem künftigen Interviewpartner machen können, da er ihn ja ausgewählt, mit ihm Kontakt aufgenommen, Ort und Zeit des Interviews vereinbart und sich so schon ein ungefähres Bild von seinem Zeitzeugen gemacht hat. Natürlich hat auch schon ein fernmündliches Vorgespräch stattgefunden, und der Interviewpartner ist mit der Thematik des Forschungsvorhabens vertraut gemacht worden. Die Kenntnisse von Bildungsstand, familiären Verhältnissen, Beruf, häuslichem Umfeld und politischer Gesinnung werden wesentlich dazu beitragen, die Aussagen in ihrer Wertigkeit richtig einzuschätzen.

In diesem Zusammenhang ist noch ein wichtiger Aspekt zur Auswertung der so gewonnenen Informationen zu berücksichtigen. Um die auf Tonband aufgezeichneten Interviews hantierbarer zu machen, müssen die Tonbänder transkribiert werden. Hierbei muß dem Interviewer klar sein, daß „das Transkript gegenüber dem auditiven Original immer nur sekundäre Quellenqualität beanspruchen kann".[8] Die Redeantworten bergen nämlich eine Fülle von Schlüsseln für das vertiefte Verständnis des Gesagten. Hier seien einige genannt: Redegeschwindigkeit, das Auf und Ab der Lautstärke, emotionaler Einfluß in die Sprechweise, wie weinerlicher Tonfall oder harter befehlerischer Unterton, Verzögerungen oder besinnliche Pausen im Redefluß, die auf intensives Nachdenken oder Rückholversuche aus Verdrängungsräumen hindeuten, spontanes lautes Lachen, das auf Kaschieren des Wahrheitsgehaltes hindeuten kann.

An dieser Stelle muß noch auf eine Besonderheit der Interviewtexte hingewiesen werden, die darin besteht, daß der Berichtende sich vornehmlich der Wir- und Man-Form bedient. Diese unpersönliche Redeweise wird vorwiegend dann gewählt, wenn der Zeitzeuge aus seiner Hitlerjugend- und Flakzeit berichtet. Das Erleben handelt er gleichsam als Sachverhalt ab, den er von „außen her" schildert. Da spricht der Zeitzeuge nicht für sich allein, er unterstreicht, daß damals alle so dachten und handelten, und er meint, verallgemeinern zu müssen. Es ist bemerkenswert, daß die Berichte, wenn sie die Zeit nach dieser gemeinsamen Luftwaffenhelferperiode schildern, also Erlebtes der anschließenden Soldatenzeit oder viel später aus der Lehr-, Studien- oder Berufszeit, umschwenken auf die Ich-Form. Die Redeweise in der Wir-Form deutet somit auf das starke Zusammengehörigkeitsgefühl der Schülersoldaten hin. Sie waren eine verschworene Gemeinschaft, die sich gegenüber den älteren Soldaten in der Flakstellung wie ein Block abgrenzte. Auch diese kategorischen Aussagen zu den Interviewtexten tragen dazu bei, die Analysen der Reflexionen der Zeitzeugen genauer und verständnisvoller zu erstellen.

Es bleibt jetzt noch zu erwähnen, daß die transkribierten Interviewtexte in ihrer Originalität belassen wurden. Es bedurfte nur einer geringfügigen redaktionellen Überarbeitung der transkribierten Interviews, um zu den lesbaren und verständlichen Texten zu kommen, die dann letztendlich veröffentlicht wurden. Hier machte sich bemerkbar, daß der Interviewer es fast nur mit ehemaligen Gymnasiasten und Studierten zu tun hatte. Wie schon eingangs erwähnt wurde, waren es fast ausschließlich Gymnasiasten und Mittelschüler, die Dienst bei der Heimatflak leisteten. Diese soziale Struktur ist natürlich auch bei den Zeitzeugen wiederzufinden, die bei diesem Projekt beteiligt sind.

Fragebogenaktion

Dr. Hans-Dietrich Nicolaisen, der mit drei Büchern an der historischen Aufarbeitung der Frage nach dem Einsatz der Schülersoldaten im Zweiten Weltkrieg einen entscheidenden Anteil hat, gab mit seiner Unterstützung Starthilfe für dieses Forschungsvorhaben. Über den (Um)Weg der Werbung für sein letztes Buch brachte Nicolaisen einen Aufruf zum Mitmachen bei dem nun vorliegenden Forschungsprojekt in Umlauf. Rund 200 ehemalige Luftwaffen- und Marinehelfer boten ihre Mithilfe an. Die Arbeit konnte beginnen.

Nach der Erarbeitung eines Fragenkatalogs (siehe Anhang) fanden sich die ersten Zeitzeugen zum Gespräch bereit. Nach zehn Probeinterviews wurde Bilanz gezogen. Die Beantwortung brachte aber nicht die erhofften Ergebnisse. Es zeigte sich deutlich, daß verschiedene Fragen für eine spontane Antwort zu kompliziert formuliert waren. Manche Fragen wirkten wie ein Überfall aus dem Dämmerlicht der Vergangenheit. Die Reaktionen waren oft: „Ich muß mich erst zurückerinnern, das war ja vor 50 Jahren." Die Probeinterviews erwiesen sich aber als wichtiger Vorlauf für das ganze Unternehmen. Wichtigste Erkenntnis: keine Interviews ohne thematische Vorinformation. So wurde zunächst eine schriftliche Befragungsaktion gestartet. Nach geringfügiger Abänderung und Reduzierung wurden die Fragen mit der Bitte um Beantwortung an die restlichen 183 Adressen verschickt. Die Zahl der Rückläufe machte großen Mut zur Weiterarbeit. 145 Zeitzeugen arbeiteten bei der Befragung mit und schickten den ausgefüllten Fragebogen zurück.

Da die Fragen nicht nur ein Ja oder Nein erforderten, fiel die Qualität recht unterschiedlich aus. 62 Prozent der ausgefüllten Fragebogen stufte der Verfasser als „hervorragend" ein. Manche schickten mehrere Seiten, ausgefüllt mit der Beantwortung. Sie waren wie ein echtes Stück Lebensgeschichte mit guten Informationen für die entstehende Schülersoldatenforschung. Der Eifer der Zeitzeugen war überwältigend. Viele fügten dem Antwortbogen noch Fotos, Tagebuchnotizen oder Lebenserinnerungen aus späteren Jahren oder ähnliches dokumentarisches Material bei. Aber auch die etwas flüchtig oder fast lieblos ausgefüllten Fragebogen zeigten ihren Wert: Zunächst einmal konnte das Interesse an einer solchen Forschungsarbeit abgelesen werden. Und zum anderen signalisierte der Fragebogen, selbst wenn nur einige Passagen unterstrichen oder ein Ja oder Nein an den Rand gekritzelt waren, die Überzeugung, daß eine solche Forschungsarbeit einen wichtigen Stellenwert in der Aufarbeitung der jüngsten Zeitgeschichte hat. Und die Vielzahl der zurückgeschickten Antwortbogen ermunterte letztlich den Verfasser, zu den wichtigsten Fragen noch statistische Erhebungen zu erstellen.

Aber selbst die als „hervorragend" eingestuften Antworten reichten als Grundlage für ein solches Vorhaben nicht aus. Ergebnisse von Fragebogenaktionen können bestenfalls für eine statistische Auswertung etwas taugen, und das war als Hauptziel ja nicht angestrebt. Das Unternehmen verfolgte von vornherein die Absicht, die künftigen Interviewpartner mit der Thematik des Forschungsthemas vertraut zu machen. Fast alle Fragen waren so formuliert, daß sie zu einer lebensgeschichtlichen Selbsteinschätzung herausforderten. Diese Aufgabe wurde von vielen mustergültig gelöst. In einem nachfolgenden Dankbrief wurde darauf hingewiesen, daß zu einem späteren Zeitpunkt vielleicht ein vertiefendes Gespräch stattfinden soll.

Als das Gros der beantworteten Fragebogen eingetroffen war (tatsächlich meldeten sich hin und wieder noch Exflakhelfer mit ausgefüllten Fragebogen bzw. mit Angeboten zum Gespräch bis kurz vor Fertigstellung des Buches), begann die Auswahl der potentiellen Interviewpartner. Es war klar, daß nicht alle Zeitzeugen, die einen Fragebogen mit Antworten zurückgeschickt hatten, zu interviewen waren. Diese Aufgabe konnte einer allein unmöglich bewältigen. Mitarbeiter, die bei der Einbringung der Interviews zur Verfügung ständen, fehlten. So mußten alle Aufgaben allein vom Verfasser bewältigt werden. Es wurde das Ziel gesetzt, mit etwa 40 bis 50 ehemaligen Luftwaffen- und Marinehelfern vertiefende Gespräche zu führen.

Ausschlaggebend für die Auswahl war auch die Beantwortung der Fragen: Ist der Mann glaubwürdig, hat er sich ernsthaft mit dem Thema befaßt, ist ihm die historische Aufarbeitung ein Herzensanliegen? Inhaltliche Perspektiven, die auf bestimmte weltanschauliche, gesellschaftliche, politische, religiöse oder andere Tendenzen des Beantworters hindeuteten, wurden als Auswahlkriterien völlig außer acht gelassen. Der Verfasser wollte jeglichen Vorwürfen, die auf Manipulation zugunsten der thematischen Fragestellung hinweisen, aus dem Wege gehen.

Ein eher unbedeutendes - weil rein praktisches - Kriterium bildete der Wohnort des Zeitzeugen. Wegen des Standortes des Verfassers wurden aus zeitlichen und ökonomischen Gesichtsgründen mehr Interviewpartner im nord- und westdeutschen Raum aufgesucht. Allerdings sind auch einige Zeitzeugen im süd- und ostdeutschen Raum interviewt worden.

Hier muß aber noch ein weiteres Kriterium für die Auswahl der Gesprächspartner erwähnt werden. Es ist das sogenannte Jahrgangskriterium. Die Luftwaffen- und Marinehelfer des Zweiten Weltkriegs gehörten drei Jahrgängen an: 1926, 1927 und 1928. Die Angehörigen des Jahrgangs 1926 und 1927 wurden nacheinander im Laufe des Jahres 1943 zum Flakdienst geholt. Sie hatten in der Regel etwa ein Jahr Dienst bei der Flak getan. Anschließend wurden sie zum Reichsarbeitsdienst und nach wenigen Wochen zur Wehrmacht eingezogen. Die Angehörigen des Jahrgangs 1928 wurden hauptsächlich im Januar 1944 mit ihren Schulklassen in die Flakstellungen geholt. Sie wurden meist erst Anfang 1945 aus diesem Dienst entlassen und dann dem RAD überstellt. In der zweiten Hälfte des Jahres 1944 wurden mancherorts auch Lehrlinge des Jahrgangs 1928 als Luftwaffenhelfer zur Heimatflak einberufen.

Das Thema dieses Buches fragt nach den Schicksalen der Flakhelfer. Nur wenige der Zeitzeugen, die an dieser Untersuchung mit ihren Aussagen mitgewirkt haben, sind durchgängig bis zum Kriegsende Schülersoldat gewesen. Das erschien zunächst als ein Problem. Aber angesichts der Tatsache, daß nur die Flakhelfer des Jahrgangs 1926 im Jahre 1944 18 Jahre alt wurden, fiel die Wahl wegen des für diese Untersuchung so wichtigen Merkmals des Jugendalters vorwiegend auf den Jahrgang 1928 (21 Interviewpartner). Sie waren die längste Zeit Flakhelfer und erlebten den Luftkrieg über Deutschland in seiner schlimmsten Phase so hautnah wie kein anderer Jahrgang. Der Jahrgang 1927 (14 Interviewte) nimmt eine Mittelstellung ein, da er im Sommer oder Herbst 1944 zur Entlassung kam. Das besagt nicht, daß diese älteren Jungen mit dem Ende ihrer Luftwaffenhelferzeit aus dem militärischen Dienst entlassen wurden. Im Gegenteil, viele von ihnen wurden nun als Soldaten noch grausamer an den Fronten in das Kriegsgeschehen einbezogen. Die Aussagen machen die Unterschiede zwischen diesen drei Jahrgängen deutlich. Manche von den 26ern bezeichnen ihre Flakzeit als ruhig, ohne besondere Vorkommnisse.

1943 kamen die alliierten Luftangriffe noch nicht mit stärkster Wucht über die deutschen Städte. So kann es vorgekommen sein, daß in manchen Flakstellungen die Luftwaffenhelfer nie einen Fliegeralarm erlebten, geschweige denn einen Bombenangriff. Ein scharfer Schuß wurde nie abgefeuert, es sei denn zur Ausbildung auf dem Schießplatz. Einer beschreibt diese Zeit als „Gammelei, als Zeit der Dummheiten ohne Leistungsanforderungen".

Ein anderer Exluftwaffenhelfer, Caspar Jungmann (dieser Name und alle weiteren Namen sind Pseudonyme, um die Anonymität der Zeitzeugen sicherzustellen):
Das war für uns mehr Spielerei, wir waren ja aus der Gefahrenzone und weit weg vom Schuß.[9]

Hubert Krahl (Zollbeamter i. R.):
Während meiner gesamten Marinehelferzeit vom März 44 bis

Kriegsende auf Norderney habe ich zu keiner Zeit Angst um mein Leben gehabt. Die Insel wurde kampflos an britische Truppen übergeben. Glücklicherweise sind wir von Kämpfen und Luftangriffen vollkommen verschont geblieben.[10]

So ähnlich schreibt Dr. Josef Schmidt-Bolert (Zahnarzt), der in Emmerich Kriegsdienst geleistet hat:

In Bausch und Bogen muß ich sagen, daß ich den Luftwaffenhelferdienst selbst eigentlich als „sportliches Ereignis" in Erinnerung habe. Das liegt wohl daran, daß ich ausschließlich in meiner Heimatstadt bei der leichten Flak eingesetzt war und wir niemals in Kampfhandlungen verwickelt waren.[11]

Ein Schülersoldat, der in seiner Batterie keine Bombenangriffe erlebt hat oder später mit in den Erdkampf einbezogen und mit Tod und Verderben konfrontiert wurde, geht natürlich ohne besondere Eindrücke und Erinnerungen aus dieser Zeit in die Zukunft. Für ihn war diese Zeit wie ein Aufenthalt im Landschulheim oder wie ein Wehrertüchtigungslager, kaum unterschieden von dem, was er schon als Hitlerjunge einmal mitgemacht hatte. Als Gesprächspartner für das Forschungsprojekt kam er dennoch in Betracht, weil sich auch andere Eindrücke dieser Flakhelferzeit für die Zukunft prägend auswirkten. Nun aber enthält der Fragebogen einige Passagen, die direkt auf Prägungen, die aus unmittelbarem Kriegsgeschehen resultieren, hinzielen. Es sind beispielsweise Fragen nach Ängsten, nach Schlüsselerlebnissen oder auch nach dem späteren emotionalen Erleben und gefühlsmäßigen Berührungen als Nachhall der persönlich erlebten Kriegsereignisse. Spätestens hier kam die Erkenntnis, daß Schülersoldatenzeit und unmittelbar anschließende RAD- und Militärzeit eine unauflösliche Einheit bilden. Von den Zeitzeugen wird diese Einheit immer wieder betont bei der Schilderung ihres Erlebens und besonderes bei deren Einschätzung der Auswirkungen auf spätere Zeiten.

So schreibt Gernot Diemel (Buchhändler i. R.):

Auch hier gilt, daß ich diesen ganzen Abschnitt aus Flakhelfer-, Arbeitsdienst-, Soldaten- und Gefangenschaftszeit als einen Komplex betrachte, der insgesamt einen entscheidenden Einfluß auf die Ausprägung der Persönlichkeit hatte. Dabei war die Flakhelferzeit eher ein Vorspiel.[12]

Hier die Aussage von Dr. Ottmar Krämling (Ordenspriester):

Die Flakhelferzeit ist nur eine kurze Periode in meinem Leben, aber sie hat einen großen Einfluß auf mein Leben. Sie ist zusammen mit dem RAD, dem Militär und der Gefangenschaft, verbunden mit der Vertreibung, für mein Leben prägend.[13]

Bei der Analyse der schriftlichen und mündlichen Aussagen werden also keine Grenzziehungen zwischen den einzelnen Phasen bei Flak, RAD und Militär gemacht, vollziehen sich doch die Übergänge fließend, denn das militärische Umfeld bei der Flak ist kein wesentlich anderes als das ein wenig spätere beim Militär. Alle diese jungen Männer sind nicht älter als 18 Jahre bis auf einen kleinen Teil des Jahrgangs 1926, der 1945 in den letzten Kriegsmonaten noch 19 Jahre alt wird. Und der größte Teil des Jahrgangs 1928 wurde 1945 erst 17 Jahre alt. Von 154 Zeitzeugen, die für diese vorliegende Arbeit lebensgeschichtliche Informationen lieferten, gehören 28 (18,2 %) dem Jahrgang 1926, 50 (32,4 %) dem Jahrgang 1927 und 76 (49,4 %) dem Jahrgang 1928 an.

Das Interview

Mit der Beendigung der schriftlichen Fragebogenaktion konnte in die zweite Phase des Vorhabens eingetreten werden: das vertiefende Gespräch, das auf dem bereits beantworteten Fragebogen aufbauen sollte. Vereinfachend wird dieser Vorgang Interview genannt, obwohl er von den Strukturen eines normalen Interviews abweicht. Bei einem normalen Interview zur Erlangung lebensgeschichtlicher Daten werden dem zu Befragenden in der Regel auf mündlichem Wege lediglich methodisches Vorgehen und Zielsetzungen mitgeteilt, die der Interviewer bzw. der Historiker, Soziologe oder Volkskundler mit den zu erwartenden Informationen verfolgt. Bei den hier vorliegenden Interviews sind bereits die Zielsetzung und das methodische Vorgehen mit der Zusendung der Fragen und deren schriftlicher Beantwortung bekannt. Der Zeitzeuge weiß also schon, was ihn mit dem Besuch des Interviewers erwartet.

Die Erfahrungen, die der Interviewer in geringem Umfang bei seiner früheren Zeitungsarbeit machte, erweisen sich bei der Durchführung der hier genannten Interviews auf der Oral History-Basis als völlig unbrauchbar; es waren reine Experteninterviews. Da ist schon eher die Feststellung von Frieder Stöckle richtungweisend: „Oral History-Projekte haben ganz unterschiedliche Rahmen- und Ausgangsbedingungen, auf die die Methoden jeweils zugeschnitten sein müssen. Fragestellungen, Personen, Erkenntnisinteressen, Befragungsumstände sind so verschieden, daß ein einheitliches Methodenkonzept nicht sinnvoll sein kann."[14] Voraussetzungen und Ziele des Forschungsvorhabens sind fest umrissen, wie in den vorangegangenen Seiten schon dargestellt wurde. Nach Stöckle sind damit Grundfigurationen und Problemkonstellationen aufgezeigt, die für alle Bereiche im Rahmen der Oral History-Vorhaben vergleichbare Geltung haben.

Wichtig blieb also noch die Herstellung der Kontaktphase. Hier waren nur geringfügige Hindernisse zu bewältigen. Die Verbindung mit den zu interviewenden Personen war bereits mit der Rücksendung der Fragebogen hergestellt. Die erste Initiative zur Kontaktaufnahme lag sogar auf seiten der ehemaligen Flakhelfer, die schon einige Zeit vorher den ersten Aufruf des Verfassers mit der Bereitschaft zum Gespräch signalisiert hatten. Das Folgende bestand nur noch in Terminabsprachen. Schon vor dem ersten persönlichen Kennenlernen am Ort des Interviews war der Verfasser von einer Reihe positiver Momente im Zusammenhang mit den Interviewpartnern angenehm überrascht. Die ca. 160 Briefe und etwa 50 Telefonanrufe als Antworten auf einen flugblattähnlichen Aufruf waren von einem freundlichen Ton geprägt. Die meisten erklärten, wie sehr sie ein solches Vorhaben begrüßten und daß sie zum Gespräch gerne bereitständen. Es gab nur einen, der eine Mitarbeit ablehnte, weil ihm die Fragestellungen zu suggestiv formuliert seien. Vielleicht werden auch andere eine solche oder eine andere ablehnende Meinung vertreten, die aber haben den Fragebogen sicherlich erst gar nicht zurückgeschickt genau wie die, die Fragebogenaktionen grundsätzlich ablehnen.

Fast alle Interviewpartner leben bereits seit einigen Jahren im Ruhestand. Einige übten nach Beendigung ihrer aktiven Berufszeit zum Zeitpunkt des Gesprächs noch nebenberufliche Tätigkeiten aus. Nur zwei Zeitzeugen standen noch voll im Berufsleben. Es sind zwei Zahnärzte.

Dieser Umstand, daß es fast nur Rentner und Pensionäre waren, zeigte eine Reihe von großen Vorteilen für das Zustandekommen der Interviews und deren inhaltliche Qualität. Zunächst einmal war es der Faktor Zeit, der einen günstigen Einfluß auf das Zustandekommen der Termine ausübte. Wenn man auch den Rentnern nachsagt, daß sie im Ruhestand erst

recht keine Zeit haben, so war doch bei der Kontaktaufnahme
deutlich zu spüren, daß so ein historisches Interview eine sehr
willkommene Abwechslung im Alltag darstellte und man ihm
gerne einen Vorrang in seinem Ablauf einräumte. Aber bei
dieser Zustimmung standen nicht Neugier oder gar Sensati-
onshunger im Vordergrund. Die Veteranen waren ja, wie bereits berichtet, mit dem, was sie erwartete, durch den Fragebogen vertraut. Die so Angesprochenen zeigten unverhohlen ihre
Freude, daß sie auf Grund ihrer themenkonformen schriftlichen Antworten als Gesprächspartner ausgewählt worden waren. Die Terminabsprache erwies sich, selbst wenn zwei, drei
oder gar vier Interviews innerhalb von drei, vier Tagen abge-
sprochen werden mußten, als unkompliziert. In den meisten
Fällen mußten Anfahrten bis zu 400 Kilometer in Kauf genommen werden. Allein im Jahre 1994 legte der Interviewer 7500
Fahrkilometer zurück, um 30 Zeitzeugen zum Gespräch auf-
zusuchen.

Wesentlich zur Vorbereitung des Interviewers auf ein Gespräch gehört die Vorinformation über den inhaltlich-fachli-
chen Bereich des Interviewthemas. Er muß während des Gesprächs die sachlichen Aussagen verstehen und sie auch in den
historischen Rahmen einordnen können. Im vorliegenden Fall
ging es ja nicht um alltägliche Aspekte allgemeiner lebensgeschichtlicher Umstände. Hier mußte vielmehr der Interviewer
als Fachmann auftreten, wohlvertraut mit den zeitgeschichtli-
chen Vorgängen, die überhaupt zu dem Phänomen Schülersoldaten führten, und darüber hinaus informiert sein über das
Alltagsleben des Luftwaffen- und Marinehelfers, über das neue
soziale Umfeld der Jungen und nicht zuletzt über den Umgang
der jüngsten deutschen Soldaten mit den verschiedenen
Flugabwehrsystemen der damaligen Kriegszeit. Eine solche
Informationsphase kam für den Interviewer nicht in Betracht.
Er war fast eineinhalb Jahre Luftwaffenhelfer und mit den
Umständen des zu erforschenden Projekts aus eigener Lebens-
erfahrung vertraut. Dieser Umstand hatte übrigens einen ent-
scheidenden Einfluß auf das Gelingen der Gespräche. Das
Vertrauensverhältnis war in allen Fällen sofort hergestellt: Der
Interviewer wurde einfach als ihresgleichen betrachtet. Als
Gesprächspartner hatte er manchmal das Gefühl, er befände
sich auf einem Ehemaligentreffen und nicht bei einem ernst-
haften Gespräch im Rahmen einer historischen Forschung. Es
wurden „Döntges" aus dem Batterieleben erzählt, kuriose
Geschichten vom Spieß X und von der jämmerlichen Gestalt

eines Hauptmanns Y. Streiche wurden zum besten gegeben, die unter großer Heiterkeit auch an fröhliche Zeiten mit Stubengenossen, Flaksoldaten und „Paukern", die ja zum Unterricht in die Stellung kamen, erinnerten. Ein anwesender Oral History-Forscher hätte konstatiert: Das Interview gerät aus den Fugen! Für den Interviewer waren aber solche „Ausfälle" Zeichen höchsten Vertrauens. Und in der Tat, gerade solche gesprächslebendigen Partner haben ausgezeichnete quellenhistorische Aussagen gemacht. Mit Sicherheit war zwischen Interviewer und Interviewtem eine Vertrauensbasis geschaffen, die so nicht existiert hätte, wäre da ein Geschichts- oder Soziologiestudent - eigentlich der Normalfall in einer solchen Oral History-Situation - ins Haus zum Gespräch gekommen.

In der Interviewphase trug noch ein anderer Umstand zum Gelingen des Projekts bei: das Ruhestandsalter und die damit verbundenen neuen Lebensumstände der Zeitzeugen. Der Faktor Zeit bei der Terminplanung ist schon erwähnt worden. Nun spielte er nochmals eine Rolle bei der Reproduktion der lebensgeschichtlichen Informationen, die ausschließlich aus einem geschulten Gedächtnis kommen müssen. Der Zeuge ist ja gleichsam mit dem Eintritt in den Ruhestand in eine Phase der Rückbesinnung getreten. Er läßt nun sein Leben Revue passieren. In sehr vielen schriftlichen und mündlichen Äußerungen der ehemaligen Luftwaffen- und Marinehelfer wird dieser Vorgang bestätigt. So wurde von ihnen, als sie Rentner wurden, wieder Kontakt mit ehemaligen Klassenkameraden, von denen sie seit ihrer Schul- bzw. Soldatenzeit nichts mehr gehört hatten, gesucht. Treffen wurden vereinbart und alte Erinnerungen aufgefrischt und ausgetauscht. Die Väter, die noch als Schülersoldaten den Krieg hautnah erlebt hatten, wurden von Kindern und Enkeln ermuntert, aus dieser Zeit zu erzählen oder aufzuschreiben. Und tatsächlich, der Verfasser hat viele schriftliche Zeugnisse von eigenen Lebenserinnerungen zusammen mit den ausgefüllten Fragebogen erhalten; meist geschrieben, nachdem der Beruf ad acta gelegt und die Schreibmaschine oder der neu aufgestellte Computer aktiviert und mit Lebenserinnerungen gefüttert worden. Und erst jetzt im Alter wurden Orte allein oder mit Familien oder mit ehemaligen Kameraden aufgesucht, die im engsten Zusammenhang mit den einstigen Ereignissen standen.

So schreibt Hubert Sollmann (Baustellenleiter i. R.): *Ganz wenig habe ich aus dieser Flakhelferzeit erzählt, jetzt,*

*wo man älter wird, und durch Ihre Fragen kommt manches
zurück.*[15]

Und eine fast unglaubliche Geschichte schreibt Dr. Wilhelm
Larberg (Flughafendirektor i. R.):

*Als die sogenannte Wende stattfand und man auch den polnisch
besetzten Teil Pommerns wieder besuchen konnte, bin ich
wenig später mit einem Schulkameraden nach Swinemünde
gefahren, um mir den Kriegsschauplatz anzusehen. Die Erinnerung war überwältigend. Es lagen in unserer alten Flakstellung sogar noch etliche scharfe 10,5-Granaten rum. Ich habe
eine entschärft und mitgenommen. Sie steht jetzt schön poliert
in meiner Sammlung der „unbewältigten Vergangenheit".*[16]

Monate später, beim mündlichen Interview, präsentierte
dann Larberg wirklich das Geschoß in einer Erinnerungsecke
im Dachgeschoß seiner Villa zusammen mit anderen Utensili-
en aus jenen Tagen, wie seinen alten Militärrucksack, Gasmaske, Karabiner und verschiedenes andere. Das Entschärfen von
Granaten hatte er schon als 16jähriger Marinehelfer gelernt.
Das Geschoß ohne Hülse hatte er, in eine Jacke gewickelt, auf
einem Fahrrad über den Grenzübergang nach Ahlbeck transportiert.

Nach den Erkenntnissen aus der Gedächtnisforschung stehen nicht alle eingespeicherten Informationen bei der Reproduktion zur Verfügung. So sind allgemein unangenehme, be-
lastende Gedächtnisinhalte weniger präsent als gegenteilige,
also für den Erinnerungsproduzenten angenehme Inhalte. Die
Produktionsschwelle für das Gespeicherte ist aber sehr varia-
bel. So kann das Gedächtnis durch anregende Begleitumstän-
de, wie auch beispielsweise durch ein lebensgeschichtliches
Interview, eingespeicherte Informationen reaktivieren.[17] Während eines Interviews verließ ein Zeitzeuge kurz den Raum.
Als er zurückkam, verharrte er zunächst eine kleine Weile
schweigend mit gesenktem Kopf. Dann sagte er: „Ich hätte es
nicht für möglich gehalten, das Gespräch hat mich sehr angegriffen. Es taucht jetzt vieles auf, was ich schon seit Jahrzehnten verdrängt hatte. Jetzt steht es mir wieder klar vor Augen.
Entschuldigen Sie, es hat mich so bewegt, daß ich einen Augenblick allein sein mußte. So, jetzt können Sie weiterfragen!"

Dieser Zeitzeuge hat offensichtlich während des Gesprächs
Anstöße erhalten zum Erkennen von Erlebnissen, die ihm
helfen, seinen Lebensablauf klarer zu überschauen. Nach
Dilthey sind Erlebnisse, die jemand, der Rückschau hält, in der

Erinnerung bewahrt, jene, welche ihm dabei helfen, sein Leben zu strukturieren. Und so sind in diesem Zeitzeugen plötzlich Geschehnisse aus der Vergangenheit, aus dieser Schülersoldatenzeit, aus einer dunklen Verdrängungszone aufgetaucht, die ihn emotionell stark bewegten und die ihn vielleicht erkennen lassen, daß sie einen Einfluß auf seine Lebenskonstruktion haben. Der Mensch kann sich im Grunde nur an Begebenheiten erinnern, denen er in irgendeiner Weise Wichtigkeit für sein Leben zumißt. Aus der Fülle rückerkennbarer Erlebnisse muß der Zeitzeuge bei der Reflexion selektieren: Dieses Ereignis hatte mehr und jenes weniger Einfluß auf meine Lebenskonstruktion. Die Geschehnisse im Leben jedes Menschen reihen sich wie Glieder einer Kette aneinander, eines geht aus dem anderen hervor, eines bedingt das andere. Die meisten dieser Geschichten fallen durch die Maschen des Erinnerungsnetzes hindurch. Ihnen wird einfach keine Bedeutung beigemessen, sie unterliegen auch keinem Verdrängungsakt, sie tauchen ab ins Vergessen.[18]

Hier findet die Gedächtnisfunktionstheorie der zitierten Wissenschaftler offensichtlich ihre empirische Bestätigung. Der oben erwähnte Interviewpartner hebt aus dem Verdrängungsdunkel seiner Flakhelfer- oder Militärzeit Erlebnisse heraus und ordnet sie offensichtlich in seinen Lebenslauf als bedeutend und prägend ein. In ähnlicher Weise haben sich auch etliche andere Gesprächspartner geäußert, als sie Ereignisse oder Ereignisfolgen berichteten, die sie durch Anstoß oder Anregung aus der Kette ihrer Lebensgeschichten als herausragend für ihr Leben selektierten. Und die andere Theorie von den lebensgeschichtlichen Ereignissen oder Perioden, die äußerst bedeutsam für die charakterliche Entwicklung der Persönlichkeit wurden und deshalb bleibend im Gedächtnis aufbewahrt werden, während andere Geschichten in weitaus längeren Zeitabschnitten durch das Gedächtnisraster fallen, wird von der Mehrheit der Befragten durch ihre Interviewaussagen ebenfalls empirisch bestätigt.

Winfried Murbach (Drogist i. R.):
Ich lebe mit dieser Zeit (kurz vor Kriegsende) eigentlich, wenn man so will, ständig. Nicht täglich, aber es kommt immer wieder hoch. So prägnant (wie diese Zeit) ist nie wieder etwas gewesen.[19]

Als der Interviewer Ernst Türmer (Bundeswehrangestellter i. R.) fragt: „Kommt Ihnen diese Zeit verdichteter, erinnerlicher in den Abläufen vor als spätere Zeitabläufe von zehn,

vielleicht sogar 20 Jahren? Oder stufen Sie diese zwei Jahre vor
Kriegsende eher als unbedeutend für Ihr Leben ein?", kommt
zur Antwort:
*In der Rückerinnerung ist die Kindheit lange, lange her, ruhige
Bahn und dann diese Kriegszeit! Danach wieder ruhig, ja, das
kann ich bestätigen (daß diese Zeit so verdichtet war). So eine
Vorstellung kann ich mir machen.*[20]

Ottmar Krämling (bei schon zitierten Zeitzeugen wird die
Berufsbezeichnung nicht mehr wiederholt):
*Aber ich muß sagen, daß ich eben von der damaligen Zeit heute
noch zehre. Manche Situationen sind so eingebrannt, daß ich
vieles andere vergessen habe, aber das steht mir unmittelbar
vor Augen.*[21]

Dr. Kurt Kantermann (Hochschulprofessor i. R.):
*Diese Zeit war so intensiv, daß man fast jeden Tag im Gedächt-
nis hat. Ja, in den 50er und 60er Jahren, was sind da zehn oder
15 Jahre?*[22]

Dr. Günter Voß (Frauenarzt i. R.):
*Es waren für mich insgesamt zweieinhalb Jahre. Es gibt ganze
Lebensabschnitte zwischen 1945 und jetzt. Wenn jemand beispielsweise sagt, was war zwischen 1955 und 1958, da kann ich
mich noch an die Urlaubszeiten erinnern, wo wir da waren,
aber sonst...? Also ich muß überlegen, was mir so ein Zeitabschnitt gebracht hat. Das brauche ich hier nicht. Auf den Tag
kann ich Ihnen sagen aus dieser Zeit.*[23]

Nun noch einige Aussagen zu den Interviewpartnern selbst.
Bei der Auswahl wurde der Beruf der Probanden nicht berücksichtigt. Alle 42 Zeitzeugen waren zum Zeitpunkt der Einberufung Schüler, 40 besuchten eine Oberschule (Gymnasium),
zwei eine Mittelschule. Nach dem Kriegsende haben 31 das
Abitur nachgemacht, und 28 von ihnen haben ein Hochschul-
oder Universitätsstudium absolviert. 15 ehemalige Schülersoldaten haben promoviert, zwei sind Hochschulprofessoren geworden.

Um diese Gruppe näher ins Verständnis in bezug auf die
Fragestellung dieser Arbeit zu bringen, ist es unbedingt notwendig, den Generationsbegriff ins Feld zu führen. Nach
Wilhelm Dilthey ist Generation eine Bezeichnung für ein
Verhältnis der Gleichzeitigkeit von Individuen; diejenigen,
welche gewissermaßen nebeneinander emporwuchsen, d. h.
ein gemeinsames Kindesalter hatten, ein gemeinsames Jüng-
lingsalter, deren Zeitraum männlicher Kraft teilweise zusam-

menfiel, bezeichnen wir als dieselbe Generation.[24] Auf keinen Fall können wir alle Jahrgänge von 1926 bis 1930 zur sogenannten Flakhelfergeneration zusammenfassen. Dieser Begriff ist schon oben als irrig entlarvt worden. Nicht durch die Zugehörigkeit zu einer Jahresspanne wird bestimmten Menschen ein Platz in einer bestimmten Generation zugewiesen. Vielmehr formiert sich historische Generation im Durchleben als Schicksalsgemeinschaft. In unserem Fall führt das gemeinsame Erleben der Luftwaffen- und Marinehelfer zu einem geschlossenen Gruppenbewußtsein. Der Politologe Martin Greiffenhagen, auch Luftwaffenhelfer des Jahrgangs 1928, stellt dieses Gruppenbewußtsein geradezu als Wesensmerkmal für die Flakhelfer heraus. „Vom Soldatenstand unterschied der Luftwaffenhelferdienst sich soziologisch durch einen wichtigen Umstand: Ihre Gruppe war homogen, der Klassenverband blieb erhalten, und sie wußten sich als Gymnasiasten den Offizieren näher als den Mannschaften."[25] Zu den Merkmalen des Zusammengehörigkeitsgefühls gehören beispielsweise auch die gemeinsame Einberufung und Fortführung der Klassengemeinschaft in der Flakbatterie und das gefahrvolle Erleben der Bombenangriffe. Verstärkt wurden diese Gemeinsamkeiten durch die Überzeugung, trotz des jugendlichen Alters ein vollgültiger Soldat zu sein. „Mit großer Empfindlichkeit reagierten wir auf jeden, der anzweifelte, daß wir echte Soldaten wären", schreibt Manfred Rommel, früherer Bürgermeister von Stuttgart und ehemaliger Luftwaffenhelfer.[26]

In vielen schriftlichen und mündlichen Äußerungen empfinden sich diese Schülersoldaten als eine besondere Generation im Vergleich zu anderen, selbst wenn diese auch nur ein oder zwei Jahre jünger waren, aber eben nicht als Luftwaffenhelfer gedient haben. Dieses Generationsbewußtsein ist bis heute nicht erloschen. Dieser Frage wird aber noch in einem späteren Kapitel nachgegangen werden. Hier soll nur der Generationsbegriff dargelegt werden, um dem Leser das Verständnis für die Schlußfolgerung aus der Themenstellung zu erleichtern. Denn über allem steht ja die Frage nach der Reaktion von Menschen gleichen Alters, gleichen Geschlechts, gleicher Erlebnisse auf eine gleiche historische Ausgangssituation. Und wie ist die Einschätzung derselben Menschen nach einem halben Jahrhundert?

Zweiter Teil: Vom Hitlerjungen zum Schülersoldaten

Der Dienst bei der Staatsjugend

Wer das Experiment unternehmen will, von einem etwa zweijährigen Erlebniszeitraum einer bestimmten Personengruppe nach mehr als 50 Jahren bleibende Eindrücke und Prägungen herauszuarbeiten, der muß zumindest auch die unmittelbar davor liegende Zeitperiode als Vorprägungsphase berücksichtigen. Bei der Einkleidung wurde dem 15- und 16jährigen Luftwaffen- und Marinehelfer auch die Hitlerjugendarmbinde übergeben, die der künftige Schülersoldat über dem linken Ärmel seiner Ausgehuniform zu tragen hatte. Sie sollte signalisieren, daß der Luftwaffen- und Marinehelfer den Dienst bei der heimatlichen Flugabwehr als Fortsetzung seines bisherigen Dienstes bei der Hitlerjugend zu betrachten habe. Trotz des heftigen Widerspruchs aller drei Flakhelferjahrgänge gegen den Hitlerjugendstatus deutet aber vieles darauf hin, daß die Flakzeit der Schülersoldaten tatsächlich eine Fortsetzung der Hitlerjugendzeit darstellte und Einflüsse dieser Periode der Zugehörigkeit zur NS-Staatsjugend in die Zeit bei der Flak unmittelbar hineinflossen. In erster Linie sind hier wohl Einflüsse der vormilitärischen Ausbildung der HJ-Zeit zu nennen. Schon der Dienst bei den Pimpfen war geprägt vom militärischen Drill, wie pünktliches Erscheinen zum Dienst, bedingungsloses Ausführen von Befehlen, sportliche Leistungen, Geländespiele mit Prügeln (Vorbereitung auf den Nahkampf), Schmerzen ertragen bei Mutproben und natürlich auch das Schießen mit Luft- und Kleinkalibergewehren. Nicht zu vergessen die vielen Aktivitäten bei den Sonderformationen der Hitlerjugend. Aber bei den Aussagen der Zeitzeugen, die ihre Pimpfenzeit in der Rückschau als 69- bis 71jährige sehen, werden diese HJ-Aktivitäten nicht als erzieherische Maßnahmen hinsichtlich des künftigen wehrhaften deutschen Soldaten hingenommen, sondern vielmehr als sportliche Betätigungen, die ehrgeizig ausgeführt wurden, weil schließlich Belohnungen in Form von Sport- und Schießauszeichnungen in Aussicht standen. Die Rückerinnerung an den Nationalsozialismus, an die Pimpfen- und Hitlerjugendzeit vollzieht sich allerdings nur punktförmig. Wenn auch die Fassungskraft des

Gedächtnisses groß ist, kann doch keiner der Befragten eine chronologische Gesamtschau dieser Zeit erstellen. Es werden einzelne Begebenheiten geschildert, herausragende Ereignisse, die sich gut eingeprägt haben.[1] Die Aussagen der früheren Flakhelfer decken sich im großen und ganzen mit der neueren, alltagsorientierten Geschichtsschreibung. Da wird bereits versucht, die Alltagswirklichkeit im Dritten Reich auszuleuchten und ein bisher schiefes Bild zurechtzurücken. Das bestand und besteht vielfach auch heute noch darin, die Menschen unter dem NS-Regime mit den ideologischen Leitbildern zu identifizieren, die die NS-Chefideologen vom idealen Deutschen entworfen haben.

Ausgeräumt scheint nun endlich das Bild vom deutschen Pimpfen und Hitlerjungen, der da ständig mit erhobenem Arm und „Heil Hitler" rufend durch das „Großdeutsche" Reich läuft. Keineswegs war die NS-Ideologie untrennbar jedem deutschen Jungen und Mädchen wie ein Schneckenhaus übergestülpt. Von einer Uniformität der politischen Sozialisation im Deutschen Reich zu sprechen ist nach historischen Alltagsanalysen nicht angebracht. Und das gilt auch für die Jugendlichen der hier anstehenden Untersuchungsgruppe.[2]

Einer von ihnen, Ludger Siemelfink (Lehrer i. R.), schildert im Interview treffend die Spannweite der unterschiedlichsten Gruppierungen, in denen die Jungen vor ihrer Einberufung zur Flak standen:

Von Demokratie haben wir nicht die geringste Ahnung gehabt, von Menschenrechten haben wir null Ahnung gehabt, wir haben die Sache nicht durchschaut, und wir haben die Sache auch nicht richtig systematisch erfragt. Wir sind Kinder der Zeit gewesen. Lediglich haben wir gedacht, in den Gruppen, die wir gehabt haben, gebe es unterschiedliche Atmosphären, verschiedene Geistigkeit. Von der Schule her, der eine Lehrer machte so, und der andere machte so, und in dem einen Geschäft grüßten die Leute mehr mit „Heil Hitler" und in dem anderen mehr mit dem Tageszeitengruß. Es gab eine erhebliche Spannweite, atmosphärische Unterschiede zwischen den Gruppierungen, zwischen denen man stand: Hitlerjugend, Schule, innerhalb der Schule große Unterschiede, Elternhaus, Freundeskreis, Verwandtschaft. Wir haben wenigstens so viel gemerkt, alles paßt nicht ganz zusammen, es gibt Widersprüche in der Gesellschaft. Sagen wir so: Wir haben Fingerspitzengefühl gehabt, Tastsinn gehabt, und das war die einzige Orientierungsmöglichkeit.[3]

Auch in einer Diktatur sind Kinder und Jugendliche junge heranwachsende Menschen mit allen ihren Freuden und Nöten, deren Austragungsort in erster Linie das Elternhaus ist. Heranwachsen heißt für sie, fertig zu werden mit den Problemen, die sich aus Schulbesuch, Pubertät, Freundschaften und Eltern-Kinder-Beziehungen ergeben. Da traten in der Regel politische Einflüsse von seiten der NS-Jugendbewegung in den Hintergrund. Und wenn die Reglementierungen, die sich aus zu intensivem HJ-Dienst ergaben, zu sehr in das Privatleben drängten, wurde der Freiheitswille des Pimpfen und Hitlerjungen aktiviert und das System der HJ als Zwang und Beraubung der Freiheit angesehen.

Das ist natürlich keine durchgängige Feststellung bei der Frage, ob der Zeitzeuge gerne Pimpf und Hitlerjunge war. Es gibt auch ganz gegenteilige Aussagen, wo der ehemalige Flakhelfer fast in Begeisterungsstürme über seine HJ-Zeit ausbricht und nichts von Einengung der Freiheit zu hören ist. Die Aussagen bieten ein Konglomerat von inneren Einstellungen zur Hitlerjugend, die Positionen von freudigem Mitmachen bis raffiniert ausgedachter Verweigerung und Opposition widerspiegeln. Sie korrigieren aber auch die falschen Vorstellungen von dem durch und durch politisch sozialisierten Hitlerjungen, denn NS-Ideologie spielt bei den Zeitzeugen eine gering beeinflußende Rolle, sie wird entweder als uninteressante Nebensache abgetan oder von den Zeitzeugen als unverstanden erst gar nicht registriert. Aber lassen wir die Exluftwaffenhelfer zu dem oben Gesagten zu Worte kommen.

Dr. Hartmuth Solfer (Jurist):
Ich ging ein Jahr vor Einführung der allgemeinen Verpflichtung freiwillig zum Deutschen Jungvolk, wurde Horden- und Jungenschaftsführer, wechselte wegen Unstimmigkeiten zur Motor-HJ, ging kurzfristig zur Flieger-HJ und trat schließlich einem neugegründeten Musikzug bei und lernte Klarinette. Man sieht daraus, daß auf der einen Seite viel Begeisterung vorhanden war, andererseits auch Unzufriedenheit, vor allem wegen der zeitlichen Einengung der persönlichen Freiheit, die sich immer stärker bei mir bemerkbar machte.[4]

Dr. Ernst Felder (Arzt i. R.):
Ich kann nur subjektiv sagen, daß ich damals als Zehnjähriger, als man mich in das Jungvolk holte, das als Zwang empfunden habe, weil ich dahin mußte. Es war nicht freiwillig. 1936/37 war das Zwang, vorher nicht. Und dann gefiel mir nicht, daß man da so herumexerziert wurde auf dem Sportplatz. Und

dann hieß es also „Hinlegen!" und „Robben!" usw. Ich war
eher so ein Junge, der ein bißchen still war und der mit den
anderen Jungen so gar nicht zusammenpaßte, und deswegen
habe ich das wirklich subjektiv als Zwang empfunden und bin
da auch nicht gerne hingegangen. Ich habe mich gedrückt, wo
ich nur konnte. Später dann, als der Krieg anfing, habe ich dann
auch viel bei meinem Vater im Betrieb mitgearbeitet, weil die
Mitarbeiter zur Wehrmacht eingezogen wurde und habe das
immer wieder als Argument bei der HJ vorgebracht, daß ich
keine Zeit habe, ich müßte in dem kriegswichtigen Betrieb
(Bäckerei) meines Vaters mitarbeiten.[5]

Die Daten, die der Zeitzeuge in seinen Bericht einführt,
stimmen nicht mit den wirklichen Daten überein. Wenn er als
Zehnjähriger des Jahrgangs 1926 im Jahr 1936/37 zu den Pimpfen gehen mußte, dann konnte das nur auf freiwilliger Basis
geschehen. Erst im Frühjahr 1939 wurde die Zwangsmitglied-
schaft eingeführt. Ernst Felder, der den Eindruck eines durchaus seriösen und glaubhaften Zeitzeugen macht, hat da Verschiedenes durcheinandergebracht. Irgendwie hat er seine
Pimpfenzeit in unguter Erinnerung. Er nennt auch gleich die
Gründe dafür. Er war ein stiller Junge, der mit anderen Jungen
„so gar nicht zusammenpaßte". Es ist anzunehmen, daß er das
erst mit zwölf oder 13 Jahren erlebte, eben nach Einführung
der Pflichtmitgliedschaft. Darüber hinaus gibt er an, daß seine
Eltern zunächst positiv gegenüber dem Nationalsozialismus
eingestellt waren, später ablehnend, und daß sie eine zu große
politische Beeinflussung von seiten der HJ auf ihren Sohn
befürchteten. Das stimmt dann wieder damit überein, daß er
sich vor dem HJ-Dienst gedrückt hatte, wo er nur konnte, und
ihm die Mithilfe im Bäckerbetrieb seines Vaters gerade recht
kam.

An eine Saulus-Paulus-Wandlung erinnert fast die Rük-
kerinnerungsgeschichte des Ernst Türmer. So schreibt er in
seinem Fragebogen als Antwort:
Pimpf war ich so ungern, daß ich sogar meine Uniform ver-
steckt habe, bloß um nicht in den Dienst zu müssen. Im Laufe
der Jahre wurde das aber besser. Als ich 14 wurde, ließ ich mich
zur Marine-HJ überweisen. Das hat mir so gut gefallen, daß
ich schon bald zum zweiten Bootsmann erkoren wurde. Ich
war mehr im „Bootshaus" bei den Kuttern als zu Hause.
Anläßlich eines Genesungsurlaubs von der Kriegsmarine war
ich noch Gefolgschaftsführer dort.

Später beim Interview antwortete Türmer auf die Frage: Warum hatten Sie vor dem Pimpfendienst so einen Abscheu? *Ich glaube, das lag an dem Zwang, an der ganzen Sache überhaupt, daß man dahin mußte, antreten in Uniform, und dann wurde die Sache mit dem NS erzählt, was für mich als Kind völlig uninteressant war. Mir lag das überhaupt nicht. Aber später in der Marine-HJ hatte ich mit diesen Dingen weniger am Hut, Hauptsache die Marine und das Kutterpullen und Signaldienst, Seedienstgeschichte.*[6]

Der Abscheu gegenüber Uniformen kann nicht der Grund für die Ablehnung des HJ-Dienstes gewesen sein, denn später erzählt er, daß er mit Stolz die Uniform des Luftwaffenhelfers getragen habe, weil sie ähnlich der der Soldaten gewesen sei. Türmer betonte, daß er auch heute noch gerne Uniform trage, er mache bei der Marinekameradschaft und bei der Schützengilde in Uniform mit. Also auch hier ist es der Zwang, verbunden mit militärischem Drill, der dem Jungen nicht schmeckte und der mit dem Verstecken seiner Pimpfenuniform bei seiner alleinerziehenden Mutter offensichtlich Erfolg hatte. Sein Vater starb schon 1934 als Generalarzt. Aber auch hier läßt sich fragen, ob das mit der versteckten Uniform nicht nur ein einmaliger kindlicher Einfall war. Denn bei Wiederholung wird die Mutter höchstwahrscheinlich nicht mehr mitgespielt haben, zumal Türmer berichtet, daß seine Mutter dafür sorgte, daß Sohn Ernst zum Pimpfendienst ging. Somit bewahrheitet sich wieder, daß ein punktförmiges, aus dem Rahmen fallendes Ereignis unvergeßlich im Gedächtnis haftenbleibt und symbolhaft für eine ganze Haltung steht, die in ihren Einzelheiten nicht mehr genau zu fassen ist.

Günter Voß bezeichnet sich in seinem Bericht als Individualist, was sich schon in seinem Haus im Hamburger Othmarschen widerspiegelt. Eine höchst individuell, aber keineswegs luxuriös eingerichtete Wohnung mit einem ebenso individuell-harmonischen Garten, der auf naturbezogenen Geschmack hindeutet und ganz abweicht von dem stereotypen, spießbürgerlichen, häuslichen Umfeld, wie es besonders in Norddeutschland zu finden ist. 1937 wurde Günter Voß Pimpf. Sein Vater starb schon 1933, seine Mutter 1936. Er wuchs bei seinen Großeltern auf. Bis 1942 war er im DJ, wurde sogar Jungenschaftsführer, allerdings dann wegen unentschuldigten Fehlens degradiert. Im mündlichen Interview begründet er dann seine Abneigung gegenüber dem Hitlerjugenddienst: *Ich war viel zu sehr Individualist, als daß mir dieses Lagerle-*

ben, das Wandern im Nordlandlager, 14 Tage auf dem Darst in so einem Zelt, gefallen hätte. Wir hatten unser wunderschönes Heidehaus. Das war also mein Himmelreich. Da konnte ich im Gelände toben, beim Bauern arbeiten, Pferde reiten. Ich habe kein einziges Lager mitgemacht, ich habe mich in die Ecke gedrückt, wo ich nur konnte. Nicht aber aus Überzeugung, daß Hitler ein schlechter Mensch ist, sondern mir war diese ganze Art des Zusammenlebens von Jugendlichen zuwider. Geländespiel, diese Prügelei! Mit gezogenem Schulterriemen haben die aufeinander losgedroschen, kein Mensch wußte warum. Da flogen also wirklich Hautfetzen, so haben die sich geprügelt. Ganze Jungbanne gegeneinander. Da kämpften 5000 Jungens gegeneinander. Ekelhaft! Vor Geländespielen hatte ich immer Angst. War auch kein Mutiger. Diese Sachen haben mich von der Sache entfernt. Die arbeiteten auch zu sehr in meinen Privatkram herein. Ich wollte mehr Zeit für die Musik haben. Wollte am Wochenende auch mal ausschlafen. Warum eigentlich nicht? Was man als Junge auch mal ganz gerne tut. Dieser verrückte Dienst! Man mußte zur Jugendfilmstunde usw. Diese Sachen haben mich auf Abstand gehalten. An HJ-Führer habe ich auch gute Erinnerungen. Theo Altenburg, unser Fähnleinführer, das war ein einfühlsamer junger Lehrer, nett, nie hart, kein fanatischer Nazi. Bei der HJ habe ich nie die Führer als Vorgesetzte empfunden. Ich war ja zu Anfang auch Führer, Jungenschaftsführer, kriegte so einen Stern. Dann kam ich in den Fanfarenzug, habe eine Zeitlang Fanfare geblasen, dann habe ich getrommelt, dann kam ich in den Führernachwuchszug. Da habe ich allerdings nur rückwirkend meine Schlüsse daraus gezogen. Da mit 30 Kindern, wie man sie bis zum Weinen und körperlichen Zusammenbruch 14 Tage lang im hohen Schnee getriezt hat, um die zwei härtesten herauszusuchen, die kamen auf die Adolf-Hitler-Schule. Das war ein reiner Auswahllehrgang. Vier Stunden Geländedienst im hohen Schnee, ewig naß, elf oder zwölf Jahre waren wir da alt.[7]

Auch bei diesem Zeitzeugen ist ein deutlicher Wandel festzustellen. Fünf Jahre war er im Jungvolk. Und wer damals Jungenschaftsführer wurde, der mußte schon eine gewisse Begeisterung zeigen. Dann kam das Ende mit seiner Degradierung. Der jetzt 15jährige „entdeckte" seine individuellen Eigenschaften Im Heidehaus seiner Familie lebte der Junge auf. Die HJ-Gemeinschaft empfand er als aufdringlich. Er fürchtete sie geradezu: „War auch kein Mutiger." Von Ablehnung aus politischen Gründen keine Spur.

Das Für und Wider spiegelt auch die Antwort des Hartmuth Wenig (Beamter i. R.) wider:

Der Zwang, Hitlerjunge zu sein, hat mich abgestoßen. Gehaßt habe ich die sogenannten Geländespiele mit anschließender Massenprügelei, sicher Vorstufe eines militärischen Nahkampfes. Heimabende haben mir dagegen noch einigermaßen zugesagt, dabei kam es darauf an, von wem sie abgehalten wurden. Beeindruckt haben mich jedoch die Großveranstaltungen dieser Tage, wie z. B. die „Reichskriegertage" in Kassel, bei denen wir die alten Kriegsteilnehmer zu betreuen hatten. Man lernte da, wenn auch zwangsläufig, viele Menschen aus allen Teilen des ehemaligen deutschen Reiches kennen, das verband durchaus, auch ein Ziel des NS. Auch die Mitwirkung im Schulchor des Realgymnasiums zu verschiedenerlei Anlässen des Dritten Reiches in besonders festlichem Rahmen sowie in besonders gestalteten Festräumen oder Schlössern in Kassel, deren Zutritt einem normal Sterblichen verwehrt war. Die traditionellen Straßensammlungen des WHW waren für uns reine „Sportwettbewerbe", d. h. der eine wollte den anderen beim Geldsammeln übertreffen. Uns ist dabei allerhand eingefallen. Zu was wir da mißbraucht wurden, hat uns damals wenig berührt.[8]

Auch dieser Zeitzeuge empfand den Zwang bei den Hitlerjungen als abstoßend. Bei ihm kulminierte die Antipathie bei den sogenannten Geländespielen mit anschließender Massenprügelei. Die Einschätzung solcher Veranstaltungen als Vorstufe eines militärischen Nahkampfes ist mit Sicherheit aus der Rückschau vollzogen worden. Großveranstaltungen haben ihn beeindruckt. Das Monströs-Gigantische erzeugte bei vielen Menschen, besonders bei Jugendlichen, hinreißende Emotionen,wie sie auch heute beispielsweise noch bei riesigen Rockkonzerten beobachtet werden können. Darüber hinaus war für Jugendliche die Teilnahme an solchen Veranstaltungen offenbar die einzige Gelegenheit, die „Luft der weiten Welt" über dem engen Horizont der Heimat zu erschnuppern. Und immer wieder verbinden Zeitzeugen positiv Erlebtes im Zusammenhang mit dem Mitmachen bei der Hitlerjugend.

So schreibt Heinz Preuß (Beamter i. R.):

Gern oder nicht gern Pimpf zu sein, kann ich von mir hundertprozentig nicht behaupten. Ich bin zum Dienst gegangen, weil es so üblich war. Freilich war es auch eine schöne Zeit, wenn ich an die Zeltlager und Fahrten denke oder auch an die sogenannten Kriegsspiele mit anderen Fähnlein. Ohne mir Gedanken darüber zu machen, wo führt das alles mal hin? Für das Nachdenken in diesem Alter, wir waren ja noch Kinder und sahen alles als harmloses Spiel an, mußten sich wohl ältere Generationen zuständig fühlen.[9]

Interessant sind im folgenden die Lebenserinnerungen zweier Söhne von aktiven ranghohen Offizieren der deutschen Wehrmacht. So schreibt Hermann Vornholt (Bundesangestellter i. R.):

Ich war gerne Pimpf. Da ich als Jungenschaftsführer eingesetzt war, kam ich nicht zur HJ. Zur Frage warum: Als Offizierssohn war ich autoritär erzogen, der Formaldienst (Antreten, Marschieren, Exerzieren) war daher für mich nicht lästig. Der besondere Reiz lag im Gemeinschaftserlebnis. Auch die Uniform (Siegrune, Fahrtenmesser usw.) und die Fahne bildeten Anziehungspunkte. Das typisch Männliche (Militärische) wie Schießen, Geländespiele, Sport forderte den einzelnen. Der Gemeinschaftssinn war hoch entwickelt („Alle für einen, einer für alle"). Dazu kam eine gewisse öffentliche Anerkennung (WHW- und Altmaterialsammlung).[10]

Und Dr. Oskar Brunner (Chemiker i. R.) schreibt:

Pimpf war ich sehr ungern. Ich bin oft nicht zum „Dienst" gegangen. Ich fand es primitiv, geistlos, daher langweilig. Die NS-Propaganda interessierte mich nicht, die Ideologie verstand ich nicht. „Heimabende" im Keller und das Marschieren mochte ich nicht, das einzige, was Spaß machte, waren Geländespiele (im Grunde waren wir Kinder ebenso wie die „Führer" für alles noch viel zu jung). So freute ich mich sehr, als ich endlich zur Marine-HJ kommen konnte. Die MHJ-Kameraden waren überwiegend Gymnasiasten und Söhne von Seeoffizieren. Da wurde nicht marschiert, durch den Dreck gerollt oder NS-Lieder gesungen. Statt dessen gab es bei den interessanten Heimabenden Unterricht im Morsen, Winken, Vorträge über Seekriegsgeschichte, Schiffstypen, Befeuerung und Betonnung, Schiffbau, Segeln, militärischen Aufbau der Marine - auch der kaiserlichen! Die Vorträge wurden meistens von Seeoffizieren in Uniform gehalten, auch von meinem Vater. Im Sommer Segeln und Rudern auf der Havel, auch mehrtägige Segeltörns.[11]

Zwei Offizierssöhne, der eine war gerne Pimpf, weil er autoritär erzogen wurde und der Befehlston von daheim beim Jungvolk fortgesetzt wurde. Der andere fand den Dienst primitiv, langweilig. Erst als sich eine interessante Aufgabe bot, begann er Gefallen an der HJ zu finden. Von Autorität im

Familienleben hat Brunner nichts zu spüren bekommen. Offenbar wurden in seiner Familie auch Standesunterschiede sehr gepflegt: Im DJ fand er den Dienst primitiv, bei der Marine-HJ waren alle Jungen Gymnasiasten, und es erschienen immer wieder Seeoffiziere. Nun bewegte sich Oskar in seiner Welt. Im mündlichen Gespräch sagt er dann später:

Wissen Sie, daß einem vorgeschrieben wurde, wann man aufstehen muß, daß einem vorgeschrieben wird, wann es Mittagessen gibt, wie man sich hinzustellen hat, wie viele Knöpfe man zuzumachen hat, wann man ins Bett zu gehen hat, das gab's zu Hause nicht, das hat auch nichts mit Offizier zu tun. Mein Vater war in einem derart hohen Dienstrang, daß dieses Untere, so richtig Barrasmäßige zu Hause nicht vorherrschte.

Interviewer: Autoritär ist Ihr Vater nicht aufgetreten?
Im Gegenteil, ganz milde. Immer mit Argumenten und alles erklärt. Wenn irgendwelche Anordnungen in der Familie getroffen wurden, dann in Form von Bitten mit Erklärung warum.[12]

In der Rückerinnerung stellt sich den früheren Flakhelfern ihre HJ-Zeit aber als überwiegend positiv dar. 54 Prozent aller 151 schriftlich und mündlich Befragten beantworten die Frage, ob sie gerne Pimpf oder Hitlerjunge waren, mit einem klaren Ja ohne Vorbehalte. Sie haben diese Zeit in guter Erinnerung. Damals standen der Gemeinschaftssinn und die Kameradschaft, Sport, Spiel und das soziale Engagement bei den Sammlungen und den Hilfsdiensten für andere Menschen hoch im Kurs. Gelobt wird das gute Verhältnis zu den Führern, und in bester Erinnerung sind die Fahrten und Lager. Manche schildern ihre Kinder- und Jugendphase in der braunen Uniform mit unverhohlener Begeisterung.

Bei Dr. Eduard Kasling (Lehrer i. R.) fällt ein Wermutstropfen auf seine sonst so positive Einstellung zur HJ und zum Dritten Reich:

Ich war mit Begeisterung nicht nur Hitlerjunge, sondern ich habe an das Deutsche Reich und an die nationalsozialistische Idee geglaubt, und je älter ich werde, desto fragwürdiger wird mir die totale Verurteilung dieser Ideologie. Am HJ-Dienst selber gefiel mir überhaupt nicht der militärische Drill, aber, was eben gut war, das waren die jugendspezifischen Angebote, beispielsweise Segelfliegen, ich habe alle Segelfliegerscheine. Als Jungmann und Napola-Schüler habe ich Kurse gemacht der A-, B- und C-Schule. Die Wehrerziehung, Geländespiele usw., das hat mich schon sehr früh stutzig gemacht, und deswegen hat mir der sogenannte Anstaltsdrill nicht gefallen, weil es ein dummes, leeres Getue war. Aber das andere, daß wir begeistert waren vom Deutschen Reich, daß wir die damit verbundenen kleinen Dienstleistungen gerne getan haben, und das Überfliegende, das Ideologische und auch die Nöte im Kleinen haben bei mir das Negative überdeckt. Mein Vater war Uraltparteigenosse so von den 20er Jahren, er hatte das goldene Parteiabzeichen. Er war überzeugter Nationalsozialist und ist auch nach dem Kriege daran zerbrochen, als er das sehen mußte, was sich damit verbunden hatte. All diese Vorstellungen, die haben uns damals als Jugendliche begeistert, weil wir das damals als einzige Alternative zu dem liberal-demokratischen Internationalismus USA und dem internationalen Finanzjudentum sahen. Ob sich das nun im nachhinein bewahrheitet, das steht ja noch aus.[13]

Wie kein anderer Zeitzeuge deckt Kasling seine einstige Überzeugung als Napola(Nationalpolitische Erziehungsanstalt)-Schüler auf. Er war tief durchdrungen von der NS-Ideologie und hat den Kern dieser Vorstellungen eigentlich noch immer nicht verlassen. Hier, wie auch während des gesamten übrigen Gesprächs, macht er auch nicht einmal ansatzweise Versuche, sein Verhalten in jener Zeit und seine Überzeugung mit Entschuldigungen irgendwelcher Art zu schmälern. Er steht zu dieser Zeit, fühlt sich nicht verführt und betrogen und schwärmt von der Erziehung durch die Nazis:

...daß diese Zeit in der Napola und alles, was wir dort bekamen, eine so unglaublich schöne und abwechslungsreiche Jugend in einem ökologisch noch heilen Raum war, daß ich also die Jugendlichen heute nicht beneide um ihre Jugend.[14]

Begeistert mitgemacht hat auch Gerd Bremer (Bundeswehroffizier i. R.):

Es gibt in dem Alter, in dem wir damals waren, die berühmte dritte Pubertät, und das ist eine Zeit, in der ein junger Mann oder werdender Mann sich selbst und anderen beweisen will, daß er etwas kann. Und das können Sie nur in der Gemeinschaft. Einfach die Gemeinschaft; daß wir auch politisch dabei beeinflußt wurden, weiß ich heute, aber damals hat mich die Politik überhaupt nicht interessiert, weil ich sie gar nicht verstanden habe, sondern für uns waren entscheidend die Ruderwanderfahrten bis Memel hinauf. Daß ich da vom Nationalsozialismus irgendwas verstanden habe, möchte ich heute bestreiten. Es waren damals so die Heimabende, da wurde was vorgelesen vom Hitlerjungen Quex und 9. November, die

Namen vorgelesen, und wir haben auch Lieder gesungen, im wesentlichen waren das ja Landsknechtslieder. Aber daß wir jetzt bewußt damals für oder gegen den NS waren, möchte ich heute bestreiten, das kann ich gar nicht begriffen haben. Außerdem war damals das Prinzip der HJ „Jugend führt Jugend'" entscheidend. Das waren ja unsere Klassenkameraden. Ich war auch auf der Führerschule gewesen, obwohl mein Vater Freimaurer war und aus dem Dienst flog. Aber daß ich bewußt Nationalsozialist gewesen bin... ich bin bewußter Hitlerjunge gewesen. Nicht mal Hitlerjunge, ich lebte in dieser Gemeinschaft ganz bewußt. Aber daß wir uns nun als Elite des Nationalsozialismus fühlten ...[15]

Immer wieder beteuert der Zeitzeuge, daß er eigentlich mit dem NS-Regime nichts zu tun gehabt habe. Politik war für ihn uninteressant, er habe sie gar nicht verstanden. Er wußte damals noch nicht einmal, ob er bewußt für oder gegen den Nationalsozialismus war. Selbst die Lieder, die er mit seinen HJ-Kameraden sang, seien fast ausschließlich Landsknechtslieder gewesen. Er gibt aber zu, daß er bei der HJ sehr engagiert war. Sollte er später als 15- und 16jähriger Gymnasiast nichts von der NS-Ideologie erfahren haben? Hat er auf der Führerschule nur Landsknechtslieder gesungen und ist mit dem Kompaß durch die Rominter Heide gelaufen und über die masurischen Seen gerudert? Dieser Zeitzeuge ist ein typisches Beispiel für einen Menschen des Dritten Reiches, der alle Schuldgefühle weit von sich weist und tausend Entschuldigungsgründe für sein Verhalten sucht.

Ein letztes Beispiel für einen begeisterten Hitlerjungen ist Dr. Stefan Siepen (Dipl.-Ing. i. R.):
Ja, ich war sehr gerne beim DJ. Als Führer eines Jungzugs wurde ich nicht in die HJ übernommen. Ich ging wie die meisten meiner Kameraden ganz in den verkündeten Idealen und Lehren auf, mit denen das „Neue Deutschland" verklärt wurde. Es gab leider niemanden in meiner Familie oder Verwandtschaft, der diese Machenschaften durchschaut und erkannt hatte, wohin sie führten. Zwei Onkel, die den Weltkrieg am eigenen Leibe erfahren hatten, hatten zwar ihre Zweifel, trauten sich aber nicht, viel zu sagen. Ich meldete mich jedes Jahr ins DJ-Zeltlager - die einzige Möglichkeit, um einmal in eine andere Gegend zu kommen; von diesen Erlebnissen war ich begeistert. Vater war Parteigenosse, SA-Mann, vorher Stahlhelm, später NS-Blockwart. Er besuchte die Aufmärsche

und Appelle, nicht zuletzt auch deswegen, weil es nachher ins Wirtshaus ging zu seinem geliebten „Schafskopf".[16]

Ob dieser enthusiastische Hitlerjunge umgekrempelt worden wäre, wenn diese beiden Onkel „ausgepackt" hätten? Das ist kaum anzunehmen, denn er gibt zu, daß er total von der NS-Ideologie überzeugt gewesen war. Das „leider" ist offensichtlich eine Rechtfertigung nach mehr als 50 Jahren. Schließlich verniedlicht und verharmlost er noch die aktive Mitgliedschaft seines Vaters und stellt ihn quasi einem Schützenbruder gleich, der alle Vereinstreffen im Wirtshaus ausklingen läßt. Ein typisches Beispiel für die Kaschierung der Schuld der Väter durch die Kinder, die wegen ihrer Kindheit und Jugend schuldlos gesprochen wurden. Vielleicht sind Ausflüchte und Entschuldigungen solcher Art Äußerungen eines noch nicht aufgearbeiteten „Erbgutes" der in echte Schuldgefühle verstrickten Eltern- und Großelterngeneration.

Diese und andere Beteuerungen einer unbescholtenen HJ-Vergangenheit mancher ehemaliger Flakhelfer sind eigentlich völlig fehl am Platz, denn die Aufarbeitung des Alltagslebens eines Hitlerjungen und die hier analysierten Aussagen der LwH-Zeitzeugen bestätigen deutlich, wie gering die Auswirkungen der politischen Einflußnahme im Dritten Reich auf die Kinder und Jugendlichen war.

Auf die Frage, ob sie gerne Hitlerjunge gewesen seien, antworten nicht nur die schon oben erwähnten 54 Prozent der 151 Befragten, sondern weitere 25 Prozent bejahen die Frage ebenfalls, wenn auch unter Bemerkungen, daß auch manches in der HJ ihnen nicht gefiel. Und nur drei von diesen 151 Probanden geben ausdrücklich an, sie seien auch schon damals als Pimpf und Hitlerjungen von der NS-Ideologie begeistert und durchdrungen gewesen. Bei allen anderen spielt die NS-Ideologie keine oder nur eine unbedeutende Rolle.

Nationalsozialismus in der Familie

Bei der Befragung der jüngsten Kriegsveteranen des Zweiten Weltkriegs nach ihrer HJ-Zeit wird auch die Frage nach der Mitgliedschaft der Eltern in der NSDAP gestellt und bei den mündlichen Interviews um die Frage nach dem Stellenwert des Nationalsozialismus in der Familie erweitert. Hier werden interessante Zusammenhänge zwischen der Einstellung der Eltern zum NS-Regime und dem Grad des Mitmachens bei den Pimpfen und der Hitlerjugend festgestellt. Damit wird auch in dieser Untersuchung deutlich gemacht, daß es dem Regime, obwohl es fast alle gesellschaftlich-politische Organisationen fest in der Hand hatte, nicht gelang, die Einflüsse der Familie auszuschalten. Die Massenmedien, wie Rundfunk, Presse und Film, vermittelten unablässig das nationalsozialistische Ideengut. Auch die Schule überbrachte die NS-Propaganda, obwohl deren Einfluß im schulischen Bereich lange nicht so wirkungsvoll war, wie es sich die NS-Führung ursprünglich vorstellte. Die Tatsache spiegeln auch die Antworten wider, obwohl eine solche Fragestellung in den Gesprächen nicht vorgesehen war. Nachdem auch die sogenannten peer-groups nach der Machtübernahme in die Hände des Regimes übergingen, blieb allein die Familie als einzige Vermittlungsstelle für anderes Ideengut, das auch Regimekritisches enthalten konnte. Nachfolgend seien einige markante Beispiele aufgezeigt.

Bernd Hensler (Lehrer i. R.) wurde nach kurzfristiger Beförderung als Pimpf vor versammeltem Fähnlein degradiert. Über sein Elternhaus berichtet er so:

Also meine Großeltern, mein Großvater war damals ja im besten Mannesalter, also in der Weimarer Republik, und später auch mein Vater waren überzeugte Zentrumspolitiker. Auch meine Verwandtschaft. Sie gerieten alle in große Schwierigkeiten zum Hitlerstaat und waren also katholisch, mein Vater war lange Zeit im Kirchenvorstand gewesen, und die katholischen Priester waren oft in unserem Hause. Wir wohnten ganz in der Nähe der Nicolaikirche in Elbing. Es gab bei uns einen Widerstand aus katholischer Überzeugung. Also nicht nur bei mir, sondern in der ganzen Familie. Sie waren in der Kommunalpolitik tätig. Mein Großvater war in der Nähe von Braunsberg. Und in dem Ort, in dem sie waren, in Rossen, war er Bürgermeister. Sie waren auch tätig, sie waren nicht nur Parteimitglieder. Ich kann Ihnen natürlich nichts über die Jahre vor 1938, 37 oder 36 sagen. Bis 1936 reichen meine Erinnerungen zurück. „Mein Großvater", so sagte meine Tante, seine Tochter, die Ärztin war, „ist im Grunde genommen 1938 gestorben aus Kummer um Deutschland. Er war eigentlich gar nicht krank. Als der Totenschein ausgefüllt wurde, konnten die nicht sagen, weder der Arzt noch seine Tochter, was ihm direkt gefehlt hatte." So sagte meine Tante später. Ich habe meinen Großvater später dann nur kennengelernt als einen Mann, der im Grund genommen mit dieser Politik, mit Hitler oder über-

haupt, nichts mehr zu tun haben wollte. Aber es war nicht nur die Ablehnung meines Großvaters, sondern auch meiner Großmutter väterlicherseits. Der Bruder meiner Großmutter war Studienrat in Braunsberg und wurde dann zwangsversetzt nach Insterburg. Dieser ganze Anti-Hitler-Geist kam also nicht nur aus meinen Erfahrungen, sondern war in der ganzen Familie verankert.

Interviewer: Herrschte in Ihrer Familie Vertrauen, daß die Kinder diesen Anti-Hitler-Geist nicht heraustragen?

Ich will Ihnen mal was sagen, es war ja natürlich bekannt, das zeigt ja auch meine Degradierung, die mich damals furchtbar getroffen hat. Irgendwie galt das Jungvolk als eine Sammlung von Leuten, die positiv ihr Leben in die Hand nahmen. Daß ich davon ausgeschlossen wurde..., ich habe ja als Zehnjähriger nicht die Ideologie der Nazis durchschaut, sondern da ging es ja nur darum, daß man mich aus diesem Geschehen ausschloß.[17]

Als der Interviewer fragt, warum er als unzuverlässig eingestuft worden sei, erzählt Bernd Hensler sehr eindrucksvoll vom Geist, der in seiner Familie herrschte. Worin sich aber der Widerstand seines Vaters, auch schon seines Großvaters und anderer Verwandter konkret äußerte, kann der Zeitzeuge nicht wiedergeben. Einen aktiven Widerstand gegen die Mitgliedschaft seines Sohnes bei der HJ zeigte der Vater nie, höchstens fand er es fürchterlich, daß der Bernd mit „Hakenkreuzen nach dem Dienst da auftauchte", wie Hensler sich zu erinnern weiß. Das bezeichnet er auch als Anlaß, 1943 zur Nachrichten-HJ zu gehen, die so eine Art Nische bildete.

Dr. Carl Kinkel (Redakteur i. R.) war Jungzugführer und bestätigter „Oberhordenführer". Dieser Titel amüsierte seinen Vater außerordentlich. Wörtlich schreibt er als Antwort des Fragebogens:

1942 zogen wir innerhalb Dresdens um. Beeinflußt durch die systemkritische Haltung meines Vaters (er 1938: Wir haben keine Butter, wir haben kein Ei, aber wir haben eine schöne neue Reichskanzlei, oder 1939: Wenn wir den Krieg gegen Polen gewinnen, haben wir die KPD wieder: Korridor, Posen, Danzig), hatte auch ich gegenüber dem NS-Regime eine jugendlich-kritische Position bezogen. Mindestens ein Jahr lang sann ich darüber nach, wie es mir denn gelingen könnte, aus diesem „blöden DJ" auszutreten. Vom Nazigesetz war dieser Austritt nicht vorgesehen. Mitgliedschaft war Pflicht. Absolut. Aber die braunen Kontrolleure hatten nicht mit der Findigkeit eines Gymnasiasten gerechnet. Beim Umzug meldete ich mich in Dresden-Coschütz ab, aber in Dresden-Strießen nicht wieder an (die Papiere mit der Abmeldung ausgefüllt auf der einen und der Anmeldungsfläche leer auf der anderen Seite habe ich noch heute). So hatte ich mich selbst, wenigstens für ein Jahr, von dem widerlichen Mittwoch- und Sonnabenddienst „befreit". Ein Beweis dafür, wie lückenhaft der totale Staat der Nazis war, ist die Tatsache, daß meine Methode, sich vom Dritten Reich zu verabschieden, niemals Argwohn erregt hat und von keinem „HJ-Kettenhund" überprüft wurde.[18]

Die Antihaltung des Sohnes hat sich offenbar parallel zu der seines Vaters entwickelt. Der Vater machte schon 1938 systemkritische Anmerkungen. Die Haltung seines Vaters ließ den Sohn immer intensiver nach einer Flucht aus dem „blöden HJ" suchen. Endlich fand Carl den Weg anläßlich eines Umzugs. Leider stehen hier keine näheren Angaben zur Verfügung. Aber es läßt sich zwischen den Zeilen gut lesen. Der Vater mit seiner systemkritischen Einstellung muß sehr überzeugend auf den Sohn gewirkt haben. Er verliert immer mehr die Lust am Dienst. Sich vor dem aktiven Mitmachen bei der HJ zu drücken war im Dritten Reich schier unmöglich. Der Gymnasiast Kinkel fand aber den Weg. Ein höchst mutiges Unternehmen. Der Vater hat dann schließlich seine NS-kritische Haltung bitter bezahlen müssen. In einem Begleitbrief zu seinem ausgefüllten Fragebogen berichtet der Zeitzeuge, daß sein Vater verhaftet wurde und durch die drei KZ Sachsenhausen, Lublin-Majdanek und Groß-Rosen geschleift wurde. Schließlich kam er sehr elend ums Leben.

Nun soll noch ein drittes Beispiel von geheimem Widerstand im Elternhaus gegen das Dritte Reich angeführt werden. Und dieses Beispiel ist insofern interessant, weil der Sohn, unser Zeitzeuge, selbst kurz vor seiner Einberufung zur Flak augenscheinlich nicht die Zusammenhänge erkannt hat. Seine Mutter hatte ihm verschwiegen, daß ihr Schützling Röde ein Naziverfolgter sei. Wäre er sonst von der Antwort des Gewerkschafters so überrascht gewesen? Er fiel ja aus allen Wolken und konnte die Reaktion Rödes in sein Weltbild überhaupt nicht einordnen. So berichtet Bruno Zumhorst (Lehrer i. R.) auf die Frage „Wie standen Ihre Eltern zum HJ-Dienst?":

Ich muß dazu ausführen, daß meine Mutter während des Krieges eine Chance hatte, wieder berufstätig zu werden. Und zwar hatte sie im Stadion die Ökonomie eines großen Clubhauses mit der gesamten Anlage übernommen und den entspre-

chend vielen Angestellten. Und bei dieser Tätigkeit, wo sie Leute einzustellen hatte, geschah es auch, daß sie den früheren Chefredakteur der „Tribüne", Fritz Röde, einstellte. Und meine Mutter hatte darauf gesehen, daß dieser Mann heil durch den Krieg geleitet wurde, versteckt wurde usw. in dieser am Ortsrand abgeschiedenen Ortsrandlage, konnte aber nicht verhindern, daß dieser Mann kurz vor Kriegsende hingerichtet wurde in Plötzensee. Und es zeigt an sich, daß meine Eltern mit dem Dritten Reich wenig am Hut hatten. Sie haben das alles sehr zurückhaltend, aber auch in Worten zurückhaltend begleitet, und es mag auch daher rühren, daß meine Mutter dabei politisch die Weisende war. Das Haus ihrer Eltern, also meiner Großeltern, entstammte der Freidenkerbewegung. Und diese Freidenkerbewegung zeichnete sich auch dadurch aus, daß sie Freiheit und Toleranz predigte, und da paßte das Dritte Reich überhaupt nicht in dieses Schema. Die „Tribüne" ist eine Gewerkschaftszeitung, sie ist dann nochmals erschienen unter gleichem Namen in der früheren DDR. Wir haben auch nie ermitteln können, ob der Herr Röde - nach seiner Entlassung nach acht Jahren Zuchthaus - nochmal in der Illegalität gearbeitet hatte. Das war uns unbekannt geblieben, auch zu unserem eigenen Schutz, dazu hatte er sich nie geäußert, nur durch seine Verhaltensweisen habe ich dann auch als Luftwaffenhelfer gemerkt, wo er politisch stand. Ich erinnere mich beispielsweise an eine Situation, wo ich ihm, ich muß beinahe sagen freudestrahlend, mitteilte, daß jetzt diese verdammte Schullaufbahn unterbrochen war durch die Einberufung. Und als ich ihm eröffnete, daß ich zur Flak komme, hatte er Tränen in den Augen und schimpfte plötzlich über die verdammten Nazis, die die Kinder einziehen. Das hat mich in dem Moment total irritiert, weil ich ja ideologisch noch gar nicht soweit war, um seine Position zu beurteilen.[19]

Die meisten der Befragten geben allerdings an, das Elternhaus sei überwiegend pronationalsozialistisch eingestellt gewesen. Dabei ist festzustellen, daß in den seltensten Fällen eine durchgängig positive NS-Haltung konstatiert wird. Immer wieder können die früheren Schülersoldaten sich daran erinnern, daß ihre Väter, bevor sie der nationalsozialistischen Idee zustimmten, deutsch-national eingestellt waren. Stark hervorgehoben wird die vaterländische Gesinnung der Eltern. Fast alle Väter haben noch als Soldat aktiv am Ersten Weltkrieg teilgenommen. Mit Hitler kam der Ausweg aus der Schande von Versailles, heißt es, oder die Zustimmung für Hitler wuchs

mit der erfolgreichen Bekämpfung der Arbeitslosigkeit durch
die neue braune Regierung.

Das extremste Beispiel für eine durch und durch nationalso-
zialistisch und militärisch geprägte Familie gibt Waldemar
Mourac (Elektriker):

*Ich wollte zur Luftwaffe die Offizierslaufbahn einschlagen,
bedingt durch die Vorfahren meiner Familie väterlicherseits;
wir kommen aus Frankreich, wir sind Hugenotten. Mein Vater
konnte im Ersten Weltkrieg nicht Offizier werden, so wollte
ich wenigstens die Tradition der Familie fortsetzen. Leider
Gottes ist es mir nicht gelungen. Wenn der Krieg ein halbes Jahr
länger gedauert hätte, wäre ich als Fähnrich abgegangen. Aber
Gott sei Dank, daß es nicht so lange gedauert hat. Mein Vater,
auch mein Großvater, standen auf dem Standpunkt, und diesen
Satz habe ich nicht nur einmal, sondern mehrmals gehört: Du
bist nichts, dein Volk ist alles. Und ich glaube, daß diese Haltung alles aussagt, was mit dem Dienst im DJ und in der HJ
zusammenhängt. Mein Vater war Parteimitglied, hatte die
Mitgliedsnummer 148, das besagt, daß er schon 1920 der Deutschen Arbeiterpartei angehörte, vorher gehörte er der Deutsch-
nationalen Volkspartei an. Ist aber dort ausgetreten auf Grund
der Stimmenthaltung bei der Ratifizierung der Versailler Ver-
träge. Er trat dann in die DAP ein, die dann in die NSDAP
mündete. Hat am 9. November 1923 den Marsch auf die
Münchener Feldherrnhalle mitgemacht; war Träger des Blu-
tordens, hatte die Mitgliedsnummer 1017 in der SA, ist SA-
Sturmführer gewesen, hat in Stettin den 1. SA-Sturm aufgebaut und hatte den letzten Dienstgrad Obersturmbannfüh-
rer.*[20]

Mourac erzählt dann - wie zur Entschuldigung für die SA-
Zugehörigkeit seines Vaters - eine fast unglaubliche Begebenheit in der Reichskristallnacht 1938. Seine Mutter war Haupt-
kassiererin im jüdischen Kaufhaus Karger in Stettin. Der Vater
betrat zusammen mit seiner Frau in der Reichskristallnacht am
9. November 1938 das von der SA besetzte Kaufhaus in voller
Uniform des SA-Sturmführers und konnte, unbemerkt von
den Besetzern, aus dem Geldschrank der Kasse, zu der Frau
Mourac ja den Schlüssel hatte, 85 000 Reichsmark entnehmen
und, verborgen am Körper unter der Kleidung, das Haus
unbehelligt verlassen. Mouracs Mutter hat dann den Geldbe-
trag nach Schneidemühl gebracht, wo der Kaufhausbesitzer
Isaak Kohn wohnte. Mit Hilfe dieser zur damaligen Zeit sehr

hohen Summe gelang es Kohn, Deutschland sicher zu verlassen.

Es läßt sich denken, daß der Vater als SA-Führer über die NS-Rassenideologie voll informiert war. Vielleicht hat er seiner Frau einen Gefallen mit der Aktion getan, oder er hat den jüdischen Kaufhausbesitzer persönlich gekannt und als Mensch geschätzt. Über die näheren Gründe für diesen nicht ungefährlichen Einsatz hat der Zeitzeuge nichts weiter sagen können. Auf jeden Fall macht Waldemar Mourac einen durchaus glaubhaften Eindruck. Wer ihn besucht, könnte meinen, er habe sich von seiner Umgebung, selbst von Frau und Kindern, total abgesondert. Seine Welt ist die Vergangenheit. In ihr lebt er, in ihr geht er vollends auf. Sein Reich ist ein kleines schmales Zimmer in einer ärmlichen Wohnung, vollgestopft mit Andenken aus seiner „großen militärischen Vergangenheit". Regale, Kommoden und Simse sind vollbesetzt mit Modellen von Kriegsschiffen und Flugzeugen der Weltkriege. An den Wänden Bilder von Luft- und Seegefechten. Hinter Glas gerahmt Orden- und Ehrenzeichen, auch die seines Vaters und Großvaters.

Eine gewisse Parallelität mit dem vorherigen Bericht ist bei der Erzählung von Kurt Kramer (Lehrer i. R.) festzustellen: *Mein Vater war Idealist, er war durch Goebbels eigentlich in dem roten Berlin zum Nationalsozialismus gekommen, meine Mutter auch. Und zwar war das ganz witzig, für die war das Goebbelsche Auftreten so etwas wie ein Kabarett à la Dieter Hildebrandt. Goebbels ging da in eine KPD-Versammlung rein, war ja sehr geistesgegenwärtig und mutig, so ein kleines Damenterzerol, man muß sich das vorstellen, in so eine Versammlung reingehen, in eine Versammlung von so einer ganz anderen Couleur und würde da zu reden anfangen, und die sind völlig anderer Meinung, und wenn dann nach dem fünften Satz geklatscht wird und nach dem zehnten Satz, sonst haben sie sich da auf Tod und Leben auf der Straße gehauen. Und das Interessante war dann eben auf solchen Großveranstaltungen, da war ja damals noch eine richtige Regierung da, dann war da die Staatspolizei, die wollten den verhaften (Goebbels). Und haben dann erst fünf Sätze hinterher begriffen, was er da eigentlich gesagt hatte. Dann fing er dann so an: „Meine Damen und Herren, wenn Sie glauben, ich hätte das und das behauptet, ist das eine infame Lüge!" (K. imitiert die Stimme von Goebbels); der war denen allen über... Ich bin in Berlin-Heiligensee eingeschult worden, und nach einem Jahr Grund-*

schule wurde mein Vater nach Hannover versetzt. Nein, erst nach Bonn und dann nach Hannover. Ich habe in Bonn noch erlebt, wie Chamberlain im Hotel Dresden im September 1938 war, und wir mußten dann als kleine Pimpfe dort alle antreten, und dann zog der da (Hitler) seine Show ab, streichelte uns über den Kopf, der Hitler, diese typische Szene, das war ja ein Schauspieler par exellence. Und wenn der einem so in die Augen schaute, das ging einem durch und durch, er hatte diese Aus-strahlung, da sind ja nicht nur wir kleinen Kinder darauf reingefallen, sondern da sind ja die Erwachsenen auch reihen-weise darauf reingefallen. Mein Vater war Idealist, war NS-Führungsoffizier dann auch nachher. Für den brach nach dem Krieg eine Welt zusammen. Das Verrückteste aber war, daß wir, als wir hier wohnten in der Gustav-Adolf-Straße, wo die Nachbarn waren, die Ransenbergs, der Isidor Stern, mit dem habe ich Ritterburg und so mit Bleisoldaten gespielt, und auch mit der Rosemarie Stern war ich gut befreundet, war mit ihr auf der Straße Rollschuh gelaufen. Nachher habe ich erfahren, die sind alle nach England rausgekommen, waren alles reichere Juden. Meine Eltern haben denen wohl einen Tip gegeben.[21]

Kramer ist einer der ganz wenigen Interviewpartner, die es verstehen, aus ihrem Bericht eine Erzählung zu machen. Mit bewegten Worten, viel Gestik und Mimik schildert er Erlebtes, das fast Gegenwartscharakter annimmt. Auf die Frage nach dem Stellenwert des NS in der Familie setzt er zunächst zu einem Bericht an, der dann sogleich in eine Begebenheit vor der Machtübernahme der Nazis übergeht. Kramer kann zu diesem Zeitpunkt höchstens fünf Jahre alt gewesen sein. Also muß sein Vater oder die Mutter, die beide schon 1928 Mitglie-der der NSDAP wurden, eine solches Erlebnis dem Sohn erzählt haben. Die Kaschierungsversuche der schon zitierten Zeitzeugen werden auch von diesem früheren Luftwaffenhel-fer wiederholt. Das Goebbelsche Auftreten sei nur so etwas wie ein Kabarett à la Dieter Hildebrandt gewesen. Er versucht, den Eindruck zu erwecken, die Eltern hätten den Goebbels im Grunde durchschaut und gar nicht ernst genommen. Wie der vorherige Zeitzeuge führt auch dieser dann eine Begebenheit von einer guten Tat gegenüber einer jüdischen Familie ins Feld, die nun letztendlich die Eltern vom Vorwurf, eingefleischte Nazis zu sein, entlasten soll.

Die statistische Auswertung zur Untersuchung des NS-Stel-lenwertes in den Familien der Zeitzeugen gestaltete sich etwas schwieriger als die Analyse der Auskünfte über die Mitgliedschaft bei der HJ. Der Fragebogen enthält keine präzise Frage dazu. Lediglich nach der Parteizugehörigkeit der Eltern wird gefragt und ob ihre Mitgliedschaft als aktiv oder passiv zu bezeichnen war. Die Antworten hierzu sind oft unzureichend. Bei den Interviews wurde diese Frage dann vertieft. Daher konnten nur 121 Antworten für die statistische Auswertung hinzugezogen werden. Es gelangten also nur Fragebogenantworten oder Gesprächsaussagen zur Auswertung, wo mit an Sicherheit grenzender Wahrscheinlichkeit der Grad des Stellenwertes des Nationalsozialismus in der Familie festgestellt werden konnte.

22 (18,2 %) von 121 Befragten berichten von einer in der Familie zum Teil offen geäußerten Antihaltung gegenüber dem NS-System. Die Zeitzeugen spürten deutlich eine Abneigung gegen das Hitler-Regime. Die Eltern waren keine Parteigenossen. Als Gründe wurden vorwiegend Religionszugehörigkeit mit starker kirchlicher Bindung oder eine andere politische Gesinnung genannt. Das besagt nicht, daß in allen Fällen die Eltern auch verfolgt wurden. Hierzu liegt im Grunde nur eine Aussage vor, wo der Vater durch drei KZ geschleift wurde und schließlich elend umgekommen ist. Auffallend sind aber einige Fälle, bei denen der Vater berufliche Nachteile durch Weigerung, der NSDAP beizutreten, erfahren hatte. Aber auch etliche ehemalige Luftwaffenhelfer, die aus solchen Familien kamen, haben gerne in der HJ mitgemacht und waren auch Führer. Die Eltern haben ihnen keinen Stein in den Weg gelegt. Offensichtlich aus Furcht vor noch weiterer Benachteiligung.

35 (28,9 %) von diesen 121 Befragten geben an, daß ihre Eltern voll mit dem Nationalsozialismus einverstanden waren. Der Vater, in vielen Fällen auch die Mutter, gehörte natürlich der NSDAP als aktives Mitglied an. Dem HJ-Dienst des Sohnes wurde voll zugestimmt. In einigen Fällen wurde der Sohn auf die Napola geschickt.

64 (52,9 %) Zeitzeugen der Untersuchungsgruppe äußern, ihre Eltern hätten sich unpolitisch oder indifferent gegenüber dem politischen Geschehen verhalten. Zumindest ist ihnen nichts Gegenteiliges im Verhalten der Eltern aufgefallen. Manche sprechen von einer passiven Mitgliedschaft des Vaters oder der Mutter oder beider Eltern. Die Zeitzeugen entdecken bei ihnen manchmal eine versteckte Furcht vor Anzeige, sie sind als Mitläufer zu bezeichnen. Die Befragten sagen öfter: Es ging meinem Vater nur um Deutschland, um das Vaterland, nicht um den Nationalsozialismus.

Zu Beginn dieses Kapitels wurde die Frage gestellt, ob die Hitlerjugendzeit der Luftwaffen- und Marinehelfer einen Einfluß zur Prägung des künftigen Schülersoldaten ausgeübt hat. Eine präzise Antwort wird es auf diese Frage nie geben. Die Lebensstrukturen sind zu komplex. Es wäre Aufgabe der empirischen Sozialforschung, bei jedem Probanden auf Grund seiner Überzeugung, Beweggründe und Charaktereigenschaften die Haltung herauszuarbeiten, aus der sich dann seine persönliche Lebenskonstruktion ergibt. Aus dieser Konstruktion könnte man vielleicht Informationen erhalten über die Lebensart und -weise der zu untersuchenden Person. Sie wären vielleicht der Schlüssel für besondere Merkmale und Prägungen, die sich aus dem Leben nicht fortwischen lassen und die noch nach Jahren und Jahrzehnten zu finden sind.

Nun ist hier nicht der Ort, den Lebenskonstruktionen einzelner Zeitzeugen nachzugehen. Hier kommen die Zeitzeugen selber zu Wort. Sie sollen lebensgeschichtlich berichten und selber einschätzen, ob ihr Leben aus den verwirrenden, ungewöhnlichen Ereignissen dieser bewegten Zeit für die Zukunft geformt und geprägt worden ist. Jeder führt als Individuum sein eigenständiges Leben, obwohl Begebenheiten und Umstände, die ihn beeinflußten, dieselben sind, mit denen sich viele andere seiner Altersgenossen auch konfrontiert sahen. Aber jeder reagiert individuell auf diese zeitbedingten Lebensumstände. Die Jungen von einst sind keine homogene Masse. Wohl bewegten sie sich in einem gemeinsamen Raum, der hieß Drittes Reich, Schule, Hitlerjugend, Flakhelferdasein, und dennoch antwortet jeder einzelne in seiner eigenen Weise unter den gemeinsamen Zeitbedingungen aus den Quellen seiner ureigenen Lebenskonstruktion, und die werden von ganz anderen Regeln bestimmt, die gar nicht oder nur sehr selten ins Bewußtsein gelangen.[22]

Zur Beantwortung dieser Frage nach Einflüssen aus jener Zeit hat einer der früheren Lufwaffenhelfer eine treffende Aussage gemacht. Sie mag auch für einen Großteil der früheren Flakhelfer zutreffen, denn schließlich war die überwiegende Anzahl von ihnen DJ- oder HJ-Führer (eine genaue Zahl läßt sich nicht feststellen, weil auch hierzu eine spezielle Antwort fehlt und auch in den Gesprächen danach nicht ausdrücklich gefragt wurde).

So sagt Waldemar Mourac im Interview:
Diese kurze Zeit zwischen dem 1. August 1944 und 2. Mai 1945 war so dicht gedrängt mit Ereignissen der Luftabwehr. Dann

die Zeit im Erdeinsatz. 25 Kampftage hintereinander sollen wohl einen jungen Menschen prägen, und sie haben mich geprägt. Denn noch dazu kommt die Führerschaft bei der HJ, die ja auch eine gewisse Prägung vornahm. So kann ich für mich sagen, sie hat meine ganze politische Überzeugung und mein ganzes Gegenüber-anderen-Menschen-Auftreten geprägt. Ich möchte diese Zeit nicht missen. Ich mache davon auch gegenüber niemandem, egal wer er ist, irgendwelche Abstriche.[23]

Dieser Interviewpartner weist mit seinem „Bekenntnis" schon auf eine entscheidende Prägung hin, die die Flakhelfer in der Zeit ihrer HJ-Zugehörigkeit in ihrem Verhältnis zu HJ-Führern und -geführten erfahren haben. Die nationalsozialistische Indoktrination mag bei dem Zeitzeugen in besonderer Weise gewirkt haben, seine Eltern waren ja durch und durch Nazis, wie bereits oben erwähnt wurde. Aber eine geringere oder stärkere Wirkung erzielte die NS-Ideologie bei jedem Hitlerjungen, und alle Heranwachsenden erfuhren ihre Wirkung, die auch in der Unfähigkeit bestand, sich mit den politischen Gegebenheiten kritisch auseinanderzusetzen. Niemand der befragten Flakhelfer äußerte irgendwelche Vorgänge, bei denen er durch selbständiges Nachdenken die bestehende Welt unter dem NS-Regime in sein Denkschema einordnen konnte. So muß festgestellt werden, daß diese quasi vormilitärischen sozialen Beziehungen aus der HJ-Zeit in der anschließenden Flakzeit intensiver fortgesetzt und noch stärker ausgeprägt wurden. Es läßt sich also bereits nach dem bisher Geschilderten sagen, daß Menschen des gleichen Alters und Geschlechts auf eine gleiche historische Ausgangssituation in vielen Punkten gleich reagierten, aber diese Reaktionen wiederum auseinanderlaufen auf Grund von Faktoren, die schon bei der Beschreibung der HJ-Zeit offenkundig wurden und im folgenden nach Konvergenz und Divergenz noch deutlicher werden.

Mit Begeisterung und Zweifel zum Flakdienst

Kurz nach der verheerenden Katastrophe, die über die 6. Armee in Stalingrad im Februar 1943 mit deren vollständiger Vernichtung hereingebrochen war, begann die Einberufung der ersten Schüler des Jahrgangs 1926 zur Dienstleistung bei der Heimatflak. Was sich hier wie eine kurze trockene historische Anmerkung in der Reihe anderer Kriegsdaten liest,[24] ist

in Wahrheit begleitet von einer Fülle emotionaler Äußerungen
bei den unmittelbar Betroffenen und deren nächsten Angehörigen, in erster Linie natürlich der Eltern. Die verbale Schilderung der Gefühle der 15- und 16jährigen Schüler nach mehr
als 50 Jahren ist so lebendig und präzise, daß selbst nach
genauer kritischer Analyse der Zeitzeugentexte an dem Wahrheitsgehalt der Aussagen nicht im geringsten gezweifelt werden kann. Die heute 69- bis 71jährigen können sich noch genau
an einzelne Umstände erinnern, die mit der Einberufung verbunden waren. Das deutet darauf hin, daß die Schüler zutiefst
in ihrem seelischen Empfinden von den Vorgängen bewegt
worden waren.

Obwohl der Nationalsozialismus es verstand, besonders die
jungen Menschen in eine Eingleisigkeit des Denkens zu steu-
ern, zeigen die Aussagen eine vielfältige Palette von Gedanken
und Gefühlen bei der Frage nach dem inneren Befinden der
Schüler zum Zeitpunkt der Einberufung zur Flak. Wie das
vorherige Kapitel zeigt, waren alle bei der Hitlerjugend, der
überwiegende Teil von ihnen hatte gerne bei der Staatsjugend
mitgemacht. Sehr viele waren in führenden Positionen. Bei der
Einberufung zwischen Frühjahr 1943 und Frühjahr 1944 dauerte der Krieg schon dreieinhalb bis viereinhalb Jahre. Jedermann war auf Gedeih und Verderb umklammert von dem
Kriegsgeschehen und der Politik der NS-Regierung. Es gab
besonders für die Jugend keine wirkliche rationale Auseinandersetzung mit politischen Gegebenheiten des Alltags. Es
mangelte an Vorlagen. Jegliche Alternativvorstellungen fehlten, die vielleicht kritisch eingestellte Erwachsene in Familie,
Schule oder Kirche eventuell hätten vermitteln können. Die
Menschen lebten in einer Diktatur; Demokratie war ein unver-
standenes Fremdwort. Wer sich von den Älteren kritisches
demokratisches Bewußtsein gegenüber dem Zeitgeschehen aus
vorhergehenden Zeiten der Weimarer Republik bewahrt hatte,
lebte gefährlich. Bei Äußerungen abweichender Meinungen
stand er mit einem Fuß im KZ. Er konnte seine Ansichten nur
im vertrautesten Kreis anbringen. Etliche Flakhelferzeitzeugen berichten von solchen kritischen Äußerungen, meistens
von Vätern oder diesem oder jenem Onkel oder Großvater. Sie
wurden genau registriert von unseren Schülersoldaten, so genau, daß sie noch nach über 50 Jahren, oftmals sogar im
Originaltext, wiedergegeben werden können. Aber nur ein
einziger ehemaliger Luftwaffenhelfer hat aus seiner antinatio-
nalsozialistischen Haltung, die aus der seiner Familie erwach-

sen war, Konsequenzen gezogen und seine Meinung auch offen bekannt. Als Luftwaffenhelfer erhielt er ein Kriegsgerichtsverfahren und wurde mit Haftstrafe belegt. Das war sein Glück, daß ein Militärrichter über ihn befand. Wäre er vor ein ziviles Gericht zitiert worden, vielleicht hätten die Richter ein Urteil wie das über die Geschwister Scholl ausgesprochen.

Blind waren die Jungen von damals nicht. Häufig wird davon berichtet, daß der Glaube an den Endsieg oder überhaupt das Vertrauen in die NS-Führung angesichts der immer katastrophaler werdenden Kriegslage dünner wurde. Aber dennoch wirkte unablässig und übermächtig das NS-System. Es hielt die jungen Menschen wie in einem Labyrinth gefangen. Die Diktatur wies jedem seinen Platz zu. Für die Jungen war die militärische Ordnung die Welt, in der sie lebten; sie wurde ihnen ununterbrochen beim HJ-Dienst eingetrichtert. Es gab keinen Ausstieg aus dieser Welt. Erst wer eine Uniform trug, war ein vollwertiger Mensch. Das galt schon für den Zehnjährigen. Und wer in den Kriegsjahren als wehrhafter junger Mann in Zivilkleidung erschien, wurde als äußerst verdächtig angesehen.

Für heutiges Denken unvorstellbar, übten die Kriegshelden einen unwiderstehlichen Reiz auf die Jugend aus. Die NS-Führung führte Männer wie Mölders, Rommel, Prien, Rudel und andere erfolgreiche Kriegshelden unablässig in allen Massenmedien den Menschen vor Augen und erfand das Ritterkreuz mit allen Zusatzdekorationen, um anläßlich deren Verleihungen die Helden an allen Fronten immer wieder als Vor- und Leitbilder ins Bewußtsein zu bringen. Als ein äußerst wirkungsvolles Propagandamittel erwies sich der Spielfilm, der in Titeln wie „U-Boote westwärts", „Wunschkonzert", „Stukas" den deutschen Soldaten als den besten und mutigsten unter allen Soldaten der Welt zeichnete und ein Kriegsgeschehen an allen Fronten darstellte, das mit großer Sicherheit in den Endsieg Deutschlands münden mußte. Besonders die männliche Jugend sah mit Begeisterung solche Spielfilme.

Im pubertären Ringen um ein selbständiges Ich stehen die Größenphantasien des Jugendlichen im Widerspruch zu seinen noch wenig entwickelten realen Fähigkeiten. Der Jugendliche hat sich ja in diesem Alter schon in dem Werden seiner seelischen Eigenständigkeit von der Anbindung an die Eltern getrennt. Nun versucht er, sich zu tarnen, um den Mangel an innerem „Sich-Fühlen" zu überdecken. „Der Mensch klammert sich an äußere 'Fetische' oder stützt sich auf 'Prothesen', die an seiner statt ihm den Anschein von Lebendigkeit geben sollen."[25] Den an Gehorchen und Strammstehen gewöhnten Jungen kam in dieser pubertären Phase in der Zeit vor ihrer Einberufung zur Flak die Vorstellung eines solchen Heldenge-tümmels gerade recht. Ihre Welt wird der eigenen unfertigen Seele ohne festes Ichgefühl als Phantasien übergestülpt. Vor den Augen standen die erwachsenen Soldaten, dekoriert mit Orden und Ehrenzeichen, mit deren Verleihung die Wehr-macht großzügig umging. So zu sein wie sie, das war der Traum der Jungen: Fallschirmjäger, Panzerfahrer, Jagdflieger oder Matrose auf einem U-Boot. Das waren die Tarnungen der potentiellen Schülersoldaten.

Die Realitäten wurden von diesem Kriegsgemälde verdeckt. Der vieltausendfache Tod auf den Schlachtfeldern und in den von Bomben heimgesuchten Städten war für die 15jährigen wie eine surrealistische Kulisse, sie wurde wahrgenommen, aber die Sinne setzten sie nicht um in emotionales Empfinden. Der Tod gehörte zum Krieg. Wer an der Front fiel, ging gleichsam ein in den Götterhimmel des Olymps, er starb ja für „Führer, Volk und Vaterland". Und welcher Junge in diesem Alter konnte den Tod schon begreifen? Der übermächtige Lebensdrang, der Einsatz für das Vaterland ließen keinen Raum für das Erkennen des Sterbens.

In diesem ungewöhnlichen Umfeld, in dem der Friede nicht mehr vorstellbar war, erreichte die 15jährigen Schüler der Befehl, Hilfsdienste zur Verteidigung ihrer Heimat zu leisten. Diese Einberufung kam nicht als Überraschung. Vorbereitet waren sie alle. Mit militärischem Drill war die Jugend groß geworden. Für körperliche Ertüchtigung sorgte der überdi-mensionierte Sportunterricht an den Schulen. Mit einer Fünf in Turnen (heute Sport) konnte keiner versetzt werden. Sport war wichtiger als Deutsch und Mathematik. Mit Kriegshilfs-diensten waren fast alle vertraut: Aushilfsdienste bei Straßen-bahn, Bahn und Post, Einsätze in der Landwirtschaft, in der Altenbetreuung und in der Kinderlandverschickung, Luft-schutzmeldedienste, Aufräumarbeiten nach Bombenangrif-fen, Versorgung von Obdachlosen und Ausgebombten. Die Palette war reichhaltig und bunt.

Aber mit der Einberufung zum Dienst bei den heimatlichen Flugabwehrkanonen wurde der Höhepunkt gesetzt. Bisher hatten alle Einsätze einen zeitlich überschaubaren Rahmen. Nun kam erstmals eine Trennung von daheim für lange, unbe-stimmte Zeit. Kein Wunder, daß dieser Einschnitt im Leben der künftigen Schülersoldaten sich lebendig eingegraben hat und heute, nach mehr als 50 Jahren, so wirklichkeitsnah auftaucht, als wären sie erst gestern eingerückt.

Einer von ihnen, Neithard Lammers (Lehrer i. R.), erinnert sich gut an den Tag, als er von seiner bald bevorstehenden Einberufung erfuhr. Er schreibt in seinem Fragebogen:

Unsere Klasse (Untersekunda) sprang begeistert auf, als der „Direks" Anfang September 43 unmittelbar nach den Sommerferien den bevorstehenden Einsatz als Luftwaffenhelfer bekanntgab. Ich selbst hatte zwar ein banges Gefühl vor der Ungewißheit, hegte jedoch keinerlei Befürchtungen vor damit verbundenen Gefahren, war doch meine schlesische Heimat außer Reichweite der anglo-amerikanischen Terrorbomber, die es hauptsächlich auf Großstädte abgesehen hatten, und die gab es außer Breslau nicht. Auf den Dörfern wurde selbst die nächtliche Verdunklung wenig beachtet. Ich jedenfalls war voller Stolz, endlich gefordert zu werden, um die Familie und das Vaterland indirekt gegen die „Barbarei aus der asiatischen Steppe" und direkt gegen die „feigen Mordbrenner aus der Luft" verteidigen zu dürfen. Ich sah daher unsere Einberufung als absolut sinnvolle Notwendigkeit an, dachte dabei an meinen Vater, der als Soldat am fernen Rhein in Koblenz die schweren Luftangriffe durchleiden mußte, und an meinen bewunderten Onkel mit dem Eisernen Kreuz tief in Rußland, wo er drei Monate später nach zweimaliger schwerer Verwundung als Panzerkommandant fiel. Den angekündigten Kriegseinsatz sah ich als aufregendes Abenteuer an, endlich raus aus dem kleinen Dorf, eine willkommene Unterbrechung des kriegsbedingt lückenhaften und teilweise von reaktivierten Pensionären geführten Unterrichts an der Penne. Kein Gedanke an NS-Führung! Die Wehrmacht im Kampf - daran wollten wir teilhaben. Meine großen Vorbilder und Helden damals: Dietl in Norwegen, Rommel in Afrika, Prien in Scapa Flow, Mölders der Jagdflieger, die beiden Schlesier Rudel und Hanna Reitsch.

Monate später beim Interview antwortet Lammers auf die Frage des Interviewers, was er wohl unter seinem „bangen Gefühl der Ungewißheit" verstehe:

Die Ungewißheit, wenn ich mich heute daran erinnere, lag vor der Zukunft. Es war damals im September, ein halbes Jahr nach Stalingrad. Stalingrad hat mich wahnsinnig mitgenommen, ich wurde davon verfolgt. Und ich habe mir gedacht, jetzt bist du 16, jetzt gehst du zur Flak, in einem Jahr wird es soweit sein, dann kommst du in dasselbe Schlamassel wie Stalingrad und *daß es besser werden könnte, war unwahrscheinlich. Es war so mehr die <u>Angst vor der Zukunft, denn die Front rückte immer näher, und wenn das so weiterging, wären wir die ersten gewesen (in Oberschlesien)</u>. Diese Ungewißheit, dieses bange Gefühl vor der Zukunft. Das Stalingrad hat mir damals schon gezeigt: Jetzt geht's bergab.*[26]

Das bange Gefühl der Ungewißheit hatte der Begeisterung unseres Zeitzeugen schon bald einen Dämpfer aufgesetzt. Und sein Gefühl hatte ihn damals nicht getrogen. In seiner Flakstellung bei den schlesischen Hydrierwerken erlitt er seinen ersten großen Schock durch einen schrecklichen amerikanischen Fliegerangriff. Aber die weitverbreiteten stereotypen Meinungen waren auch bei ihm dominierend: die „feigen Mordbrenner aus der Luft" und „die Barbaren aus der asiatischen Steppe". Dem früheren Luftwaffenhelfer, der sich heute als Nationalist bezeichnet, standen die Helden des Krieges als Vorbilder vor Augen. An den Erinnerungen dieses Exflakhelfers läßt sich gut die bunte Palette der Gefühle eines Jungen von 16 Jahren ablesen, der im Begriff war, die letzte Reserve im verzweifelten Kampf um das Fortbestehen des „Großdeutschen Reiches" zu bilden. Noch aufgewühlt von der Stalingrader Katastrophe, läßt er sich hinreißen zu einem allerdings damals kaum erkennbaren zweifelhaften Kriegseinsatz, wenn auch unter dem Angstgefühl, was wird die Zukunft bringen? Aber dennoch überrumpelt vom pubertierenden Mannseingehabe, mit der Wehrmacht am Kampf als Schülersoldat teilzuhaben mit leuchtenden Vorbildern. Und hinter allem präsentiert sich der Schuljunge Neithard, der sich kindisch freut: Endlich weg von der Penne, auf geht's in ein Abenteuer!

Diese lebensgeschichtliche Aussage spiegelt die breite Motivationsskala aller Schülersoldaten in komprimierter Weise wider. Ein bemerkenswertes Erinnerungsdokument, das dem heutigen Menschen das zerrissene Lebensgefühl dieser jüngsten Veteranen des Zweiten Weltkriegs näherbringt. In der Rückschau erkennen die Zeitzeugen wohl ihre <u>divergierenden Motivationen, die sich zwischen Pflicht und Abenteuer, Zukunftsangst und Selbstbestätigung bewegten</u>, aber kaum jemandem wird bewußt, daß er als 15- und 16jähriger Junge von pubertären Nöten geplagt war, als die Einberufung zum Hilfsdienst bei der Wehrmacht ihn erreichte. „Keine Epoche unseres Lebens vergessen wir so sehr wie die Pubertätsjahre. So unendlich wichtig uns die Stürme und Kämpfe dieses Lebensalters scheinen, während wir in ihnen drinstehen, es bleibt von dem eigentlichen Rhythmus des jugendlichen Innenlebens weniger in der Erinnerung zurück als von den Gemütsbewegungen anderer Altersstufen", schreibt der Kulturphilosoph und Psychologe Eduard Spranger.[27] Es muß nicht als Widerspruch zu den Aussagen Sprangers angesehen werden, wenn diese Forschungsarbeit eine Fülle von Erinnerungen an bemerkenswerten Ereignissen gerade aus der spätpubertären Phase der Zeitzeugen vorlegen kann. Und es läßt vermuten, daß einzig die Wesensprägungen aus den Begegnungen mit den ungewöhnlichen Umständen dieser Kriegszeit ihre unauslöschlichen Merkmale anstelle von Gedächtnisspuren aus den pubertären Seelenkonflikten der jungen Soldaten hinterlassen haben.

Äußerst lebhaft erinnert sich Dr. Ludwig Gawenda (Lehrer i. R.) an den Tag der Bekanntgabe seines bevorstehenden Kriegsdienstes, und ihm steht heute noch die Handbewegung seines Lehrers vor Augen:

Ich war sehr froh darüber und auch stolz, daß ich zum Flakdienst einberufen wurde. Als unser Direktor unserer Klasse - wir hatten gerade Deutschunterricht - die Nachricht von unserer Einberufung überbrachte, brachen wir Betroffenen (Jahrgang 28) alle in Jubel aus. Übrigens, unser beliebter Deutschlehrer, Dr. Reckzeh, hielt den Zeigefinger an die Stirn und sagte - in unseren Jubel hinein : „Ihr Idioten!"[28]

Eine Handbewegung anderer Art wird ebenfalls mit einem nie vergessenen Ereignis des Waldemar Mourac in Erinnerung gebracht. Lehrling Waldemar wollte sich freiwillig zum Dienst bei der Flak melden, aber sein Vater verbot es ihm:

Und dann kam für die Flieger-HJ ein Aufruf des Reichsmarschalls an die Flieger-HJ, sich freiwillig zu melden als LwH. Und da ich Lehrling war, kurz mehr oder weniger vor meiner Abschlußprüfung im März 1944 stand, konnte mir dieses halbe Jahr im Beruf nichts mehr bringen, und ich habe mich hinter dem Rücken meiner Eltern freiwillig zur Flak gemeldet. Mein Vater war sehr erstaunt, als der Einberufungsbefehl kam, ich bekam dafür auch eine Ohrfeige, die ich gerne weggesteckt habe, weil ich nicht zum Volkssturm wollte.[29]

Es sollen nun in Kurzform einige Zeitzeugen zu Worte kommen, die mit ihrer Einberufung nur positive Gefühle in Erinnerung haben.

Werner Haferkamp (Dipl.-Ing. i. R.):

Für uns war der Einsatz als Flakhelfer eine Selbstverständlich-

keit. *Ich war selbst froh, daß ich für tauglich befunden wurde. Froh auch darüber, daß von unserer Schule die Schüler als Marinehelfer eingesetzt wurden, denn ich hatte mich schon vor der Einberufung als Marinehelfer freiwillig gemeldet und war als ROB der Kriegsmarine vorläufig anerkannt.*[30]

Heribert Jung (Angestellter i. R.):
Vorrangig war wohl das Gefühl da, daß man gebraucht wurde. Zum Zeitpunkt der Einberufung wußten wir auch nicht, zu welchem Einsatz wir kommen würden. Weiterhin war man wohl auch froh, von ungeliebten Lehrern wegzukommen. Ein wenig stolz war man wohl deshalb, daß man von den anderen nicht eingesetzten Mitschülern abgehoben war und etwas Besonderes darstellte. Politische Gedanken im Sinne von NS-Ideologie waren, wahrscheinlich auch bei vielen meiner Kameraden, zweitrangig. Vorrangig war der Dienst für das Vaterland.[31]

Gustav Schröder (Werbefachmann):
Mein ältester Bruder (1921) war im Frühjahr 1942 als Leutnant an der Ostfront gefallen. Der zweite Bruder (1924) wurde im selben Jahr als Reserveoffiziersbewerber eingezogen. So war es für mich eigentlich auch selbstverständlich, „Dienst fürs Vaterland" zu tun. Als wir im Okt. 43 dann als Marinehelfer eingezogen wurden, waren wir aus damaliger Sicht schon irgendwie „stolz" darauf und fühlten uns keineswegs ausgenutzt oder mißbraucht. Ich erinnere mich noch sehr gut daran, daß der einzige Mitschüler, der wegen eines Herzfehlers untauglich war, bittere Tränen vergoß, weil er nicht mitdurfte. Im großen Maße waren wir auch stolz darauf, bei der Kriegsmarine gelandet zu sein, weil unsere Uniform schicker war als die der LwH. Ich persönlich hatte gegen den Dienst als Marinehelfer aber auch schon deshalb nichts einzuwenden, weil meine schulischen Leistungen im Einberufungsjahr einen traurigen Tiefstand erreicht hatten.[32]

Jürgen Müller (Prokurist i. R.):
Freude, endlich bei den Angriffen auf Kiel aktiv an der Abwehr beteiligt zu sein. Steigerung des Wertgefühls, nun mit 16 Soldat zu sein.[33]

Dr. Otto Tischke (Militärhistoriker i. R.):
Ich war stolz darauf, bei der Heimatluftverteidigung mitwirken zu können. Daß die militärische Lage schlecht war, wußten wir nicht und konnten es bei dem herrschenden Informationsmangel nicht wissen. Wenn wir ab und zu etwas Negatives

über die wahre Lage (Feindsender usw.) erfuhren, glaubten wir
es nicht, weil wir vom Endsieg überzeugt waren. Es gab damals
ja nur eine einzige „Prawda", den „Völkischen Beobachter",
und was in diesem täglich drinnen stand, war richtig, alles
andere „Feindflüge". Lokalzeitungen waren nichts anderes als
verlängerte Arme dieses Reichsblattes. Die in diesen veröffent-
lichten Gefallenenlisten und die Namenslisten der Luftkrieg-
stoten steigerten unseren wenn nicht schon Haß, so doch unsere
Abneigung gegen den Feind.[34]

Helmut Reimers (Ofensetzer):
*Ich war stolz, daß man mich zur Verteidigung meiner Heimat-
stadt gebrauchte, wenn ich Tag und Nacht hilflos im Luftschutzkeller verbrachte mit Frauen, Kindern und alten Menschen, wenn die Bomben niederrauschten und ringsum ein-
schlugen und ich die große Angst in den Augen der Menschen
sah, da war ich wirklich stolz, daß ich für die wehrlosen Menschen dasein konnte, zu ihrer Verteidigung dasein konnte.*[35]

Georg Marten (Bundeswehroffizier i. R.):
*Ich war stolz darauf, dem Vaterland aktiv als Soldat - als
solcher fühlte ich mich - dienen zu können. Bis dahin hatte ich
darunter gelitten, auf Grund meines Alters kein aktiver Soldat
mehr werden zu können.*[36]

Gerd Bremer:
*Der gesamte Jahrgang 1926 wurde geschlossen einberufen. Es
war für mich selbstverständlich, daß ich nicht versuchte, zu
Hause zu bleiben. Ich hielt es für meine Pflicht, Deutschland
im Krieg zu unterstützen, zumal ich aktiver Offizier werden
wollte. Ein gewisser Stolz, in jungen Jahren „zu den Waffen
gerufen zu werden", spielte sicher auch eine Rolle. Die Mitschüler, die nicht „mitdurften", waren krank oder wurden von
der Bannführung als „Führerreserve" zurückgehalten. Diese
letzte Gruppe waren meistens Sachbearbeiter des Bannbüros
und wurden von den Luftwaffenhelfern für feige gehalten und
im Urlaub recht herablassend behandelt.*[37]

Kurt Kantermann:
*Ich habe mir hier das Wort Pflicht notiert. Gerade nach Stalin-
grad, das bedrohte Vaterland braucht uns, die Soldaten werden
an der Front benötigt, wir ersetzen sie. Und das habe ich
akzeptiert. Ich habe überhaupt vieles so akzeptiert von meiner
elterlichen Erziehung her, ja, deutsch-national. Es ging nicht
um Hitler, es ging um das deutsche Vaterland. Und uns wurde
ja auch erzählt: Die anderen haben uns angegriffen, nicht*

Hitler hat den Krieg vom Zaun gebrochen. Von daher: das muß du machen, und da wird nicht weiter drüber nachgedacht. Stolz, was heißt stolz? Stolz war ich in dem Augenblick, als ich an der Kanone stand mit den alten Obergefreiten und dem Geschützführer zusammen.[38]

Armin Boisen (Prokurist i. R.):
Alle Jungen der Klasse waren mit großer Begeisterung dabei, als es hieß, zu den LwH einzurücken. Dabei wurden die Warnungen der Eltern und Älteren in den Wind geschlagen. Da war natürlich in meinem Elternhaus große Trauer, ich war ja schließlich der einzige Sohn. Meine Mutter und mein Vater waren zwar nicht dagegen, konnten sie ja auch gar nicht sein, aber mir wurde klargemacht, daß das kein Spaßvergnügen sei und kein Spaziergang werden würde. Und als ich nun von der Schule zurückkam, die ganze Klasse wird nun zu den LwH geschickt, waren sie also betrübt und waren besorgt. Und dann passierte etwas, was meine Eltern im ersten Moment sehr beruhigte. Ich wurde zurückgestellt, weil ich so ein schmales Handtuch war. Und ich war traurig. Die ganze Klasse bis auf wenige Ausnahmen rückte ein, und ich mußte zu Hause bleiben. Und ich habe es fertig bekommen, wie weiß ich heute noch nicht, daß ich dennoch mitgenommen wurde. Ich wurde nachuntersucht und kriegte das Tauglichkeitszertifikat, sehr zum Entsetzen meiner Eltern.[39]

Franz Schönfeld (Redakteur i. R.):
Als die Nachricht kam, daß ich zum 6. Jan. 1944 zum LwH-Dienst eingezogen werden sollte, war ich sehr stolz. Mein Bruder, Jhg. 26, war schon ein dreiviertel Jahr vorher zur Flak mit seiner Oberschulklasse einberufen worden. Nun durfte ich in seine Fußstapfen treten. Wir kamen in eine Stellung weit vor der Stadt. Und weil man da in den ersten Tagen für uns keine Quartiere hatte, schickte man uns am Abend wieder nach Hause zu Muttern. Wie wohl fühlte ich mich in der Uniform, als ich mit der Straßenbahn den langen Weg nach Hause fuhr. Mir schwoll die Brust, mein Selbstbewußtsein stieg. Ich fühlte mich ernst genommen, war ein kleiner Soldat, die HJ-Armbinde nahm ich schon am ersten Tag ab.[40]

Dietmar Klesper (Pfarrer i. R.) berichtet, daß er absolut stolz war, zum Dienst bei der Heimatflak einberufen zu werden. Er kann beim mündlichen Gespräch ein bemerkenswertes Zeitdokument dem Interviewer vorlegen, der auf dem vergilbten und zerfransten Feldpostbriefbogen, den Klesper nach dem Tod seiner Mutter in ihrem Nachlaß fand, folgende Zeilen lesen kann:

Mein gutes Muttchen, um diese Zeit vorigen Jahres war es, daß ich mit einem Eilzug in Berlin eintraf und in Staaken mein erstes Jahr LwH begann. Wie stolz und freudig war ich da, an den Geräten mit gegen den Bombenterror helfen zu können. Ein Jahr ist seitdem vergangen. Es hat mir in Berlin viel Freude und auch ernste Stunden gebracht. Wir hatten auch Verluste. Ersteres leider knapp nur vier Monate. Leider habe ich die weiteren Monate hier in Schroda abseits gelegen, aber eine Versetzung wird ja bei Preußens befohlen und nicht ausgesucht, und was gibt es eigentlich Schöneres bei Preußens, als Befehle auszuführen. Deshalb will ich nicht meckern, sondern weiter getrost auch meinen Teil tun, wo ich hinbefohlen werde.[41]

Diese wenigen Aussagen zur Rückerinnerung an die Zeit der Einberufung zum jugendlichen Kriegsdienst zeichnen die Stimmung bei den deutschen 15- und 16jährigen Schülern in den Jahren 1943/44. Der überwiegende Teil dachte in etwa so, wie es die zitierten Zeitzeugenberichte wiedergeben. Wahrscheinlich wird nicht bei jedem das vaterländische Pflichtbewußtsein im Vordergrund gestanden haben, wie es der ehemalige Luftwaffenhelfer Kurt Kantermann als gutes Beispiel in seinen Erinnerungen gesagt hat. Natürlich versucht der heute 70jährige Zeitzeuge, exakt und objektiv, wie eben ein akademisch Gebildeter es gewohnt ist, darzulegen, was ihn damals bewegt hat. Er orientiert sich an dem offiziellen Bild der Zeit, und das war ebenso, wie er es schildert: Es mußte jedermanns Pflicht sein, seinen Fähigkeiten gemäß dem bedrohten Vaterland zu helfen. Und diese Ansicht war auch in den letzten Kriegsjahren bei den Menschen noch weit verbreitet. Daher ist auch diese Äußerung als wirklich glaubwürdig einzustufen. Wäre Kantermann vielleicht, wie viele andere es taten, ins Erzählen und Plaudern gekommen, wahrscheinlich hätte er auch seine Schule und seine Pauker erwähnt und zugegeben, daß er auch etwas froh war damals, Abstand von der Penne zu bekommen, und neugierig darauf war, welches Abenteuer er wohl nun zu bestehen habe. Die Jungen machten eben keinen Sprung von einem Tag zum anderen ins Erwachsenenleben. Viele Berichte bringen lebendig zum Ausdruck, daß sie Schuljungen blieben und ihre Späße und Lausbubenstreiche, wie von daheim gewohnt, in den Flakstellungen fortsetzten. Da läßt es sich gut nachvollziehen, im Vordergrund des Denkens so eines Gymnasiasten steht nicht die Pflicht, sich für das

Vaterland einzusetzen, sondern eher solche schülerspezi-
fischen Überlegungen wie endlich weg von der Penne, ein
Abenteuer steht bevor, einen Schritt näher zum Mannsein, auf
der ersten Stufe zum Soldaten, Offizier.

Ein gutes Stimmungsbild vom Denken der Jungen zeichnet
Gerhard Rickert (Bundesbahnbeamter i. R.):
*Als Klassenkameraden zeigten wir Klassenbewußtsein und -
kameradschaft. An die Idee, „dem Vaterland zu dienen", wurde nicht gedacht. Sie war eine Selbstverständlichkeit. Ebenso
selbstverständlich war, daß die kritische Kriegslage auch Jungen mit einbezog, die normalerweise noch zu jung zum Militärdienst waren. Wer sollte denn die Flugzeuge bekämpfen, die
unsere Städte, gefüllt mit Zivilisten, niederbrannten? Diese
Mordbrennerei aus der Luft hat es z. B. 1914/18 nicht gegeben.
Jetzt wurden nicht Soldaten, sondern ihre Eltern, Frauen und
Kinder verbrannt, erstickt, erschlagen.*[42]

Bei diesem Bericht werden auch die wichtigen Gesichts-
punkte Klassenbewußtsein und -kameradschaft, die sich dann
in der Flakstellung vertieft fortsetzten, erwähnt. Das war eine
große Stütze für den Jungen, der sich in der fremden Männerwelt zurechtfinden mußte. Aber diesem Aspekt wird noch ein
eigenes Kapitel gewidmet.

Bei den soeben zitierten schriftlichen Antworten muß noch
auf ein besonderes Merkmal hingewiesen werden. In den Texten finden sich immer wieder, wie bei Gustav Schröder oder
Gerd Bremer, Wörter oder kurze Sätze in Anführungszeichen,
die von den Zeitzeugen selber markiert worden sind. Offensichtlich wollen sie damit zum Ausdruck bringen, daß sie sich
mit den im Dritten Reich benutzten Redewendungen oder
Begriffen heute auf keinen Fall identifizieren wollen. Auf der
anderen Seite liegt die Vermutung nahe, daß Zeitzeugen mit
manchen Formulierungen ihrer Antworten eine Gesinnung
offenbaren, die bereits damals sich festigte und auch nicht
später durch besseres Wissen und neue Erkenntnisse der historischen wahren Zusammenhänge korrigiert wurde. Als Beispiel für eine solche Prägung sei hingewiesen auf den zuletzt
zitierten Text des Gerhard Rickert: „Wer sollte denn die Flugzeuge bekämpfen, die unsere Städte, gefüllt mit Zivilisten,
niederbrannten?" Mit diesem Satz wäre die Situation ausrei-
chend geschildert worden. Denn tatsächlich war das die Meinung der Jungen, die zum Flakdienst eingezogen wurden. Der
Zeitzeuge fügt aber noch den folgenden Satz an: „Diese Mordbrennerei aus der Luft hat es z. B. 1914/18 nicht gegeben. Jetzt

wurden nicht Soldaten, sondern ihre Eltern, Frauen und Kinder verbrannt, erstickt, erschlagen." Aus ihm ergibt sich deutlich der noch heute beim Zeitzeugen vorherrschende Abscheu gegen die alliierten „Terrorflieger", unrevidiert durch Erkenntnisse zu Fragen deutscher Schuld und Gedanken der Versöhnung und Völkerverständigung. Bestätigt wird letztlich eine solche Gesinnung, wenn der Exflakhelfer an anderer Stelle den Vorschlag macht, es solle auf Kriegerdenkmälern bei gefallenen Luftwaffenhelfern noch der Zusatz zu lesen sein: „Sie fielen für ihre geliebte, schöne, deutsche Heimat, die ihnen Terrorbomber zerstörten und dazu noch ihre Großeltern, Mütter und die kleinen Geschwister ermordeten." Ist dieser Zeitzeuge als LwH nicht für sein ganzes Leben geprägt worden?

Nun soll noch ein letztes markantes Beispiel für die weitverbreitete Begeisterung der Schüler für den Waffendienst bei der Flugabwehr vorgestellt werden. So schreibt Wilhelm Larberg, und später bestätigt er das Geschriebene im Gespräch:

Ich war stolz und empfand den Dienst an der Waffe als ungeheures Erlebnis, ja Abenteuer, von Hoffnungslosigkeit keine Spur. Ich hatte gerade eine schwere Operation hinter mir, deren Folgen noch allgegenwärtig waren. Ich habe den Arzt bei der Musterung angefleht, mich nicht zurückzustellen... Ja, genauso war es. Ich sollte eigentlich gar nicht hin. Ich hatte eine Bauchhöhlenvereiterung, einen durchbrochenen Blinddarm, den man ja damals kaum überlebte. Ich konnte dann nicht einmal meinen Karton tragen, den ich bei der Einberufung zur Stellung tragen mußte. Ich hatte geheult, ich wollte nicht allein zurückbleiben. Ich hätte mich geschämt, wenn ich allein zu Hause geblieben wäre. Ich kann dazu ein typisches Beispiel erzählen. Ich habe in der ehemaligen DDR einen guten Freund aus meiner damaligen Schulzeit, er war Jahrgang 29 und wurde nicht eingezogen. Dieser Mann hat das sein ganzes Leben lang nicht verwunden. Der ist sein Leben lang von Ückermünde nach Swinemünde gefahren, um anzugucken, wo wir im Kriege gelebt haben. Da bin ich selbst mit ihm hingefahren (siehe auch S. 24). Es lastete auf ihm wie ein Makel, daß er damals nicht dabei war. Und das ist 50 Jahre her. Stellen Sie sich das mal vor! Diese jüngeren Jahrgänge zählten für uns gar nicht.

Interviewer: Zeigte sich diese Begeisterung auch in der Klasse?

Ja, es gab natürlich wenige Ausnahmen wie in jeder Schule. Es gab so Musterschüler, die lieber lernten als exerzierten. Die wären woanders auch Außenseiter geworden. Das hat nichts mit Kriegsdienst zu tun, sondern das war einfach der Charakter der Leute. Die Erziehung war schwer, war hart. In der Ausbildungsbatterie, das war kein Zuckerschlecken. Ich war von Hause aus sehr verwöhnt, ich aß durchaus nicht alles, ich mochte weder Spinat noch Salat, und das gehörte ja schon zu den guten Sachen. Das dauerte acht Wochen, da war ich voll integriert.[43]

Krank oder zu jung, es war ein Unglück für die betroffenen Schüler, nicht einrücken zu können. Die Geschichte mit dem Freund von Wilhelm Larberg mag ein Extremfall gewesen sein.

Aber im Grunde ist die Situation damit sehr gut gekennzeichnet worden. Viele ähnliche Beispiele führen die Zeitzeugen an.

Larberg weist auch auf Ausnahmen in seiner Schulklasse hin. Es gab also auch Schüler, die nicht mit Begeisterung der Einberufung folgten. Sie wollten die Schule zu Ende besuchen, vor der Einberufung zum RAD oder Militär noch das Abitur machen. Nach Larberg sind das Musterschüler und Außenseiter, womit er ausdrücken will, daß das nur sehr wenige waren. Und in der Tat, so ist es auch gewesen. Die diesem Kapitel angefügte statistische Auswertung wird das auch bestätigen. Bei manchen ergab sich der Widerwillen gegen die Einberufung einfach aus dem Charakter des Betreffenden. Manche waren auch skeptisch gegenüber der politischen Situation. Die Katastrophe von Stalingrad spielte da eine nicht unerhebliche Rolle. Nun noch einige interessante Stimmen der „Widerständler":

Gebhard Wagner (Journalist i. R.):
Ich habe die Einberufung immer als außerordentliche Störung und Vergewaltigung meines Privatlebens empfunden. Meine Einschätzung gegenüber meinen Eltern, als ich nach einem Urlaub in die Flakeinheit zurückkehren mußte: „Jetzt fahre ich wieder in die Hölle" ... Die Vergewaltigung der Freiheit, das empfand ich vom ersten Tage an. Abgesehen davon, daß ich dort eine Masse interessanter Sachen habe kennenlernen können, das FuMG (Funkmeßgerät), ich hatte das Glück, da auch heranzukommen, aber die ganzen Lebensumstände, die Veränderung der Lebensumstände und vor allen Dingen die Möglichkeit, meine freie Zeit selber zu planen, das hat mich außerordentlich gestört. Ich habe bei den LwH eine Gesamtprägung für mein Leben behalten. Obgleich ich nachher ein guter DDR-Bürger wurde, hat mich das militärische Leben

auch in der DDR nur angewidert. Ich mag nicht leben, wo alles vorgeschrieben ist. Ich habe dann auch völlig passiv reagiert. Wenn man mir nicht gesagt hat, wo ich hinzugehen hätte, bin ich nicht gegangen, selbst wenn das vollkommen klar war. Das fing dort eigentlich an. Das hat auch erzieherische Gründe, ich war der Jüngste, wurde ein bißchen verwöhnt und wurde immer in Schutz genommen, wenn ich mit den älteren Brüdern Streit hatte. Ja, ich habe ein sehr stark entwickeltes Selbstbewußtsein, was mir im Leben auch oft Schwierigkeiten gemacht hat, auch in der DDR.[44]

Es gibt keinen Zeitzeugen dieser Untersuchung, der so starke Worte des Widerwillens gegen seine Einberufung zum Kriegsdienst gefunden hat wie Gebhard Wagner. Schon bei der Frage nach der HJ-Mitgliedschaft äußerte er heftig seinen Unwillen gegenüber dem ausgeübten Zwang seitens der HJ-Führer. Er sollte dort Führer werden, aber zugleich hörte er die Anforderung „du mußt!". Da hat er gerne verzichtet und blieb ein „einfacher Mann". Bei seinem Freiheitswillen und seinem ausgeprägten, fast bockigen Selbstbewußtsein hat seine Antipathie gegen militärisches Leben bei den Luftwaffenhelfern begonnen. Obwohl später noch ausführlich auf das Verhältnis der Probanden zu den Vorgesetzten eingegangen wird, muß hier noch das Bekenntnis des Zeitzeugen herangezogen werden, wo er sagt, daß er, bedingt durch sein eigenwilliges Selbstbewußtsein und seinen Freiheitsdrang, bei den Luftwaffenhelfern gelernt hat, sich auf andere Menschen einzustellen und entsprechend zu reagieren. Er sei, so sagt er im Interview, für sein ganzes Leben, was sein Verhältnis zu anderen Menschen anbelangt, sehr stark durch die kurze Zeit als LwH geprägt worden. Erste Bestätigung seines Widerwillens gegen militärische Disziplin hat der junge Wagner schon bald in der Nationalen Volksarmee erfahren. Etwas „versüßt" wurde ihm die Zeit bei der Flak, und wahrscheinlich auch beim DDR-Militär, durch sein Interesse für technische Dinge. Die Technik der Waffen hat ihn fasziniert und in seinem ganzen Leben nie mehr losgelassen. Er schaute aber nicht auf deren Wirkung, interessiert hat ihn nur das Interieur, der funktionale Teil. Seine Antipathie gegenüber militärischem Dienst resultierte aber keineswegs aus einer pazifistischen Grundhaltung, sondern einzig und allein aus seinem ausgeprägten Selbstbewußtsein. Sonst stände seine Reserveroffizierslaufbahn bei der Volksarmee dazu in krassem Widerspruch.

Skeptisch und zwiespältig blickte Heinrich Nauen (Groß-
handelskaufmann i. R.) auf seine künftige Zeit als Flakhelfer:
*Es waren wohl gemischte Gefühle, auch schon in den Wochen
vor der Einberufung. Richtig wohl war mir nicht, aus dem
bisherigen Leben in Elternhaus und Schule herausgerissen zu
werden, einige Monate vor Vollendung des 16. Lebensjahres.
Etwas Stolz und Abenteuerlust, vollausgebildete Soldaten ersetzen zu können, war auch vorhanden. Die neue Situation
wurde gemildert durch die in meinem Falle vorhandene Nähe
zur weiterhin dreimal pro Woche besuchten Schule und auch
zum Elternhaus.*[45]

Heribert Schrader (Buchhalter i. R.):
*Die Einberufung kam im Herbst 43 ins KLV-Lager. Ende Juli
43 verloren aus unserer Klasse beim Bombenangriff auf Hamburg sieben Schüler ihre Angehörigen, so auch ich. Alle anderen
wurden ausgebombt. Es setzte ein Strom von Bombenflücht-
lingen auch in diese entfernte Ecke des Reiches nach Kubitzen
ein, der Atem des Krieges erreichte auch uns. Außer den vielen
Verwundeten in den beschlagnahmten ehemaligen Hotels der
Umgebung (Böhmerwald) unseres KLV-Lagers merkten wir
dort sonst nichts vom Krieg. So hatte ich einerseits ein recht
bedrückendes Gefühl, zur Flak eingezogen zu werden. Mein
Vater war Kriegsteilnehmer im 1. Weltkrieg und machte 1939
den Polenfeldzug bei der Bereitschaftspolizei mit, die unmittelbar der kämpfenden Truppe folgte. Aus Erzählungen, die gar
nicht für meine Ohren bestimmt waren, entnahm ich, daß es
nicht so „lustig" werden würde bei den Soldaten im Kriege. Im
übrigen war das Bild der siegreichen deutschen Wehrmacht
Anfang 1944 schon längst passé. Andererseits war ich mit meinen Schulkameraden irgendwie froh, dem Schultrott zu entrinnen und vielleicht „Abenteuer" zu erleben.*[46]

Der Zeitzeuge steht bei der Beantwortung der Frage unter
den belastenden Erinnerungen der Bombenangriffe auf seine
Heimatstadt. Da sah er seiner Einberufung mit Beklemmung
entgegen. Geleitet wurde er von den Erkenntnissen seines
Vaters. Aber sein jugendliches Gemüt besänftigte seine ge-
drückte Stimmung. Er freute sich mit seinen Schulkameraden:
Ein Abenteuer winkt.

Sehr gut erinnert sich Dr. Erich Wenner (Dipl.-Volkswirt) an
die Zeit seiner Einberufung und fügt auch noch Erinnerungen
an die Zeit davor im mündlichen Gespräch an:
*Einerseits fand ich es schlimm, daß die Kriegslage es offenbar
erforderte, Jugendliche meines Alters zum Kriegsdienst heran-*

zuziehen, andererseits schmeichelte es mir, schon „für voll genommen" zu werden.

Interviewer: Haben Sie sich wirklich als 15jähriger schon Gedanken gemacht, daß die Luftwaffenhelfer jetzt schon „letzte Hoffnung" sind?

Ja, da habe ich mir schon Gedanken gemacht, die kräftig unterstützt wurden durch meine Mutter und durch einen Onkel, der also von Anfang an, der war zehn Jahre älter als mein Vater, Jg. 1880, der hat auch immer andere Sender gehört, und er hat mich ins Vertrauen gezogen und hat mir, noch bevor ich Luftwaffenhelfer wurde, klargemacht, daß dieser Krieg, es war ja gerade Stalingrad, bestimmt verloren wird, und er hat auch darauf hingewiesen, wie wahnsinnig das ist, sich in eine solche Sache eingelassen zu haben, und hat auch erste Andeutungen gemacht während der Flakzeit, während ich ihn besuchte, über Dinge, die da hinter den Fronten passiert sein sollten. Und meine Mutter hatte auch zu ihm guten Kontakt, so daß ich sagen muß, meine skeptische Haltung war schon da, als ich mit 16 LwH wurde. Ich war vielleicht politisch ein bißchen frühreif, denn ich habe vom ersten Tage des Polenfeldzuges an Kriegschronik geführt, Zeitung gelesen und Wehrmachtsberichte herausgeschnitten. Und zu Hause wurde viel diskutiert, so daß ich, insbesondere auch durch diesen Kontakt mit diesem Onkel, sehr skeptisch war, und ich war in einer so ambivalenten Haltung, auf der einen Seite das Gefühl, jetzt mache ich was Wichtiges, auf der anderen Seite, das wird wahrscheinlich nicht gutgehen. Das verdrängte ich aber. Da war natürlich auch die Eitelkeit, quasi als Soldat angesehen zu werden. Ich hatte eine Freundin, und als ich Oberhelfer wurde und das Flakkampfabzeichen kriegte, dachte ich doch, ich sei ein ..... Krieger.[47]

Weil der Interviewer skeptisch war gegenüber der schriftlichen Fragebogenantwort, forschte er mit seiner Frage etwas nach. Es läßt sich vermuten, daß ohne nähere Begründung eine solche Antwort unter dem Einfluß späterer Eindrücke, vielleicht auch erst aus der Zeit nach dem Krieg, zustande gekommen ist. Aber der Zeitzeuge schildert durchaus glaubwürdig den Hintergrund für seine kritische Einstellung. Bemerkenswert ist, daß der Sohn das vollkommene Vertrauen seines Vaters genossen hat; das war eine Seltenheit in einer Zeit, wo selbst Eltern vor der Denunzierung durch die eigenen Kinder nicht sicher sein konnten. Vom Vater sagt Wenner, er habe vor 1933, aber erst recht nach 1937 mit der Sudetenkrise den Krieg kommen sehen. Ständig hatte er zusammen mit Sohn Erich

BBC gehört. Und doch, Wenner ist so ehrlich hinzuzufügen, daß er die Schwarzmalerei seines Vaters verdrängte und wieder ganz 16jähriger Junge wurde, manchen pubertären Eitelkeiten erlegen war, wie er so anschaulich erzählt.

Von Bedenken ganz anderer Art wurde Christian von Wennighausen (Versicherungsdirektor i. R.) bewegt. Der Interviewer konnte das ehrliche Bekenntnis des früheren Luftwaffenhelfers um so besser nachvollziehen, weil das Interview in den Räumen eines imposanten Schlosses stattfand, in dessen Gemäuer der Grafensohn aufwuchs und auch noch heute als Rentner dort lebt. Er war nicht im Wehrertüchtigungslager oder in der Kinderlandverschickung fern von der fürsorgenden Mutter auf die harte Soldatenzeit vorbereitet worden. Wie Christian mag es auch manch anderem verwöhnten Schüler gegangen sein, wie dem schon zitierten Wilhelm Larberg, aber offensichtlich kommen solche ehrlichen Eingeständnisse auch nach 50 Jahren schwer über die Lippen:

Ja, ich wurde von der Nachricht meiner Einberufung bewegt, denn ich führte hier ein ausgesprochen, na, sagen wir mal feudales ist falsch gesagt, aber doch sehr verwöhntes Leben, da gab es noch Personal, man kriegte seine Schuhe geputzt, ein weiches Bett, es war geheizt, und ich hatte, ehrlich gesagt, etwas Angst vor den primitiven Verhältnissen, nicht vor feindlichen Angriffen, aber das gute Leben, das, fürchtete ich, würde dahingehen.[48]

Dr. Reiner Haehling von Lanzenauer (Staatsanwalt i. R.) hat seine Einberufungserinnerungen literarisch aufgearbeitet:

Bei mir hatte die bevorstehende Einberufung keinerlei vaterländische Regungen ausgelöst. Ein dumpfes Gemisch aus Unlust und Angst stieg in mir auf, bedrückte mich fortan ständig. Warum sollte ich hinausgerissen werden in unbekannte Bereiche, wo wildfremde Menschen über Tun und Lassen, gar über Leben oder Sterben zu befehlen hatten? Zudem fürchtete ich Schleiferei und Drill, sattsam bekannt vom Jungvolkdienst her. Doch an Auflehnung war nicht zu denken, es gab kein Entrinnen. Wer sich weigerte, hatte härteste Strafen zu gewärtigen. Schlimmer noch: er zog die eigene Familie ins Unglück. Sippenhaft nannten sie das. So fügte ich mich ins Unausweichliche, als der behäbige Amtsarzt nach flüchtigem Abhorchen konstatierte, ich sei zwar recht aufgeschossen und hager, für den Flakdienst weit hinter der Front jedoch allemal tauglich. Ein Trost, daß die Schulklasse zusammenblieb. In der bewährten Clique würde man Rückhalt finden. Natürlich wurde in der Schule über den kommenden Einsatz erregt diskutiert, Flugzeugtypen und Geschoßkaliber standen hoch im Kurs. Nach einigen Tagen verebbte die Unruhe, Klassenarbeiten in Latein und Englisch gewannen wieder ihr früheres Gewicht. Kurz vor Weihnachten überbrachte der Briefträger den endgültigen Einberufungsbescheid. Jetzt wurde mir in aller Unerbittlichkeit bewußt, daß mein bisheriges Leben zu Ende war. Künftighin würde ich nicht mehr auf meinem angestammten Platz auf der Eßzimmerbank sitzen, in den Grünanlagen am Ende unserer Straße Fußball spielen, mit meinen Brüdern über Schule und Lehrer schwatzen, mit den Spielkameraden im „Schellengang" von einer Haustür zur nächsten arglose Nachbarn herausklingeln, um lachend davonzurennen. Beklommen wartete ich, was mit dem 14. Januar 1944 auf mich zukommen werde.[49]

Der Verfassser dieser Zeilen bezeichnet sein Büchlein als eine Erzählung gegen den Krieg. Er läßt persönliche Erinnerungen in ein, wie er selber schreibt, „Stück Dichtung" einfließen. Was er über die Umstände seiner Einberufung zum Flakdienst schreibt, ist wahrscheinlich ein „Stück Wahrheit". Es entspricht genau dem Erleben einiger hier zitierter Zeitzeugen. Ohne historischen Zusammenhang können solche Zeilen natürlich das wahre Erleben der meisten Schüler, die vor der Einberufung standen, verfälschen. Verstärkt wird noch der Eindruck von der Einseitigkeit des Textes, weil mit keinem Wort die Stimmung in seiner Schulklasse erwähnt wird. Teilten die Mitschüler die Haltung des Verfassers? Der Leser gewinnt den Eindruck, der Dienst bei der Flak werde bei allen Klassenkameraden als unangenehmer Eingriff in das Leben empfunden. Das war mit Sicherheit nicht der Fall.

Dem Verfasser liegt auch eine Fülle von persönlichen Erinnerungen vor, entstanden zum Teil erst Jahre oder gar Jahrzehnte nach den Begebenheiten in den drei letzten Kriegsjahren. Unter ihnen sind auch etliche Tagebuchnotizen aus der Zeit des Kriegseinsatzes in den Flakstellungen. Es werden Ereignisse beschrieben und Geschehnisse in ihrem zeitlichen Ablauf. Die Tagebuchschreiber schildern Vorgesetzte und Kameraden und ihre Beziehungen mit- und untereinander. Alle diese Niederschriften enthalten nur sehr wenige Hinweise auf emotionelle Bewegungen und Zeiteindrücke, wie sie eigentlich für diese Untersuchung erforderlich sind. Ein Zeitzeuge, der dem Verfasser umfangreiche Tagebuchnotizen geschickt hat, schreibt, er habe nur kurz und nüchtern den Tagesablauf festgehalten. Von Emotionen keine Spur, und von kriegerischen

Auseinandersetzungen und auch von Angst ist nichts zu lesen, betont der frühere Luftwaffenhelfer. Einem 15- oder 16jährigen Jungen liegt es fern, seinem Tagebuch Gefühlsäußerungen anzuvertrauen. Und wenn in diesem Alter solche Herzensausschüttungen im Tagebuch zu Papier gebracht werden, dann sind sie in der Regel nur mit einer gerade beginnenden Jugendliebe zu einem Mädchen in Verbindung zu bringen und sind Ausdruck der jeweiligen Situation in der näheren oder weiteren Umgebung. Und so liegt es nahe, nach schriftlichen Zeugnissen zu forschen, die die seelischen Reaktionen auf bedeutende Ereignisse im persönlichen Erleben der damaligen Schüler widerspiegeln. Der Gestellungsbefehl zum Dienst bei der Heimatflak war bestimmt ein solches tief in die Psyche eingreifendes Ereignis.

Der Zeitzeuge Ludwig Poschmann (Beamter i. R.) gibt in seiner Fragebogenantwort eine Begründung für seine zurückhaltende emotionale Äußerung, die ja mit Kritik am NS-System verbunden ist:

Die Gefühle waren zwiespältig. Einerseits empfand ich mich im negativen Sinn als „letztes Aufgebot" Hitlers. Einem älteren Freund an der Ostfront hatte ich aus Anlaß der Einberufung zum Flakdienst mit Rücksicht auf die Zensur geschrieben: „Jetzt sind wir als erstes Aufgebot an der Reihe." [50]

Der Luftwaffenhelfer trug über der rechten Tasche seiner Uniformbluse in dreieckiger Form den Luftwaffenadler, in dem ein LH (Luftwaffenhelfer) eingewebt war. Mit Sarkasmus wurde das LH als „letzte Hilfe" gedeutet.

Ein anderer LwH, Dr. Paul Kehlenbeck (Rechtsanwalt), der bei der Flak in seiner Heimatstadt Hamburg Dienst verrichtete, schrieb nach den furchtbaren Luftangriffen im Juli/August 1943 auf die Hafenstadt, bei denen 29 000 Menschen umgekommen waren, in sein Tagebuch unter dem 15. August 1943:

Der Feind führt seine augenblickliche Luftoffensive im Verein mit seinen entscheidungsuchenden Angriffen im Osten und Süden. Besonders die Ereignisse im Mittelmeer beängstigen mich sehr. Der politische Umbruch läßt keinen über die Schwäche des Verbündeten im Zweifel. Wir werden auch dort noch Rückschläge erwarten müssen. Die Materialschlachten im Osten beweisen, daß Rußland keineswegs am Boden liegt, sondern seine Armee eine schwere Bedrohung für uns ist. Trotzdem können wir wohl mit gutem Recht einen günstigen Ausgang der Schlachten erwarten, jedenfalls was den Osten betrifft. Für uns gibt es jetzt kein Zurück mehr, denn der Krieg, den wir mit den größten Erwartungen begannen, hat einen solchen Grad von Härte und Erbitterung angenommen, daß ein Friedensangebot in diesem Stadium Selbstmord bedeutet. Die Führung und auch das Volk wollte in wenigen Jahren ein Weltreich errichten, zu dessen Eroberung ein England Jahrhunderte gebraucht hat. Wir haben uns über- und unsere Feinde unterschätzt. Das zeigen die Luftangriffe, das zeigen die Schlachten im Osten und im Mittelmeergebiet. Der britische und amerikanische Feind, der zu Beginn des Krieges, wie Frankreich, uns unterlegen war, hat unseren Stand der Rüstung jetzt erreicht und teilweise sogar überflügelt. Die Luftwaffe besitzt keine Bomber, die sich mit den englischen und amerikanischen vergleichen können. Das alles steht gegen uns. Für uns steht nicht viel, wo wir jetzt nicht einmal mehr das Plus des Angreifers haben... An einen Sieg radikaler Art glaubt keiner mehr, ich auch nicht.

Der Zeitzeuge hat diese Tagebuchnotizen auch in seinem 1993 erschienenem Buch verwendet.[51] Nur wer wirklich weiß, was es zu dieser Zeit bedeutete, solche kritischen Spekulationen zum Kriegsgeschehen anzubringen, der kann den Mut dieses 16jährigen Schülers ermessen, der versichert, daß er sein Tagebuch, bestehend aus einem Schulklassenheft, zu keiner Zeit irgendwie versteckt hielt. Wenn die Erwähnung dieses Zeitzeugenberichts auch nicht im direkten Zusammenhang mit der Frage nach dem seelischen Befinden der Schülersoldaten zum Zeitpunkt der Gestellung steht, so zeigt der Bericht doch, daß auch schon so manchem Jungen aufgegangen ist, wohin der Verlauf des Kampfes an allen Fronten führen mußte.

Zum Abschluß dieser Betrachtungen soll nun noch die Antwort eines Berliner Schülers zitiert werden, der noch einen ganz anderen Grund zur Begeisterung anführt, den keiner der anderen Zeitzeugen nennt, der aber sicherlich bei dem einen oder anderen als positiver Beweggrund ungenannt mitschwingt. So schreibt Paul Schmittke (Verwaltungsbeamter i. R.):

Auf die Einberufung zum Flakdienst habe ich mich gefreut. Die Mitteilung bekam ich wohl im Oktober 43 zum 15. Jan. 1944. Die Gefühle zur Einberufung lagen wohl anders: Die ständigen Luftschutzeinsätze mit Bergungsarbeiten, sogar Blindgängerbeseitigungen, waren äußerst hart. Meine künftige Flakstellung mitten in Berlin, Luftlinie ca. 1,5 km von zu Hause entfernt, war einer der drei großen Flaktürme, Flakturm Zoo, mitten im Tiergarten, mit 12,8-cm-Batterie (Zwil-

lingsgeschützen). Diese Batterie, die ich täglich sah, dieser riesige Bunker, wirkte irgendwie imponierend, ja faszinierend. Das „Bellen" der schweren Geschütze vermittelte den Eindruck von Kraft und Stärke, ganz im Gegensatz zu der Hilflosigkeit, die ich im Luftschutzkeller empfand, oder gar der Angst, wenn mein Luftschutztrupp noch während des Luftangriffs nach draußen mußte. Und jetzt dort bei der Flak mitmachen zu dürfen war Grund zur Freude.[52]

Das „Bellen" der schweren Flakgeschütze, der schwersten, die im Zweiten Weltkrieg zum Einsatz kamen, war „Musik" in den Ohren des Berliner Jungen. So abartig, wie es manchem vielleicht erscheinen mag, war das Reagieren des Schülers und Luftschutzhelfers wohl nicht, wenn man heute das Verhalten Jugendlicher auf Geräusche verschiedener Art in Vergleich stellt. Der superlaute „Sound" einer Rockband beispielsweise läßt jugendliche Fans regelrecht „ausflippen". Jedermann hat, zumindest auf dem Fernsehschirm, Schreien, Weinen, Körperverrenkungen im Publikum erleben können. Und läßt nicht das Aufheulen eines PS-starken „Schlittens" bei jungen Männern die Brust anschwellen und die Muskeln anspannen, als sei die Kraft des Motors auf die psychisch-physischen Funktionen des „Soundlauschers" übergegangen? Damals war es eben das Bellen der Flak oder das Heulen des Stuka (Sturzkampfbomber) oder das Rasseln von Panzerwagenketten.

Erst eine statistische Auswertung der Antworten auf die Frage, wie die Schüler die Nachricht von der baldigen Einberufung zum Kriegsdienst an den Flugabwehrkanonen aufgenommen haben, kann eine klare Übersicht über das bisher Gesagte geben. Die Palette des Für und Wider der Aussagen über Gefühle und Meinungen ist vielfältig. Daher wurden die Äußerungen wieder in drei Gruppen eingeteilt.

Der weitaus größte Teil der 141 ehemaligen Schülersoldaten äußert sich positiv zum bevorstehenden Kriegshilfsdienst bei der Flak. Es sind 98 (69,5 %) Zeitzeugen, die ihrer neuen Aufgabe froh und zuversichtlich entgegensahen. In den zitierten Antworten werden die Motive für den bevorstehenden Einsatz schon deutlich gemacht. Hier noch einmal eine zusammenfassende Übersicht über die verschiedenen Beweggründe für die Zustimmung: Stolz, dem Vaterland dienen zu können; endlich aktiv werden gegen die „Terrorflieger"; ein Schritt näher zum Erwachsensein; als Soldat in Uniform bei den daheimgebliebenen Mitschülern groß angesehen zu werden und nicht zuletzt eine willkommene Unterbrechung des ungeliebten Schulunterrichts.

Der zweiten Gruppe sind alle die zugerechnet worden, die ihren bevorstehenden Dienst in den Flakstellungen als Widersinn ansahen, entweder weil sie sich für eine solche Aufgabe zu jung fühlten oder das vorzeitige Soldatsein als Störung in ihrem Lebensablauf ansahen, denn dieser Ablauf war ihnen ursprünglich vorgezeichnet als durchgängiger Weg zum Abitur mit anschließendem Studium. Eine Unterbrechung paßte ihnen nicht ins Konzept ihres Lebensrhythmus. Sie gingen gerne zur Schule, der Unterricht brachte ihnen Freude. Daß das nicht viele sein konnten, weiß jeder, der zur Schule gegangen ist. Solche wurden damals wie auch heute Streber und Musterschüler genannt. Von denen gab es immer nur sehr wenige in einer Klasse. Hinzuzuzählen sind dieser Gruppe auch diejenigen, die wegen ihrer charakterlichen Veranlagung oder auch wegen ihrer Erziehung im Elternhaus sich vom Gemeinschaftsleben eingeengt fühlten und fürchteten, eine solche Reglementierung, sattsam bekannt vom HJ-Dienst, werde sich bei der Flak noch verstärken. Mit der persönlichen Freiheit werde es dann endgültig vorüber sein. Zu dieser Gruppe gehören also diejenigen Schüler, die nur negative Argumente ins Feld führen. Sie lehnten für ihre Person rundweg die vorzeitige Kriegdienstleistung ab. Natürlich mußten auch sie sich dem Zwang beugen. Darüber ob sich später ihre Haltung änderte, wird in diesem Teil des Fragenkomplexes nichts ausgesagt. Von den 141 befragten Zeitzeugen können nur 14 als „Totalverweigerer" eingestuft werden. Das sind 9,9 Prozent.

Die letzten 22 Zeitzeugen (29,6 %) sind in eine indifferente Gruppe einzuordnen. Bei ihnen halten sich die positiven und negativen Aspekte die Waage. Sie waren einerseits stolz, daß sie als Schüler ausgewählt wurden, erwachsene vollwertige Soldaten zu ersetzen, auf der anderen Seite beschlich sie ein banges Gefühl vor der Zukunft. Bei diesen Zeitzeugen ist also eine Mischung aus den bei den beiden anderen Gruppen schon aufgezeigten Meinungsäußerungen vorzufinden. Letztlich haben sich alle, ob begeistert oder nicht, den Zwängen des totalen Kriegs unterordnen müssen.

Dritter Teil: Das abrupte Ende von Kindheit und Jugend

Mit 16 fast ein Erwachsener

Einem Menschen, der den Nachkriegsgenerationen angehört, heute begreiflich zu machen, was es bedeutet, mit 15 oder 16 Jahren Soldat zu sein, ist ein schwieriges, wenn nicht unmögliches Unterfangen. Aber es muß Aufgabe des Historikers sein zu versuchen, das Lebensgefühl von Menschen zu vermitteln, die in solch jungen Jahren mit dem mörderischen Geschäft des Kriegshandwerks vertraut gemacht und offenbar dadurch auch nachhaltig gezeichnet wurden. Verhältnismäßig leicht wäre es, eine solche Aufgabe für ehemalige Soldaten normalen Alters, also von 18 bis 35 Jahren, zu lösen. Ob der Historiker nun die Mentalität von Veteranen der spartanischen Kriegszüge, von Kriegern Alexanders des Großen, von Landsknechten des 30jährigen Krieges oder von Soldaten beider Weltkriege zu erforschen trachtet, es sind immer erwachsene Männer gewesen, die also nach jahrtausendealten Erfahrungen der Völker befähigt waren, den psychischen und physischen Anforderungen des Kriegshandwerks standzuhalten. Das besagt nicht, daß Männer im normalen Soldatenalter in einem Krieg nicht auch seelische Traumata erleiden und somit für das ganze Leben gezeichnet werden können.

Diese Jugendlichen, die in einem ungewöhnlichen Lebensalter von ihrem Staat gezwungen wurden, Kriegsdienste zu leisten, fallen aus ihrer Lebensalterkategorisierung heraus. Wie der Hamburger Volkskundler Albrecht Lehmann schreibt, „erhält jedes Mitglied der Gesellschaft eine kulturelle Zuordnung. Das heißt, es wird in einer Gesellschaft normativ geregelt, welcher typisierten lebensgeschichtlichen Entwicklungsstufe mit relativ eindeutiger Zuordnung von Lebensjahren und mit einigermaßen festgelegten Lebensinhalten ein einzelnes Mitglied in einem entsprechenden Ausschnitt seines Lebens angehört. Niemand von uns lebt in irgendeinem Abschnitt seiner Existenz außerhalb dieses gesellschaftlichen Typensystems. Einen 16jährigen nennen wir einen Jugendlichen, und wir erwarten von ihm, daß er sich in seiner beruflichen oder schulischen Ausbildung befindet." [1] 20- bis 25jährige sind entweder Studierende oder verdienen sich die ersten Sporen im beginnenden Berufsleben. Und 65- bis 75jährige sind eben der Gruppe „Rentner und Pensionäre" zuzurechnen. Die Luftwaffen- und Marinehelfer sind aber in die Kategorie „Jugendliche" nicht einzuordnen. Ihre Lebensweise in dieser Flakzeit wich von der Normalität ihrer Gesellschaftsgruppe stark ab. Sie verbrachten ein bis zwei Jahre in einer soldatischen Männerwelt. Sie waren gleichsam Aussteiger wider Willen aus ihrer Lebensalterkategorie. So mancher Zeitzeuge bezeichnet diesen Vorgang treffsicher als übersprungene oder verlorene Jugendzeit. Und es gibt keinen Exflakhelfer, der in irgendeiner Weise seine frühe Soldatenzeit als einen Abschnitt seiner Jugendzeit sieht. Für sie endete diese Periode mit der Einberufung zur Flak.

Die Geschichte kennt kaum Beispiele, wo 15- und 16jährige zum Kriegsdienst einberufen wurden und nicht nur Hilfsdienste leisten, sondern vollwertige Soldaten ersetzen mußten. Als markantestes Beispiel aus der neueren Geschichte sei der Einsatz von Schülern und Studenten aus der Steiermark, von Bauernjungen, Lehrlingen und Gymnasiasten aus Salzburg und von anderen Jugendlichen unter 18 Jahren aus ganz Österreich genannt. Nach der überraschenden Kriegserklärung der italienischen Regierung an das Kaiserreich Österreich-Ungarn vom 23. Mai 1915 kämpften sie als sogenannte Standschützen an der österreichischen Südfront gegen eine gewaltige Übermacht von regulären italienischen Truppen.[2]

Aber keiner dieser Jugendlichen, die bei der Verteidigung der Südtiroler Grenze eingesetzt waren, wurde zu diesem Kriegsdienst gezwungen. Diese Jungen unter 18 Jahren wie auch viele alte Männer, deren Alter ebenfalls außerhalb der Wehrpflicht lag, gingen freiwillig an die südlichen Verteidigungslinien.

Ganz anders in der Kriegsgeschichte des Zweiten Weltkriegs. Hier wurden etwa 200 000 Schüler und Lehrlinge im jugendlichen Alter von 15 und 16 Jahren offiziell gezwungen, Kriegsdienste zu verrichten. Das ist ein einmaliger Vorgang in der Militärgeschichte, der in seiner Gewichtigkeit historisch kaum erfaßt ist. Durch außerordentliche Ereignisse oder ungewöhnliche Lebensumstände können Menschen jeden Alters psychisch so getroffen werden, daß Nachwirkungen noch nach Jahren und Jahrzehnten bewußt spürbar sind oder im Unterbewußtsein fortdauern. Es macht aber große Unterschiede, in welchem Lebensalter solche Vorkommnisse auf die Psyche des Menschen einwirken. Im frühesten Kindesalter werden seelische Traumata im Unterbewußtsein im nachfolgenden Verlauf des Lebens fortgetragen und können die charakterliche Entwicklung schwer belasten.

In der jugendlichen Phase des werdenden Ichbewußtseins, in der die Flakhelferjahrgänge vor ihrer Einberufung standen, ist die seelische Ausformung besonders empfindlich. Die jungen Menschen reagieren dann stärker auf von außen kommende Beeinflussungen, nachdem mit dem Beginn der Pubertät das Elternbild ins Wanken geraten ist. Sie haben spätestens jetzt erkannt, daß der eigene Vater und die eigene Mutter auch nur Menschen sind.[3] In diesem Lebensabschnitt sind jugendgemäße Impulse sehr wertvoll und für die Charakterausformung des künftigen erwachsenen Menschen entscheidend. Trotz Infragestellung der elterlichen Autorität werden zumindest die häusliche Wärme und Geborgenheit, die ebenfalls sehr positiv auf die Psyche des Pubertierenden wirken, weiter dankbar empfunden. Die Luftwaffen- und Marinehelfer wurden aber ab dem Einberufungszeitpunkt der häuslichen und anderen zivilen Einflußsphären entzogen und in eine neue, fremde Männerwelt gestoßen. Die Phase einer normalen jugendlichen Entwicklung fand abrupt ein Ende. Fortan war ihr Dasein bestimmt vom militärischen Alltag in einer Flakbatterie. Ein Stück der Jugendzeit wurde ihnen genommen im Tausch gegen die Schülersoldatenzeit. Sie sollte ihrem Leben eine Veränderung bringen, die nach 50 Jahren zum großen Teil noch bis in Einzelheiten hinein aufspürbar ist.

Die Befähigung zur „Spurensuche" dieser Prägungen aus der ungewöhnlichen Schülersoldatenzeit liegt in der biographischen Selbstreflexion der betroffenen Zeitzeugen. Aber erst der lange zeitliche Abstand zu den Geschehnissen, die die Flakhelfer in ihrer Mentalität veränderten, macht solche Aussagen möglich. Keiner der in diesem Projekt zitierten Zeitzeugen hätte beispielsweise die Frage, ob ihn die Flakzeit reifer und erwachsener gemacht habe, zwei, drei oder vier Monate oder gar zwei oder drei Jahre nach Kriegsende so umfassend gültig beantworten können wie heute nach über 50 Jahren. Sie alle brauchten erst die Erfahrungen ihres weiteren Lebens, mit denen sie nun ihren zurückliegenden Lebensweg überschauen. Jetzt, nach so vielen Jahrzehnten, können sie ihren persönlichen Werdegang Revue passieren lassen und sind befähigt zu erforschen, ob die Formung ihres psychischen Bewußtseins in der Schülersoldatenzeit oder in der noch kurz anschließenden RAD- und Militärzeit mit allen erlernten Verhaltensweisen Einfluß ausgeübt hat auf ihre weitere charakterliche Entwicklung. Jeder der hier Befragten hatte durch die vorausgehende schriftliche Fragebogenaktion den nötigen Spielraum zur Verarbeitung der Erfahrungen des damaligen Erlebens. Nicht wenige schriftliche Antworten trafen erst Wochen und Monate nach dem Versand ein und zeigten dann die Ernsthaftigkeit, mit der der Zeitzeuge die rekonstruierende Erinnerung in bezug auf das spätere Denken und Verhalten einsetzte. Immer wieder konnte der Interviewer und Verfasser hören, wie erst die Fragen die Erinnerung aufleben ließen und wie dann dadurch tatsächlich die Spuren der Bewußtseinsprägungen im Zusammenhang mit der Zukunft zu sehen sind.

Sehr tiefgreifend ist dieser Vorgang vielleicht beim Verfasser dieser Arbeit selbst zu sehen, der seine Luftwaffenhelferzeit wie einen bösen Traum in der unmittelbaren Nachkriegszeit verdrängt hat und sie erst als Rentner in einem neuaufgenommenen Studium aus der Vergangenheit im Zusammenhang mit dieser Arbeit hat wiederaufleben lassen. Dabei ist ihm bewußt geworden, daß die aus der Erinnerung wiedererstandene Welt seiner Jugendzeit unter den Aspekten moderner Geschichtsforschung klein und begrenzt erscheint. Rolf Schörken, der auch dem Luftwaffenhelferjahrgang 1928 angehört, hat ähnliche Erfahrungen gemacht: „Das damals Wahrgenommene darf nicht verwechselt werden mit den Ergebnissen der Geschichtsschreibung; wir wissen heute unvergleichlich mehr über jene Zeit, als die Zeitzeugen selber gesehen haben. Gerade weil Mentalitäten Filter sind, durch die Realität wahrgenommen wird, sind sie etwas anderes als eben die Realität selbst."[4]

Die Realität war damals der Kriegsdienst an den Kanonen der Flugabwehr, und im begrenzten Gesichtsfeld der Schüler, die dazu gezwungen wurden, war das der Alltag im Ablauf des totalen Kriegs. Hintergründe für die Flakhelferaktion, die heute objektiv als verbrecherisch bezeichnet wird, wurden von keinem der Betroffenen in diesem Ausmaß erkannt. So wichtig aber objektive Geschichtsschreibung auch ist, nie kann sie das Lebensgefühl dieser Jungen erforschen, es sei denn durch die erinnerliche Selbstreflexion.

Unter Berücksichtigung dieser Erkenntnis soll nun im folgenden das Lebensgefühl der Angehörigen der Luftwaffenhelferjahrgänge hinsichtlich ihrer Aussagen vom vorzeitigen Reiferwerden und Reifersein aufgezeigt werden. Diese Aussagen nehmen in dem Forschungsprojekt eine Vorrangstellung ein und bilden den Schlüssel für das Ziel dieser Arbeit, nämlich die Frage zu beantworten, ob die Kriegsereignisse im Leben der

Schülersoldaten einen Einfluß auf ihren weiteren Lebensweg genommen haben. Über 90 Prozent der Befragten gaben zu verstehen, daß sie sich durch das vorzeitige Soldatsein früher gereift und erwachsen fühlten. Bei der Frage nach dem Reifer- und Erwachsenersein kommt noch der fast möchte man sagen unwiderstehliche Drang nach Vergleich dazu. Jeder, der ein mehr als flüchtiges Interesse an Kindheit und Jugend zeigt, wird immer älteren Jahrgangs sein. Erst dann kann sich ihm die Vergangenheit im Vergleich darstellen. Es ist auffallend, daß in Verbindung mit der Frage nach dem frühen Erwachsen- werden sehr oft auch das gewisse Abstandsgefühl zu Jüngeren eingebracht wird.

Erich Wenner erzählt :

Daß ich schon als 16jähriger, obwohl nach offiziellem Status nur „Helfer", praktisch Soldat war, verschaffte mir ein starkes Selbstwertgefühl, das sich noch steigerte, als ich mit 17 zum „Oberhelfer" aufrückte und im Frühjahr 1944 das „Kampfab- zeichen der Flakartillerie" erhielt. Ich fühlte mich „voll und ganz erwachsen". Und ich wäre jedem ins Gesicht gesprungen, wenn man mich nicht als vollwertig angesehen hätte. Ich war ungeheuer eitel und ehrgeizig, als Erwachsener gesehen zu werden. Und ich wurde selbst von meiner Mutter, die sehr hart erzogen hat, mein Vater hat sich wenig um die Erziehung gekümmert, wurde ich vom 16. Jahr an respektiert, wenn ich auf Kurzurlaub alle vier bis sechs Wochen kam. Dann schlief ich eine Nacht zu Hause, und dann hatte ich eine kleine Freundin. Und wenn ich dann spät in der Nacht wiederkam, dann hat mir meine Mutter keine Vorwürfe gemacht, sie hat sich richtig gesagt, auch meine Großmutter, der Junge muß ja da am Geschütz stehen in der Nacht da 30 km weiter, und da kann er jetzt nicht geschurigelt werden, wenn er spätnachts nach Hause kommt. Das ist damals auch unterstützt worden, mein Bestreben, als Erwachsener gesehen zu werden. Und ich habe mich in meiner Haut überhaupt nicht unwohl gefühlt. Bei meiner Reiserei in meinen frühen Berufsjahren, die ich dann ab 26/27 Jahren gemacht habe, das spielte in dieser frühen Zeit nach dem Kriege noch eine Rolle. War man Soldat gewesen, da konnte man sich in all diese Lagen der Älteren, die Soldat gewesen waren, hineindenken und wurde als Gesprächspartner akzeptiert. Das ist etwas, was mir sehr deutlich vor Augen steht. Da hatten wir so einen literarischen Kreis gehabt, den mein Bruder gegründet hatte, und ich war auch der Jüngste und hatte überhaupt keinen Kontakt zu Jüngeren. Und wenn ich ihn gehabt hätte und die hätten versucht gleichzuziehen, dann hätte ich das natürlich zurückgewiesen, das ist klar.

Interviewer: Manche sprechen von einem Generationenschnitt.

Das sehe ich genauso. Ich habe einen Freund, der ist Jahrgang 30, mit dem habe ich mich auch unterhalten und habe auch allerlei geschrieben, und dann merke ich das immer, diese drei Jahre machen da enorm viel aus.[5]

Dieser Zeitzeuge spricht vielen Luftwaffenhelferzeitzeugen aus dem Herzen. Er umschreibt offen und ehrlich das Lebensgefühl der Schülersoldaten. Der Bericht unterstreicht, daß Luftwaffenhelfer in mancher Hinsicht wirklich noch als Spätpubertierende einzuordnen sind. Mit den Mitteln, die ihnen zur Verfügung standen, demonstrierten sie Großmannssucht. Das zeugt noch lange nicht vom vorzeitigen Erwachsensein. Alle Jungen dieses Alters streben nach Ausdrucksformen, die irgendwie das Erwachsensein zeigen. Aber hinter dem Renommiergebaren dieser jüngsten Soldaten stand das Erleben des schrecklichen Bombenkriegs. Auch der Zeitzeuge Wenner stand im Bombenhagel an seiner 8,8-Kanone, und wenig später, gerade 17 Jahre alt, ging er als Grenadier knapp am Tod vorbei. Natürlich erzeugt dieses Erleben ein vorzeitiges Reifebewußtsein, was durchaus nicht mit Renommiergehabe zu verwechseln ist.

So ähnlich, aber doch mit ganz anderen Worten umschreibt Franz Schönfeld sein Reife- und Erwachsenengefühl :
Als Kind rückte ich zu den Flakhelfern ein, und als Erwachsener ging ich aus diesem Krieg heraus. Ich habe einen gewaltigen Sprung in meiner Entwicklung gemacht. Wahrscheinlich habe ich ein Stück späte Kindheit, frühe Jugend übersprungen. Ob das für die Entwicklung der Persönlichkeit vom Vorteil ist, kann ich nicht beantworten. Nach Jahrzehnten komme ich zu der Auffassung, daß ich vieles „versäumt" habe, was andere Jugendliche in meinem Alter erlebt und „ausgekostet" haben. Ob das nur mit dem kriegsbedingten Reiferwerden zusammenhängt, will ich in Anbetracht meiner Entwicklung stark bezweifeln. Ich wurde in den Jahren ab 1946/47 von dem Ehrgeiz gepackt, ein Theologiestudium zu absolvieren, um Priester zu werden. Unter diesem Aspekt muß ich meine weitere Persönlichkeitsentwicklung betrachten. Aber abgesehen von diesem beruflichen Werdegang, muß ich in der Rükkerinnerung sagen, meine Erlebnisse als LwH, besonders in der Endphase des Krieges, haben mich zu einem Selbstbewußtsein

geführt, das ich wahrscheinlich unter ganz normalen entwicklungspsychologischen Bedingungen nie errreicht hätte. So etwas zu schildern ist ungeheuer schwer. Als ich aus der Gefangenschaft heimkam, habe ich mein Leben eigenständig in die
Hand genommen. Ich ließ mir von keinem mehr hereinreden.
Ich suchte mir als 17- und 18jähriger zweimal in eigener Regie
Arbeitsplätze in der Nähe unseres Flüchtlingsdomizils. Einmal
kam ich mit meinem Vater in Konflikt. Der konkrete Anlaß
dazu ist mir entfallen. Ich weiß nur, daß er mich versuchte zu
bevormunden, er behandelte mich, als wär ich da noch der
14jährige von daheim, dem er seine Vaterautorität zu zeigen
hätte. Das ließ ich mir nicht gefallen und wollte das Elternhaus
verlassen. Diese Idee beflügelte mich, bis ich dann im Februar
1947 ins Ruhrgebiet als Bergarbeiter ging. Der Konflikt mit
meinem Vater war aber nicht der Hauptgrund für mein Fortgehen. Ich war 18 Jahre alt. Mich quälte der Hunger. Da las
ich einen Aufruf der britischen Militärregierung, sich für die
Arbeit im Steinkohlenbergbau zu melden. Vor allen Dingen
lockten die hohen Verpflegungssätze. Ich fühlte mich da vollständig als Erwachsener. Der Granatenhagel vor Königsberg,
der Tod meiner Kameraden, die abenteuerliche Verlegung des
LwH-Jahrgangs 1928 über die Ostsee ins „Reich" und schließlich noch die kurze Gefangenschaft haben mich zu einem
ernsten, entschlossenen „Jüngling" gemacht. Höchstwahrscheinlich hat auch die Heimatlosigkeit, unter der ich noch viele
Jahre sehr litt, zu diesem Reife- und Erwachsensein beigetragen. Dieses Bewußtsein, ein anderer zu sein, ein neuer Mensch
zu sein, hat mich in all den Jahren nach dem Krieg, eigentlich
bis heute, nicht mehr losgelassen. Das Abstandsgefühl Jüngeren
gegenüber habe ich aber ganz deutlich immer wieder gehabt.
Das hatte nichts mit Verächtlichmachung oder Überheblichkeit zu tun. Es war einfach der Abstand da, das Gefühl, die
verstehen mich nicht, die können das nicht nachfühlen, was ich
da erlebt habe an Bitterem und Todesnahem. Und das schuf in
einer gewissen Weise Distanz. Und das erlebe ich eigentlich bis
heute noch, entweder bei persönlichen Begegnungen oder bei
öffentlichen Auftritten von Menschen des öffentlichen Lebens,
die aus dieser Zeit berichten und völlig schiefe, falsche Bilder
setzen.[6]

Der Zeitzeuge schildert in eindrucksvoller und glaubwürdiger Weise seine Flakhelferzeit, die ihn völlig „umgekrempelt"
hat. An anderer Stelle bezeichnet er sich als ängstlichen, auf die
Mutter fixierten Typ, bevor er einberufen wurde. In nur etwas

mehr als einem Jahr war aus dem ängstlichen Kind ein junger Mann geworden, der mit Entschlußkraft seinen Lebensweg gegangen ist.

Dr. Winfried Dolega (Wirtschaftsprüfer) schreibt zum Thema Reifebewußtsein:

Daß ich unter dem Einfluß der Kriegsereignisse ein neues Selbstwertgefühl erhalten habe, kann ich nicht behaupten. Wohl lernte ich, mich anzupassen, mich durchzuschlagen, zu überleben. Nicht weniger als dreimal gelang es mir, aus sowjetischer Gefangenschaft zu fliehen, bis ich es endgültig geschafft hatte. Ich verlor nie den Mut und gab nie auf.

Im Interview sagt er dann später:

Ich war also sehr selbstsicher, habe also nie aufgegeben. Es ist immer härter geworden. Sehen Sie mal, dieser Fußmarsch von Potsdam bis nach Schlesien, 350 Kilometer. Wenn Sie mich jetzt fragen würden, wovon ich eigentlich gelebt habe, könnte ich das gar nicht präzise beantworten. Man hat es einfach darauf ankommen lassen, immer das Ziel vor Augen, du mußt es jetzt schaffen. Irgendwie wird es ja weitergehen. Und so war es ja dann auch. Auch diese Vertreibung. Es war am 1. Mai 1946 mit mehreren Geschwistern, da hat man auch einen gewissen Sinn dafür gehabt, was kann man nur machen? Ausnutzung von kleinen Vorteilen oder den Polen irgend etwas verbergen, dies und jenes usw. Wenn man diese Zeit nicht als Verlust einer wichtigen Lebensphase ansieht, läßt sich feststellen, daß die Erlebnisse und Begegnungen viel zur Reife und eigenen Persönlichkeitsentwicklung beigetragen haben. Die Einschätzung und auch Wertschätzung von Mitmenschen und Kollegen erwuchs hieraus, auch die Toleranz gegenüber Benachteiligten, Andersartigen und Diskriminierten (intensive Begegnung, Gedankenaustausch und Umgang mit russischen Hiwis, also Kriegsgefangenen, trotz strengen Verbots, von den Vorgesetzten praktisch unbeachtet und toleriert).[7]

Wie dieser Zeitzeuge haben auch einige andere von sich nicht behaupten können, daß sie durch ihre Soldatenzeit ein neues Selbstwertgefühl erhalten hätten. Einige sagen, daß es im Gegenteil erst gar nicht vorhanden oder daß es vielleicht sogar ein „Selbstunwertgefühl" gewesen sei. Der Hintergrund solcher Eigenbeurteilungen mag wohl in der veränderten Nachkriegslage zu suchen sein. Viele junge Soldaten, und gerade solche mit idealistischen Vorstellungen von ihrem Vaterland und die sich für Deutschland mit jugendlichem Elan eingesetzt hatten, standen nach der Kapitulation vor einem Scherbenhaufen.

Angesichts dieser katastrophalen Lage kam die Erkenntnis, wie sinnlos all diese Opfer waren und wie verbrecherisch die NS-Verantwortlichen handelten. Da überkam diese ehemaligen Flakhelfer das Gefühl des Elends. So konnten viele dieser Betrogenen und Irregeleiteten von einem Selbstwertgefühl nicht mehr reden. Fast alle aber erwähnen im gleichen Atemzug, daß sie reifer und erwachsener geworden waren. Die Situation unmittelbar bei Kriegsende und wie sie sich auf die Zeitzeugen ausgewirkt hat, wird noch in einem späteren Kapitel behandelt werden.

Nun noch einige interessante Stimmen zum Thema Reife und Selbstwertgefühl. Dr. Timm Günzel (Dipl.-Kaufmann) schreibt:

Ja, ich fühlte mich erwachsen, meine Eltern behandelten mich wie selbstverständlich auch so. Die zu Hause gebliebenen Klassenkameraden waren auch persönlich zurückgeblieben. Z. B. empfand ich ihre Witze als kindisch.[8]

Stephan Siepen:

Ich fühlte mich um Jahre gealtert, wie ein Angehöriger einer „betrogenen Generation". Auf dem Schatz der gewonnenen Erkenntnisse und Selbsterkenntnisse ließ sich aber aufbauen. Es waren sehr schwere Zeiten, aber es ließ sich um so klarer erkennen, worauf es wirklich ankommt. Eine harte Schule, aber sie lieferte ein tragfähiges Fundament: das Wissen, worauf es tatsächlich im Leben ankommt.[9]

Immer wieder heben die ehemaligen Flakhelfer in ihren schriftlichen Antworten und in den Gesprächen hervor, daß sie sich in ihrem Selbstbewußtsein verletzt fühlten, wenn sie von nicht jugendfreien Filmen ausgeschlossen wurden. Polizisten und HJ-Streifendienstangehörige achteten vor den Lichtspielhäusern darauf, daß die Jugendverbote auch eingehalten wurden. So erzählt Dagobert Kurt (Verwaltungsangestellter i. R.) in recht drastischer Weise, wie er mit seinen LwH-Kameraden gegenüber einem solchen HJ-Aufpasser reagiert hatte:

In Thorn, wir waren ins Kino gegangen, da kam so ein Knilch daher, so irgendwie von der HJ: „Seid ihr schon 18?" Und einen hatten wir bei uns, der hatte die Klappe immer vorne weg. Der sagte: „Du Schweinehund. Wir halten Nacht für Nacht unsere Köpfe hin, wenn ihr im Bett liegt, auf eurem Arsch liegt, dann stehen wir am Geschütz und passen auf, daß sie euch keine Bombe auf den Pelz werfen, und da willst du uns sagen, wir dürfen nicht in den Film gehen, Mensch, hau bloß ab!"[10]

Wilhelm Larberg reagierte so ähnlich:
Natürlich fühlte ich mich den zu Hause Gebliebenen überlegen und auch jenen Flakhelfern, die keine Fronterfahrung hatten wie ich. Ich war noch keine 17 Jahre alt, als der Krieg zu Ende war. Und wenn ich bei dem Versuch, einen nicht jugendfreien Film zu sehen, ertappt und rausgesetzt wurde, habe ich den Polizisten angemotzt: „So, totschießen lassen durfte ich mich, aber für den Film bin ich noch zu jung - wo waren Sie eigentlich im Krieg, Herr Wachtmeister?"[11]

Armin Boisen:
Nicht im Vergleich mit Jüngeren erfuhr ich ein größeres Reifegefühl, eher beim Umgang mit Älteren. Im Zuge meiner Lehre bin ich mit vielen Älteren zusammengekommen, auch in den Berufsschulklassen, die waren schon 20, die kamen vom Kriegsdienst, da gehörte ich dann auch schon dazu, ich war da erst 18. Die hatten dem Feind schon echt ins Auge geschaut, ich nur vermittels der Geschützrohre, da gehörte ich dann schon dazu, da war ich dann schon ein Mann, auch im Alter von 18 Jahren. Wenn ich mir heute Leute angucke im Alter von 16 bis 18 Jahren, wie die sich manchmal so geben, ist das manchmal recht jämmerlich, nicht belastbar oder reden einen Scheiß daher oder fallen beim ersten Hauch des Schicksals um. Das hat mich alles nicht anfechten können. Dazu hat diese Zeit schon wesentlich beigetragen.[12]

Gerd Bremer:
Mein Verhältnis zu den jüngeren Klassenkameraden war weniger durch den Altersunterschied als durch die Lebenserfahrung geprägt. Ich fühlte mich durchaus als der Ältere und habe das Verhalten der anderen oft nicht verstanden, und sie waren mir zu kindisch. Über ihre Witze habe ich kaum lachen können. Ja, es ist einfach das Erleben, daß einer plötzlich neben dir sterben kann. Und daß der eben noch gelacht hatte, und jetzt ist er tot. Oder daß ein Stempel einbricht, und da steht einer, und mit dem hast du gerade geredet, und jetzt ist er tot. Und vor allen Dingen, der Russe kümmert sich gar nicht darum. Bei uns ist es so gewesen, ich habe ja als Student noch gearbeitet im Bergwerk bei Rhein-Preußen, da wird ja der Stollen geschlossen, bis man den Mann hat und das war ja in Rußland überhaupt nicht... ob da ein Russe verschüttet wurde oder ein deutscher Kriegsgefangener, war völlig gleichgültig. Und dieses Erleben, daß also einer verhungert neben einem, stirbt, weil er nichts zu essen kriegt, und der hat in der Baracke neben dir gelegen, das ist doch ein Generationsproblem. Und das ist auch

*gut, daß die Jüngeren da nicht eindringen können in diese
Problematik.*[13]

Der Zeitzeuge hat im Interview spontan beim Stichwort
Generationenschnitt geantwortet und wie kein anderer die
tiefen Gründe für dieses Abstandsgefühl zu den jüngeren
„Ungedienten" hervorgehoben. Das erfahrene Leid der Mitmenschen, das Sterben des Kameraden neben ihm, mit dem er
gerade noch gesprochen hat, hat die Psyche des jugendlichen
Soldaten verändert. Er ist fortan kaum noch in der Lage, seine
„unbedarften" Zeitgenossen unbekümmert anzuschauen. Er
fühlt sich außerstande, dafür Erklärungen abzugeben. Sie werden doch nicht verstanden, vielleicht sogar belächelt. Ein
Mensch, der ein solches Leid nicht erfahren hat, kann es niemals emotionell nachvollziehen.

Der schon zu Wort gekommene Ludwig Gawenda schreibt
im Gegensatz zu dem oben Gesagten, daß er gerade durch die
schrecklichen Kriegsereignisse zu einem neuen Selbstwertgefühl gekommen sei. Der Zeitzeuge hatte vorher von seinen
schrecklichen Erlebnissen als Marinehelfer erzählt. Bei einem
furchtbaren Bombenangriff auf die Insel Helgoland starben
durch Bombenvolltreffer von zehn Schülern seiner schlesischen Gymnasialklasse sieben. Wie der Zeitzeuge selbst waren
sie alle 16 Jahre alt. Im Fragebogen schreibt er:
*Es hatte sich bei mir ein neues Selbstwertgefühl entwickelt
durch: - die harten und schrecklichen Ereignisse der letzten
Kriegswochen; - den Zusammenbruch vieler Wertvorstellungen; - (ich war viel ernster geworden als der Durchschnitt
Gleichaltriger, zugleich auch stiller).*

Später beim Gespräch erzählt er dann, wie er durch sein
neues Selbstwertgefühl die Nachkriegssituation besser bewältigen konnte:
*Ich stand unter ständig beschränkenden Lebensbedingungen.
Auf der Suche nach meinen Eltern. Eingesperrt bei Russen, bei
Polen, sehr, sehr hart drangsaliert bei Polen. Dann unter pol-
nischer Herrschaft ein Jahr lang in Schlesien in meiner Heimat.
Auch da furchtbar drangsaliert worden und aus dem Haus
herausgeschmissen, eingesperrt gewesen. Dann im Flüchtlings-
lager unter erbärmlichen Umständen. Da sind neben mir Leute
gestorben, aus Altersgründen, nicht wegen schlechter Behandlung. Bei den Polen, als ich eingesperrt war, habe ich erlebt, wie
sie einen totgeschlagen haben. Da kam ich gar nicht zu einem
Selbstwertgefühl, sondern da kam hinzu: wie kommst du da
durch, wie überlebst du? Als wir dann nach Braunschweig*

schließlich kamen auf dem Umweg über mehrere Lager, wurden wir in einen Bunker eingelegt. Da bin ich suchen gegangen, da hatte ich auch kein Selbstwertgefühl. Und da habe ich bei Gymnasien angefragt, ob ich wieder die Schule besuchen könnte. Und die meisten Schulen haben gesagt: „Njet!" Ich lief in, na zerlumpt würde ich nicht sagen, Löcher hatte meine Kleidung nicht, aber war kurz davor, sah entsprechend aus, war total abgemagert wie die anderen auch alle, lebte in einem Bunker und ging allein, mir half niemand, brauchte auch nicht. Also insofern Selbstwertgefühl doch, weil ich sagte, jetzt muß was werden, wenn du dich jetzt gehen läßt. Ich hätte Heizer in Regensburg sein können, das war mir angeboten worden. Auf der Suche nach den Eltern hatte mich der Schiffsführer für das Schiff von der steinernen Brücke zur Walhalla angesprochen. Die suchten einen Heizer. Da ich Marineuniform damals noch trug, dachten die, ich sei der geeignete Mann. Nun, Heizer hätte jeder Oberidiot werden können, der eine Schaufel führen kann. Also ich hätte verschiedene Gelegenheiten gehabt, das Leben anders zu gestalten. Vielleicht am Anfang bequemer und auch mit Geld. Also ein Selbstwertgefühl, wenn Sie das wollen, daß ich sagte, ich will jetzt sehen, daß ich das Abitur machen kann. Eine Schule hat es dann eine Woche lang mit mir versucht, und der Rektor hat dann gesagt, ich habe den Eindruck, du bist schon mal zum Gymnasium gegangen. Im März 1949 bestand ich als Jahrgangsbester das Abitur.[14]

In den eindrucksvoll geschilderten „beschränkenden Lebensbedingungen" erlebt der Zeitzeuge ein ständiges Auf und Ab seines Selbstwertgefühls. Als 16- und 17jähriger schlägt er sich damals durchs Leben mit einem so energiegeladenen Überlebenswillen, den emotional nachzufühlen einem heutigen Zeitgenossen wohl unmöglich erscheint. Dieser Zeitzeuge gibt in gewisser Weise den Schlüssel für das Entstehen des Selbstwertgefühls der jungen kriegserprobten Soldaten in die Hand. Wie er selber aussagt, wird das Selbstwertgefühl durch die Stellung, die der junge Mensch in der Gesellschaft hat, aufgebaut. Gesteigert wird es schließlich durch die potentiellen Kräfte, die das neue Bewußtsein freisetzen kann. Selbstwertgefühl erzeugt schließlich ein enormes Unabhängigkeitsbewußtsein.

Viele ehemalige Luftwaffen- und Marinehelfer sprechen von einer großen Ernsthaftigkeit, mit der sie das Leben nach dem Kriege angepackt haben. Das bezog sich bei fast 75 Prozent aller in dieser Arbeit erwähnten 151 Zeitzeugen auf den nach dem Krieg wiederaufgenommenen Schulunterricht. Nach dem Zweiten Weltkrieg wurde das sogenannte Notabitur, das den Gymnasiasten bei ihrer Einberufung von den Schulbehörden des Dritten Reiches zuerkannt wurde, nicht als Hochschulreife anerkannt. Die ab Sommer 1945 wiedereröffneten höheren Schulen richteten daher für diese „Notabiturienten" und alle, die ohne Schulabschluß wegen des Militärdienstes den Unterricht abbrechen mußten, Sonderkurse zur Ablegung eines gültigen Abiturs ein. Bei ihnen zeigte sich die frühe Lebensreife in dem Ernst, mit dem sie die abgebrochene Schulzeit wiederaufnahmen. Eine solche Motivation von 17- bis 20jährigen Schülern hat es wohl noch nie gegeben. Sie nahmen ihre Zukunft energiegeladen in die Hand, um mit Fleiß und zähem Durchhaltewillen den Schulabschluß zu erreichen. Ein völlig ungewohntes Bild bot sich den Lehrern: eine Abiturientenklasse, die durchweg aus heimgekehrten Soldaten bestand. Kein Wunder, daß auch das Verhältnis Lehrer-Schüler ein ganz anderes war. Die Studienräte vor der Schulklasse mit frontprobten jungen Männern zollten ihren Schülern einen ungewöhnlichen Respekt. Waren sie doch in der Mehrzahl selber heimgekehrte Frontsoldaten, die die Beziehung zu den „Spätgymnasiasten" eher unter kameradschaftlichen Vorzeichen sahen.

Der soeben zitierte ehemalige Marinehelfer kann sich an seine Nachkriegsschulzeit gut erinnern:

Meine Erlebnisse im Kriege und in der Nachkriegszeit hatten meine Einstellung zur Schule so grundlegend verändert, daß ich ernsthaft und zielstrebig in der Schule mitgearbeitet habe.

Und auf die Frage des Interviewers: Hatten die Lehrer etwas bemerkt, daß aus den Ergebnissen der Arbeiten, vielleicht gerade aus dem Deutschaufsatz, doch eine gewisse Reife zu spüren war? sagt der Zeitzeuge:

Mindestens von zwei Aufsätzen weiß ich, daß die mit meiner Einwilligung, das fand ich sehr fair, im Lehrerzimmer herumgereicht worden sind. Nicht aus Sensation, sondern eben um, es ist schwer, über sich selber etwas zu sagen, eine gewisse Andersartigkeit, eine gewisse Reife vielleicht doch zu zeigen.[15]

Hier noch einige Stimmen zum Thema Reiferwerden und Abstandsgefühl im Zusammenhang mit dem nach dem Krieg neuaufgenommenen Schulunterricht. Josef Schiermann (Lehrer i. R.):

Nicht nur körperlich hatten die Luftwaffenhelfermonate für einen Entwicklungssprung gesorgt. Auch im Selbstwertgefühl, was sich beispielsweise darin äußerte, daß man absolut nicht verstehen wollte, warum man noch nicht in Filme ab 18 gehen durfte. Gegenüber den gleichaltrigen Zurückgebliebenen war ein gewisses Überlegenheitsgefühl vorhanden (diese waren tatsächlich in jeder Beziehung „zurückgeblieben"), nur konnte es sich angesichts des verlorenen Krieges (wofür man sich anteilig irgendwie mitverantwortlich fühlte) nicht so deutlich äußern. Auf jeden Fall fühlte man sich erheblich „erwachsener". Ich kann mich sehr gut erinnern, irgendwann begann 1946 der Schulunterricht an unserem Gymnasium in Goslar wieder, daß wir also wieder auf der Schulbank saßen. Das war zunächst auch irgendwas Eigenartiges. Aber ich glaube, das hat man dann auch ganz pragmatisch gesehen: Das Abitur willst du, und du mußt wieder auf der Schulbank sitzen. Wir waren sehr gespannt auf die Behandlung durch die Lehrer. Und da hatten wir einen darunter, der war zehn, zwölf Jahre älter als wir, und dem gegenüber haben wir dann dieses Selbstwertgefühl, glaube ich, stärker herausgekehrt, als er nämlich versuchte, uns als Pennäler zu behandeln, daß wir ihm zu verstehen gegeben haben: so nicht mit uns. Gegenüber den anderen Kameraden, Schülern nicht so, es saß nur im Kern so drin. Man kam nach gut eineinhalb Jahren wieder auf die Schulbank zurück, war aber um mehr als um eineinhalb Jahre erwachsener und gereifter. Und man wußte es auch.[16]

Dr. Eduard Wollmann (Jurist, Wirtschaftsprüfer i. R.):
Daß ich durch die Kriegsereignisse ein besonderes Selbstwertgefühl erhalten habe, möchte ich nicht behaupten. Bestenfalls war es das Gefühl, alles glücklich überstanden zu haben. Aber ich war durch die Ereignisse weit stärker gereift, als dies üblicherweise für junge Leute in diesem Alter der Fall ist. Als ich 1946 wieder zur Schule gehen konnte, um zuerst mein Abitur zu machen, habe ich das Lernen sehr ernst genommen.[17]

Gebhard Obermeier (Dipl.-Ing.):
Anschließend an die Flakzeit besuchte ich noch die 8. Klasse mit abschließender Matura. Diese Klasse, zusammengewürfelt aus Heimkehrern, war ein ganz loser, legerer Haufen im Verein mit daheimgebliebenen Mädchen, deren schulische Leistungen natürlich unvergleichlich besser waren. Die Lehrerschaft, alte Professoren und jüngere Lehrerinnen, duldete einen von uns bevorzugten lockeren Schulbetrieb, der allerdings auch von der Not und fehlendem Brennmaterial geprägt war. Unser

Deutschprofessor meinte einmal, noch nie so reife Aufsätze in einer Achten gelesen zu haben wie bei unserer.[18]

Kurt Kantermann:
Ich habe hier in meinem Bildungsgang geschrieben, da habe ich das alles notiert für unseren Deutschlehrer, der hat gesagt, so etwas hätte er noch nicht gesehen, wenigstens nicht von den jungen Leuten. Die konnten ja auch nicht viel nachweisen, die nicht im Krieg gewesen sind. Wir haben damals schon über unser Leben nachgedacht in einer Weise, in der heute junge Menschen unfähig sind nachzudenken, weil sie so viel Schweres und Leidvolles ja nicht hautnah erlebt haben.[19]

Carl Kinkel nimmt mit seiner Bewunderung für solche, die sich vor der Wehrpflicht drücken konnten, eine Sonderstellung ein:

Grob geschätzt und die Gefühle ins unreine gesprochen: Mag anfangs ein bißchen Überlegenheitsgefühl gegenüber den „Daheimgebliebenen" vorhanden gewesen sein, so schwand das sehr schnell nach dem Austausch von Fronterlebnissen meinerseits und Bombenkriegsleid in Dresden, besonders nach dem 13. Februar 1945, andererseits. Wir bekundeten einander Respekt vor der Meisterung der jeweiligen Gefahr. Außerdem bewunderte ich die erfolgreichen, unheimlich kühnen Bemühungen dieser guten Freunde, die sich mit Tricks der Wehrpflicht hatten entziehen, sich vor dem Massengrab hatten drücken können. Die gemeinsame Hungersnot der folgenden Tage, Wochen, Monate und Jahre hat diese „kurzen Unterschiede" aus der Zeit des Kriegsendes vollends zugedeckt.[20]

Auch wenige andere Zeitzeugen, besonders solche, die aus den vom Bombenkrieg schwergetroffenen Städten kommen, sprechen so ähnlich wie Exluftwaffenhelfer Kinkel. Durch die Kriegserlebnisse wurden sie für das erlittene Leid anderer sensibel gemacht. Da kam ein Überlegenheitsgefühl gar nicht auf. Die aus dem Rahmen fallende Äußerung Kinkels ist vor dem Hintergrund zu sehen, daß er als Luftwaffenhelfer selbst Naziverfolgter war und sein Vater im KZ elend umgekommen ist, wie bereits einige Seiten zuvor beschrieben worden ist. Er hatte offenbar schon damals erkannt, daß jeder engagierte Dienst für das Dritte Reich unnötige Kriegsverlängerung und Unterstützung der verhaßten Nazis war.

In der Diskussion vieler Exflakhelfer mit ihren 15- und 16jährigen Söhnen taucht die Vergangenheit im Vergleich mit der heutigen Zeit auf. Parallelitäten werden da nie festgestellt, und verständige, zeitkritische Väter wissen die Unterschiede zu werten und einzuordnen.

So sagt Exluftwaffenhelfer Eduard Wollmann:

Und deswegen lassen sich viele Fragen, die man heute stellt, nur beantworten, wenn man unterscheidet zwischen dem, was man heute weiß und denkt und was man damals gedacht hat. Mein Sohn ist so, daß er schon politisch denkt, der wirft mir immer wieder vor, daß er nicht versteht, wie ich damals so oder so denken konnte, weil er sich nicht in die damalige Zeit hineinversetzen kann. Für ihn ist also das, was aus heutiger Sicht schlecht war, ganz klargelegt heute, und er sieht es aus heutiger Sicht. So einfach ist aber wohl die Welt nicht.[21]

Und Jürgen Hinze (Chefdramaturg, Drehbuchschriftsteller):

Ich habe einen Sohn, aber der fragt nie nach meiner Vergangenheit aus dieser Zeit. Diese direkte Anschlußgeneration hat sich nicht dafür interessiert, ich habe das Gefühl, daß unsere Lehrer daran schuld sind. Hier passiert etwas Katastrophales. Die Generation unserer Söhne hält uns, Jahrgang, wohlgemerkt, 1928, für verantwortlich, nicht daß mein Sohn mir daraus Vorwürfe macht oder mich Nazi nennt, das ist nie passiert, gibt's gar nicht, nur die Erziehung ist so wirklich an den Pennen gewesen durch die 68er, muß ich leider auch laut sagen, als wären wir verantwortlich für den ganzen Nazismus und was da drum rum ist, obwohl es unsere Väter waren, die gar nicht mehr am Leben sind. Wir halten jetzt unsere Näse hin und den Kopf und die Stirne und kriegen die Prügel und den Arsch voll, auf deutsch gesagt, für andere, die das verdient hätten, und das ist eine Diskrepanz, die könnte mich an die Decke treiben. Da kann ich ein ganzes Buch darüber schreiben. Das ist ein Verbrechen, jawohl, von der Pädagogik.[22]

Schon zu Anfang dieses Kapitels ist gesagt worden, daß über 90 Prozent aller Befragten zum Ausdruck gebracht haben, sie seien nach ihrem Empfinden durch die Militärzeit mehr oder weniger früher gereift und erwachsen geworden. Das war aber nur eine grobe Kategorisierung. Nun soll versucht werden, die Antworten nach drei Gruppen aufzuschlüsseln, um ein etwas genaueres statistisches Ergebnis zu erzielen. Die Fragen nach dem Selbstwertgefühl, nach vorzeitigem Reifer- und Erwachsensein zeigen eine sehr große Vielfalt von Antworten. Auffallend ist die Auslegung des Begriffs Selbstwertgefühl. Sie ist abhängig von der unterschiedlichen Seelenlage des einzelnen. Von Individuum zu Individuum ist die psychische Verfassung unterschiedlich. Hier ergeben sich große Schwierigkeiten bei der statistischen Erfassung. Leichter ist die Auswertung der Antworten auf die Frage nach dem Reifer- und Erwachsensein. Hier gibt es mehr übereinstimmende Indizien.

Der ersten Gruppe werden alle die Zeitzeugen zugerechnet, die von einem neuen Selbstwertgefühl sprechen, die mit Sicherheit festgestellt haben, daß sie sich frühzeitig reifer und erwachsener gefühlt haben, daß sie ernster, strebsamer und entschlußfreudiger geworden sind. Das machte sich besonders in den ersten Nachkriegsjahren bemerkbar. Von den 141 Befragten sind 113 Zeitzeugen (80,1 %) in diese erste Gruppe einzuordnen.

Der zweiten Gruppe werden alle die Zeitzeugen zugerechnet, die von keinem neuen Selbstwertgefühl zu berichten wissen. Im Gegensatz zur ersten Gruppe hatten sie nach dem Krieg auch kein Abstandsbewußtsein zu den etwas Jüngeren, die keinen Kriegsdienst leisten mußten, entwickelt. Manche von ihnen äußern sich auch negativ zur Frage nach Reife und Erwachsensein. Auffallend ist bei dieser Gruppe, daß manche von ihnen die Flakzeit als unbedeutend und nichtssagend einstufen. Der Bombenkrieg ist an ihnen vorübergegangen; sie hatten keine Feindberührung, weil sie in einem „stillen Winkel" Deutschlands mit ihrer Flakstellung standen. In diese Gruppe konnten 12 Zeitzeugen (8,5 %) eingeordnet werden.

Die letzten 16 ehemaligen Schülersoldaten, das sind 11,4 Prozent, nehmen eine Zwischenstellung ein. Dieser Gruppe hinzugezählt werden diejenigen, die nicht oder nur mit Einschränkung von einem neuen Selbstbewußtsein sprechen, sich aber durch die Flakzeit als vorzeitig gereift und erwachsen betrachten. Es sind jedenfalls Zeitzeugen, die die Jungsoldatenzeit als wichtigen Einschnitt in ihr Leben betrachten, als eine Zeit, die nicht ohne Auswirkungen auf den weiteren Verlauf ihrer Entwicklung geblieben ist.

Leben in einer Männerwelt

Eng im Zusammenhang mit der Frage nach einem vorzeitigen Erwachsensein steht die Erforschung der Verhaltensweisen der Schülersoldaten, die aus dem Leben in Batterien entstanden sind. Erwachsensein und Reife äußern sich vor allem im Verhalten. Auf die entsprechende Frage des Fragebogens und im Interview geben die Zeitzeugen eine Fülle von Antworten. Daraus ist zu entnehmen, daß das Dasein in den Flakstellungen das Leben der Jungen mächtig verändert und oftmals entscheidend für die Zukunft geprägt hat. Hauptsächlich bezogen die Zeitzeugen die aus ihrer frühen Soldatenzeit übernommenen Verhaltensweisen auf die unmittelbar anschließende RAD- und Militärzeit. Aber auch für viele Grundhaltungen und Gewohnheiten in der folgenden Lebenszeit bis ins Alter wird die Prägung aus dieser Jungsoldatenzeit verantwortlich gemacht. In dieser jugendlichen Phase ist der Mensch besonders aufnahmefähig für Fremdeindrücke jeder Art. Da werden Weichen gestellt für das ganze Leben. Wie kaum in einem anderen Abschnitt werden Erfahrungen wißbegierig gesammelt und gespeichert. Im Rückblick wird diese Zeit so lebendig bewußt wie kaum andere Jahre. Und vielen Zeitzeugen rückt diese erste Soldatenzeit vor die Augen gerade wegen des bewegten Erlebens, das so ganz den Rahmen des normalen Daseins eines jungen Mannes von 15 bis17 Jahren sprengt.

Dazu bemerkt Erich Wenner ganz richtig auf die Frage des Interviewers: Kommt Ihnen diese Zeit viel komprimierter und wichtiger vor, als ein viel längerer Zeitabschnitt in den späteren Jahren?
Völlig richtig! Hängt vielleicht auch zusammen mit der viel stärkeren Erlebnisfähigkeit, daß man viel stärker beeindruckt ist. Es gehen in einen jungen Menschen von 16 oder 18 Jahren viel stärker, ganz bildlich gesprochen, Eindrücke in das Gehirn rein, als wenn man 20 oder 30 Jahre älter ist. Ich habe noch die Nachkriegszeit sehr intensiv erlebt. Und wenn man von Prägung sprechen kann, dann haben mich diese drei Jahre geprägt, dann die unmittelbare Nachkriegszeit bis zur Währungsreform.[23]

Im Gespräch mit Josef Schiermann kommen Interviewer und Zeitzeuge auf die eigenen Kinder zu sprechen. Der Zeitzeuge erklärt, er habe im Laufe der Jahre seine Jugendzeit oft mit der seiner drei Kinder verglichen und feststellen müssen, daß ihr Verhalten, als sie 16 Jahre alt gewesen seien, doch viel kindlicher gewesen sei. Wörtlich fügt er dann noch hinzu:
Ich habe dann immer wieder versucht, mich daran zu erinnern, daß meine Zeit in diesem Alter eine Ausnahmeerscheinung gewesen ist. Und daß eine normale Jugend eigentlich ganz anders verlaufen sollte.[24]

Emil Fehring (Bergbauassistent i. R.) gibt auf die Frage nach seinen Verhaltensweisen als Luftwaffenhelfer klare Antwort:
Natürlich waren diese Eigenschaften für mein weiteres Leben

prägend: Die Zeit unmittelbar nach dem LwH-Dienst war viele Jahre hindurch schwerer durchzustehen: verlorener Krieg, Hunger, Kälte, Schwarzmarkt, Trümmer abräumen, keine Schule, Kampf um Studienplatz etc. Mit den hier in Rede stehenden Fähigkeiten war es sehr viel leichter, durchzuhalten und erfolgreich zu bleiben. Das galt auch für das weitere Leben.

Im Gespräch ergänzt er dann noch die Frage nach seinem Verhalten im Berufsleben:

Hinsichtlich meines Umgangs mit Untergebenen und Vorgesetzten muß ich folgendes sagen: Damals waren es ja vorwiegend Vorgesetzte, ich glaube, daß ich das ganz gut konnte. Ich war im Bergbau, ich war Praktikant und Gedingeschlepper. Ich bin wahnsinnig gern Bergmann gewesen, ich habe im Förderkorb gesungen, ich habe mich gefreut, wenn ich runterfuhr, obwohl es eine Schweinearbeit war. Ich bin sehr früh in die Vorgesetztenposition hereingekommen. Nach einem Jahr machte ich schon die Hauerprüfung. Mit 21 war ich schon Grubensteiger nach meinem Vorexamen auf der TH Aachen; das hat es noch nie gegeben. Ich duzte alle Leute, ob alt oder jung, natürlich nicht die Vorgesetzten, ob 50 Jahre alt, altgedienten Hauer, den duzte ich, und es ist mir nie passiert, daß das einer nicht respektiert. Der Bergmann fühlte sich ja geehrt, wenn er vom Steiger geduzt wurde. Heute ist das nicht mehr so. Die ließen sich von mir als 21jährigem etwas sagen, und ich beherrschte das auch sehr schnell. Ich habe immer sehr gute Leistungen erbracht. Die wunderten sich immer wieder: Der Fehring, der machte das! Kohlen, Kohlen und nochmals Kohlen! Schließlich wurde ich Fahrsteiger. Mit den anwesenden Betriebsräten duzte ich mich auch sofort, ich war ein unkomplizierter Mensch. So ein Verhalten habe ich irgendwann gelernt.[25]

Der Exflakhelfer aus dem Ruhrgebiet zeichnet sich als einen durch seine Jungsoldatenzeit deutlich geprägten Menschen. Schon die Schilderung dieses kurzen Lebensabschnitts läßt hier ein Beispiel für Charakterformung erkennen. Der Informant ist davon überzeugt, daß er die schweren Zeiten nach dem Krieg und auch in späteren Jahren besser in den Griff bekommen hat. Wer den Bergbau in den unmittelbaren Nachkriegsjahren kennengelernt hat, wird gewiß nicht Erinnerungen an fröhliche Zeiten haben. Es war eine „Schweinearbeit", wie Fehring zugeben muß. Selbst eine Frohnatur wäre da fast an den Rand der Verzweiflung gelangt. Daher muß man davon ausgehen, daß dem Zeitzeugen die harte Schule in der Flakstellung im vom Bombenkrieg gebeutelten Industriegebiet hilfreicher war im Meistern von Schwierigkeiten als sein frohes Gemüt. Eine glückliche Symbiose zwischen natürlicher Charakterveranlagung und Prägung während der Kriegsdienstzeit. Geholfen habe ihm auch der schon vom Vater übermittelte militärische Sinn. Den Vater bezeichnet der Zeitzeuge als überragende Persönlichkeit, die auf straffe Ordnung Wert legte. Wörtlich sagt er dann: „Ja, straffer Dienst und das Üben von militärischen Grundkenntnissen, das Marschieren, alles habe ich gerne gemacht." Er ist der militärische Mensch geblieben, dem es leichtfällt, sich wie im Verhalten so auch im Reden ein wenig herauszustellen. Seine Söhne hat er offenbar im selben Sinn erzogen; beide sind Reserveoffiziere geworden.

Dagobert Kurt erzählt, wie sehr er als Luftwaffenhelfer die Selbständigkeit gelernt hat, und untermauert die Aussage mit Beispielen:
Meine Selbständigkeit zeigte sich bei allen Funktionen, die an einen herangetragen wurden. Ob es Schule war oder Beruf nachher. Ich ging zum Arbeitsamt, ich machte alles selbst, ich brauchte keinen mithaben, man machte alles selbst. Auch die Reisen, die ich unternommen habe, nach Hamburg hin in so abenteuerlicher Weise im ersten Halbjahr 1945 zu meinem Bruder. Dann wollte ich Holzfäller werden, ich habe sagenhafte Dinge erlebt. Ich bin allein gefahren, ich war selbständig geworden. Wenn ich jetzt an unseren Sohn denke, der ist jetzt 17...

Kurt macht eine wegwerfende Handbewegung, die alles ausdrückt, das völlige Anderssein der heutigen Jugend, erlebt am Beispiel seines eigenen Sohnes.[26]

Als sehr stark geprägt durch seine Zeit bei der Flak bezeichnet sich Ludwig Gawenda. Durch seine furchtbaren Erlebnisse im Bombenhagel auf Helgoland und durch den Tod fast aller seiner Klassenkameraden ist ihm die Zeit als Marinehelfer regelrecht eingebrannt worden. Er schreibt:
Einige Verhaltensweisen aus meiner Luftwaffenhelferzeit waren für mich prägend, allerdings im völlig gegenteiligen Sinn. - Angepaßte Lebensweise; nicht auffallen: Daraus - aus den Erfahrungen damit - entschied ich grundsätzlich für mich: Achte nicht unbedingt auf die Angepaßten, wenn du selbst andere Auffassungen hast, falle ruhig auf, wenn du etwas erreichen willst, was du für gut hältst! Sei mitverantwortlich für alles, was um dich herum geschieht, und sei jederzeit bereit,

Verantwortung zu übernehmen! Ducke dich nicht mehr, geste-
he ruhig auch die eigenen Schwächen ein! So trat ich bald nach
meinem Berufsbeginn in eine Reihe von Verbänden und Ver-
einigungen ein. Alle meine Aktivitäten in der Zeit meines
Berufslebens wurden sehr stark durch meine Erlebnisse als
Marinehelfer und die unmittelbare Nachkriegszeit beeinflußt,
ja sie basieren geradezu darauf.[27]

Er listet dann eine solch lange Reihe von Tätigkeiten auf, daß
man es kaum für möglich halten kann, neben der Ausübung
seines Berufs noch so viele Aktivitäten zu entwickeln. Schließlich wurde der Zeitzeuge wegen seines großen Engagements
für internationale Verbindungen der Jugendlichen seiner Stadt
mit sechs Partnerländern mit dem Bundesverdienstkreuz geehrt.

Von den Verhaltensweisen aus seiner Zeit bei der Flak hat
auch Eduard Wollmann für sein späteres Leben profitiert. Er
weiß anschaulich zu erzählen, wie es ihm nach dem Krieg
ergangen ist:

Ich habe schon damals die Meinung vertreten, daß man
Schwierigkeiten, die es gibt, soweit die eigenen Kräfte reichen
auch bestehen muß oder durchstehen muß oder überwinden
muß. Nicht sofort anfangen zu jammern, sondern sehen, ob
man das durchhält. Und ich weiß nicht wie ich das anders
ausdrücken soll, aber Zähigkeit war mir das, was ich von mir
selber da verlangt habe, nicht Strammheit, ich wollte nicht da
irgendwie den strammen Mann markieren. Nicht nach vorne,
nicht nach oben, ich bin immer mehr unten geblieben, aber
gewisse Zähigkeit im Aushalten der Dinge, die unvermeidlich
sind. Ich weiß nicht, ob es ähnlich gekommen wäre, wenn es
diese Flakhelferzeit und die anderen Ereignisse nicht gegeben
hätte. Man weiß ja nie, was wäre geworden, wenn... Mit
Sicherheit hat es dazu beigetragen zu sagen, das Leben, das
muß man mit Zähigkeit meistern und nicht gleich aufgeben,
wenn irgend etwas nicht sofort gelingt. Dann bin ich 1946
wieder zur Oberrealschule in Hof und habe den Direktor
gefragt, ob ich nicht in die 7. Klasse gehen könnte. Und da hat
er gesagt: „Das geht nicht, da ist alles besetzt." Und da habe
ich gesagt: „Jetzt habe ich meine Heimat verloren, und jetzt
kann ich nicht mehr die Ausbildung haben. Die anderen, die
das nicht verloren haben, sind natürlich alle drin." Da hat er
gesagt: „Das sehe ich ein, zeigen Sie mal Ihre Zeugnisse." Da
sagte er: „Sie haben ja schon ein Zeugnis von der 7. Klasse."
Weil ich für das erste Trimester der 7. Klasse zu Weihnachten

44 *mein Zeugnis bekommen habe, ein LwH-Zeugnis. Sie wissen selber, wie wenig Unterricht dahinter war. „Sie haben ja schon ein Zeugnis von der 7. Klasse, gehen Sie in die 8. Klasse."* Das war die letzte damals. „Herr Direktor, ich kann doch nicht in die 8. Klasse gehen. Ich weiß doch kaum genügend für die siebente." Da hat er gesagt: „Na ja, versuchen Sie's. Wir werden sehen, vielleicht wird einmal ein Platz frei, was wir machen können." Dann bin ich in die oberste Klasse gegangen und war der Dümmste. Und jeder Lehrer hat gefragt:: „Wollmann, haben Sie es auch verstanden?" Und wenn ich gesagt habe „Ja", dann waren sie froh. Aber von April, wo ich eingetreten bin, bis Juli waren nur vier Monate. Und dann gab's in ganz Bayern ein Wiederholungsjahr für alle, die in der Schule waren. Und da durfte ich in der Klasse bleiben. Und während ich da nun im Juli 46 eine Sechs hatte in Mathematik, eine Fünf in Englisch und Latein usw., habe ich dann ein Jahr später einen Notendurchschnitt von 2,0 gehabt, keinen Vierer mehr, nur Zweier und Dreier und Einser. Dieses eine Jahr, glaube ich, da habe ich dann, ohne daß ich übertrieben habe, doch gezeigt, daß man zäh durchhalten muß und daß dann auch das Ergebnis positiv wird. So ähnlich, wenn es auch nicht gleich ideal so gelungen ist, habe ich mich dann immer verhalten.*[28]

Das zähe Durchhalten ist eine Eigenschaft, die vielen ehemaligen Flakhelfern zu eigen ist. Das zeigte sich besonders bei denen, die unter schwierigsten Umständen, oft unter Lebensgefahr, aus der Gefangenschaft geflohen sind. Und dieses zähe Durchhaltevermögen bewiesen die jungen Soldaten mit ihren 16 und 17 Jahren im harten Überlebenskampf nach dem Kriege. Immer wieder schildern die Zeitzeugen diese Nachkriegssituation, in der sie, weil der Vater fehlte, für Mutter und Geschwister sorgen mußten. Sie schöpften dabei aus der ungewöhnlichen Lebensschule beim Militär im Krieg. Man muß sich aber darüber im klaren sein, daß dieses Verhalten nicht so sehr vom Intellekt her bestimmt wird, vielmehr ist das ein Reagieren, welches sich unterhalb des Bewußtseins abspielt. Und dafür sind frühe Verhaltenseindrücke verantwortlich, die der Mensch, besonders der junge, aus dem Bewußtsein ins Unterbewußtsein verdrängt. Später reagiert er dann in natürlicher Weise, ohne daß es ihm bewußt wird. So haben Luftwaffenhelfer Erfahrungswerte in der Gemeinschaft gegenüber anderen gewonnen, die sie sonst nicht gesammelt hätten. Ein späteres Kapitel, das die Kameradschaft der Schülersoldaten in Augenschein nehmen wird, wird diese besondere Beziehung von Mensch zu Mensch verständlicher machen. Festzuhalten ist aber nach Aussagen der Zeitzeugen, daß der Erfahrungsschatz in der Zukunft deutlich zur Auswirkung kommt.

„Haben die bei der Flak gewonnenen Fähigkeiten Ihnen geholfen, andere Menschen irgendwie besser einzuschätzen?" fragte der Interviewer Eduard Wollmann weiter:

Da bin ich ziemlich sicher, daß mir das geholfen hat. Man bekommt ein gewisses Gespür dafür, wer meint es fair, und wer ist unfair und hinterhältig, und kann dann mit etwas Vorsicht schon sich ganz anders einstellen. Das ist geblieben, glaube ich. Nach der LwH-Zeit kam ich dann zum RAD. Am ersten Abend in der Baracke mußte saubergemacht werden, und dann kam ein Vormann, um die Stube abzunehmen. Wir haben bestimmt alles saubergemacht. Ich war aber der einzige, der vorher Luftwaffenhelfer war, die anderen waren alle ganz neu. Der kam dann ins Zimmer und hat dann irgendwo hingewischt, und da war Staub und hat dann gebrüllt: „Alles aus dem Zimmer um die Baracke, marsch, marsch!" Sind alle raus, ich nicht, weil ich gedacht habe, der kann mich ja noch gar nicht kennen. Dann habe ich die immer laufen hören und laufen hören, und ich bin im Bett geblieben. Dann kamen die wieder und haben gesagt, der kommt noch einmal. Und er kam dann wieder und hat dann bösartigerweise in den Ofen gelangt, wo Ruß drin war, und hat wieder alle aus dem Bett gescheucht, nur haben die anderen inzwischen gesehen, daß ich ja gar nicht mitgelaufen war. Jetzt sind die zum großen Teil auch drinnegeblieben. Hinter diesen Schränken waren diese Doppelbetten. Und das hat er gemerkt, es sind ja viel weniger. Dann hat er gebrüllt: „Alles raus!" Und ich nicht. Und dann kam er zu mir, und ich habe mich schlafend gestellt, und wie er mich angelangt hat, habe ich ihm eine gewischt. Nun hat er gesagt, der hat geschlafen. Nun also, verstehen Sie, die Bösartigkeit von dem, die konnte ich unterlaufen, nicht die anderen, die keine Ahnung hatten, wie man so etwas macht. Das ist natürlich nur eine ganz kleine Randbemerkung. Im späteren Leben, da gibt es ja nicht mehr Um-die-Baracke- Laufen, aber daß man Bösartigen auch in irgendeiner Form das Wasser abgraben kann, das gibt es immer. Und ich glaube, daß mir dies geholfen hat, diese Erfahrung, wie man sich hilft, wenn man ansonsten ganz schutzlos ist.[29]

Dr. Bruno Sabel (Zahnarzt) antwortet auf die Frage nach den Verhaltensweisen mit ganz individueller Note:

Immer nachdenken, Cui bono? Nichts unbesehen glauben oder

hinnehmen! Hinterfragen! Leider oder Gott sei Dank? Immer etwas skeptisch! Ich bin praktisch von der damaligen Zeit ausgegangen, das hat sich so allmählich gebildet, das habe ich auch bei anderen festgestellt. Wir haben uns Vorträge, Reden, Meinungen und Politik angehört, zur Kenntnis genommen, nicht generell gesehen „geht uns nichts an", sondern gesagt, was ist der wirkliche Inhalt dieser schönen, wohlklingenden Worte? Es wurde alles nicht generell abgelehnt, bezweifelt, sondern es wurde zunächst mal auf die Glaubwürdigkeit, auf den Wahrheitsgehalt, auf die Möglichkeit der Echtheit geprüft. Praktisch wie ein Katalog... klick, klick, klick, wie so ein Computer, den man durchtastet, stimmt das, kann das stimmen? Wir lernten uns, als praktisches Beispiel, dadurch kennen: Wir hatten eine Großkampfbatterie mit zweimal sechs Geschützen, die waren zu einer taktischen Einheit zusammengefaßt. Chef der Großkampfbatterie war ein Oberleutnant, unser Chef war ein Leutnant. Der Chef, der drüben so große Töne spuckte als Großkampfchef, verlor regelmäßig beim Schießen die Nerven, so daß unser ihm unterstellter Lt. die Großkampfbatterien führen mußte. Wir konnten also sehr genau unterscheiden zwischen Sein und Schein, Anspruch, Durchführbarkeit, menschlichem Versagen, plötzlich Nerven verlieren und ähnlichem. Und ich habe praktisch bei uns niemals einen Nervenzusammenbruch erlebt. Nicht die Fassung verlieren, durchhalten! Der erste Großeinsatz im bekannten Dreifachschlag gegen Schweinfurt vom 24./25. Februar 1944. Daß wir in Bombenteppichen ausharren und stehen bleiben konnten am Gerät, ohne die Fassung zu verlieren, erstaunte mich selbst und gab für das ganze Leben ein unerschütterliches Durchhaltevermögen! Wir hatten nach solchen Stunden dann zwar das sanguinische „Geburtstagsgefühl" der „Davongekommenen", zugleich aber auch den Gedanken: Wie soll das mal mit einem deutschen Kriegssieg enden? Dieses Gefühl, daß man also viel mehr ertragen konnte, als man sich früher vorstellte, ohne die Nerven zu verlieren oder ohne zu sagen, jetzt ist es zu Ende, ich halte es nicht mehr aus, habe ich damals empfunden und daraus gelernt. Aber später für mich: Bei Kriegsende, ich habe mich durchgeschlagen, ich bin bis zu den Alpen noch gekommen, ich bin von da aus ohne Entlassungsschein mit gefälschten Papieren wieder raufmarschiert, war also allein unterwegs, ungefähr acht Wochen. Ich hatte also immer das Gefühl, es kann eigentlich nichts passieren. Es gibt glückliche Fügungen. Auch bei den Luftangriffen, allen Bombenteppichen, die durch unser Gelände

durchgesaust sind, wir haben niemals eine Bombe in den Stand
hineinbekommen, immer dazwischen, entweder zwischen die
Geschütze, zwischen die Bunker, und das waren 200 bis 400
„Kameraden", die herunterfielen. Zufall? Das gab einem nach-
her das Gefühl, es kann einem nichts passieren. Das war natür-
lich idiotisch, aber das Gefühl bleibt. Das war so ein Gefühl:
Es trifft nur die anderen, das ist so wie auf der Autobahn.

In seiner lebhaften, sprudelnden Art zieht er den Interviewer
regelrecht in das Geschehen hinein. Er macht Gedankensprün-
ge und überbrückt Zeitabschnitte. Er schildert das Kriegsgeschehen, und im selben Atemzug nennt er die Spielregeln, die
er daraus gelernt hat. Der Durchhaltewillen wandelte sich nach
dem Krieg in einen starken Überlebens- und Aufbauwillen.
Schon Ostern 1946 machte er sein Abitur und war mit 22
Lebensjahren fertiger Zahnarzt. Erfolgreich in diesem Beruf
ist er bis heute. Dieser kurze Zeitabschnitt war entscheidend
für sein ganzes Leben. An anderer Stelle sagt er in bewegter,
fast jugendlicher Art, und da spricht er in etwa für alle Exluftwaffenhelfer:

Wir hatten viel mehr Möglichkeiten, was alles hätte sein kön-
nen, wenn... Infolgedessen hat uns das in komprimiertester Art
geformt. Wenn einer früher was erleben wollte, dann zog er in
den Wilden Westen; das kriegten wir frei Haus geliefert: Krieg,
Mord und Totschlag, Bombenangriffe, Feuer. Ich habe Muni-
tion gesammelt, habe Bomben entschärft. Wer kann das heute
machen? Es gibt ja gar keine Gelegenheit dazu, selbst wenn sie
es wollten. Ich habe in gewisser Weise Verständnis für Jugend-
liche, die allen möglichen Unsinn machen, aber wo sollen die
ihren Dampf ablassen? Die hauen heute die Scheiben ein und
klauen die Autos, sicher, sind anderleuts Autos, die sind nicht
davon begeistert. Wir sind früher in den Wald gegangen und
haben die Bomben gesprengt, das war unser Spaß. Auch nicht
zur Freude unserer Eltern. Ich hatte gelernt, praktisch bei
bestimmten Aufträgen oder Maßnahmen, die zu machen wa-
ren, mich konzentriert auf das Wesentliche einzustellen und das
absolut zuverlässig zu tun, um klipp und klar zu sagen, nicht
mal gucken, vielleicht oder gar nicht, sondern geht oder geht
nicht. So daß man wirklich absolut entscheidend sagen muß
und daß vor allen Dingen der andere, der sich darauf verläßt,
weiß, die Sache läuft oder geht nicht. Und das hat sich natürlich
auch später dahingehend ausgewirkt, daß man beruflich sich
auch sagte, wenn das sein muß, dann bitte richtig. Wenn es nicht
sein muß, dann kann man gucken, kann man es entbehren,

oder ist es vielleicht angenehm oder könnte es nicht, aber es muß eine Entscheidung getroffen werden, nicht so durchlavieren.[30]

Bruno Sabel trifft mit seiner spontanen Betrachtung den Kern des Vergleichs der Flakhelferjugend mit der Jugend von heute. Es hört sich wahrhaftig abenteuerlich an, wenn der Zeitzeuge über Sprengungen von Bomben in eigener Regie berichtet. Und wenn er gerade in dieser Passage in die Wir-Form überspringt, so haben sich bei solchen lebensgefährlichen „Spielchen" auch andere Jungen beteiligt. Blindgänger entschärfen, Granaten auseinandernehmen, Zündpulver in Form von schwarzen „Makkaronistangen" abfackeln gehörte durchaus zu den freizeitlichen „Vergnügungen" von Luftwaffenhelfern. Der Verfasser kann aus eigener Erfahrung solches Treiben bestätigen. Er wäre heute noch in der Lage, Sprengladungen, z. B. im gefrorenen Boden, anzulegen. Nur so konnte er mit seinen Kameraden im Januar 1945 bei minus 20 Grad Unterstände vor dem Anrücken der sowjetischen Truppen erstellen und bald darauf Gräber für gefallene Kameraden ausheben. Mancher wird in dem Treiben der Flakhelfer von einst, wie es ja auch der Zeitzeuge tut, eine Parallele ziehen zum heutigen aggressiven Verhalten Jugendlicher, bei denen Blumenkübel, Verkehrsschilder und Spielgeräte auf Kinderspielplätzen der Zerstörung anheimfallen. Solche „Aktivitäten" werden Jugendliche in immer anderen Formen zu allen Zeiten an den Tag gelegt haben. Andreas Kannicht sieht in solchem jugendlichen provokativen Verhalten einen unvermeidlichen Bestandteil des Erwachsenwerdens. Und er geht sogar noch einen Schritt weiter und erkennt in diesen Tätigkeiten eine entwicklungsfördernde Qualität.[31]

Wenn Bruno Sabel von der Verläßlichkeit berichtet, die er an den Kanonen und Meßgeräten gelernt hat, dann findet er bestimmt bei vielen ehemaligen Schülersoldaten Zustimmung. Mit ähnlichen Worten hat so mancher Zeitzeuge von solchem Verhalten berichtet, das er damals im militärischen Geschehen fast wie im Schlaf eingesogen hatte und fortan zum festen Bestandteil seines Lebens wurde. Wer mit dem präzisen Ablauf in einer Flakstellung während des Gefechts vertraut ist, weiß, wie wichtig die Funktion jedes einzelnen zur Herstellung der Feuerbereitschaft ist. Wenn nur ein einziger sein Gerät ungenau bediente, hatten vielleicht die abgefeuerten Granaten um Kilometer das Ziel verfehlt. Sabel hat wie kaum ein anderer mit seinen Worten genau die Ansprüche hervorgehoben, die damals an die Jungen gestellt wurden: absolute Verläßlichkeit des einen auf den anderen, ohne Durchmogeln oder, wie Sabel schreibt, Durchlavieren.

Bei den statistischen Auswertungen konnten 103 (73,5 %) von 140 ehemaligen Luftwaffen- und Marinehelfern ermittelt werden, die in ihren Rückerinnerungen an ihre Soldatenzeit erkennen, daß sie damals verschiedene Verhaltensweisen gelernt und angenommen haben, die ihnen im Verlauf des weiteren Lebens in irgendeiner Weise behilflich wurden, den Alltag zu meistern. Besondere Verhaltensregeln, z. B. die Einschätzungen von Vorgesetzten beim Militär und das Verhältnis zu ihnen wie auch die Erlernung des Gehorsams mit seinen Auswirkungen auf das künftige Berufsleben, werden noch in einem späteren Kapitel behandelt.

Nur neun von den 140 Zeitzeugen (6,5 %) bemerken zu den entsprechenden Fragen, sie hätten damals keine Verhaltensweisen gelernt, die eventuell einen Einfluß auf das künftige Leben genommen hätten.

Die restlichen 28 Zeitzeugen (20 %) nehmen eine sogenannte Plus-Minus-Haltung ein. Für sie gilt allgemein die Aussage, sie hätten wohl diese oder jene Verhaltensweise angenommen, aber für das weitere Leben sei das unbedeutend oder kaum prägend gewesen. So mancher von ihnen sagt, er sei sich nicht sicher mit solchen Aussagen, so etwas sei sehr schwer festzustellen. Sie meinen, sicherlich sei vieles ins Unterbewußte abgeglitten, und die schlimmen Nachkriegsjahre mit Überlebenskampf und intensiver schulischer und beruflicher Vorbereitung seien so dominant gewesen, daß diese kurze Flakzeit fast bedeutungslos für die charakterliche Entwicklung gewesen sei.

Hier zeigt sich, daß die Aussagen als höchst individuell einzuschätzen sind. Es darf nicht vergessen werden, daß lebensgeschichtliche Darstellungen stets unter dem Eindruck der jeweiligen Gegenwart geschehen. Wo diese wenig bietet, also der zur Erinnerung aufgeforderte Zeitzeuge sich in einer „Ruheposition" befindet ohne Ablenkung durch Berufsleben oder andere Streßsituationen, bietet das Geschehen nach der erfragten Zeit Hochinteressantes, Abwechslungsreiches. Umgekehrt wirken lebensgeschichtliche Eigendarstellungen fade und langweilig und werden womöglich erst gar nicht in Erinnerung gerufen, wenn die Gegenwart zur Zeit einen potentiellen Zeitzeugen ganz gefangennimmt.[32] Nun kennt der Interviewer kaum die persönliche Situation des Zeitzeugen. In welcher Lebenssituation sind die schriftlichen wie auch die mündlichen Antworten zustande gekommen? So kann bei dem einen oder anderen eventuell die gegenwärtige Seelenlage so beschaffen sein, daß das Erinnerungsvermögen teilweise von dem Gegenwartsgeschehen verschüttet wurde. Vielleicht sind auch solche Antworten ohne weiteres Nachdenken gegeben worden, bei manchen vielleicht sogar unter Zeitdruck, so daß die Frage, ob gewisse Verhaltensweisen für das künftige Leben prägend gewesen seien, einfach mit einem Nein beantwortet wurde. Solche Antworten sind ebenfalls in die „Minusgruppe" eingefügt worden, obwohl sie eigentlich fast nichts aussagen, weil jegliche Begründung fehlt.

Für die Zukunft gelernt

Dem erwachsenen Menschen wird oftmals die Frage gestellt, wie er seine Kindheit und Jugend verbracht habe. Diese Zeit bildet den Auftakt zum eigentlichen bewußten Leben. Kenntnisse über ihren Verlauf geben dem Fragenden einen Schlüssel zum Verständnis der folgenden Jahrzehnte in die Hand. Von der Prägung in den Jahren der jugendlichen Lebensphase hängt die Zukunft des Menschen entscheidend ab, und Verhaltensweisen in der Lebenszeit deuten auf Einflüsse aus Kindheit und Jugend hin. Auch diese Arbeit verfolgt das Ziel, bei einer bestimmten Gruppe von Menschen die Formungen eines Abschnitts der Jugendzeit zu untersuchen, um letztlich Prägungen im weiteren Verlauf des Lebens festzustellen. In den bisherigen Kapiteln ist bereits der Versuch unternommen worden, den Spuren der Schülersoldatenzeit nachzugehen. Jedem wird klargeworden sein, daß der Verfasser bei der Erforschung der Einflüsse dieser Zeitperiode nicht mit psychologischen Mitteln oder gar auf tiefenpsychologische Weise vorgegangen ist. Ein Psychologe könnte diese Arbeit nur dann erfolgreich durchführen, wenn er auch die Kindheit im Zusammenhang mit der Schülersoldatenzeit sieht. Tatsächlich hörte der Verfasser immer wieder den Einwand, daß die Prägungen aus der Flakhelferzeit auch im Zusammenhang mit den Einflüssen aus der Zeit vorher zu sehen sind. Hier wird aber keine lebensgeschichtliche Gesamtschau von Kriegsteilnehmern mit psychologischer Analyse geboten. Die Basis dieser Untersuchung sind - wie zu Beginn schon hinreichend beschrieben - wohl lebensgeschichtliche Selbstzeugnisse, die sich aber hauptsächlich nur auf einen kurzen Lebensabschnitt beziehen, eben die Flakhelferzeit. In dieser Arbeit werden nur Lebenszeitausschnitte verarbeitet, keine Lebensläufe. Die bisher dargelegten Ergebnisse in den ersten Kapiteln müßten eindeutig das Konzept des Verfassers widerspiegeln.

Die nach der Oral History-Methode zusammengetragenen Antworten zeichnen ein annähernd genaues Bild der Flakhelfermentalität. Es ist untersucht worden, wie sich der Schülersoldat damals selber gesehen hat und schon vorher als Hitlerjunge in der NS-Jugendbewegung, wie er seinen seelischen Zustand bei der Einberufung einschätzte und wie sich schließlich sein Selbstbewußtsein entwickelte. Es ist jetzt an der Zeit, das bisher erstellte Selbstbild des jungen Schülersoldaten unter dem Aspekt zusammenzufassen, ob dieser kurze ungewöhnliche Zeitabschnitt als Bereicherung angesehen wird und ob er dazu beigetragen hat, die Persönlichkeit zu formen.

Viele Zeitzeugen haben bei der Beantwortung der entsprechenden Frage ihre Schwierigkeit mit dem Begriff Bereicherung. „Eine Bereicherung war diese Zeit bei der Flak weiß Gott nicht", schrieben etliche Exflakhelfer. Dieses Urteil wird natürlich meist in der Rückschau gefällt. Aber auch schon in der Luftwaffenhelferzeit sind offenbar manche zu der abwertenden Einstellung gelangt. So schreibt Prof. Emil Kargel (Hochschullehrer i. R.):

Die Luftwaffenhelferzeit war - außer der Kriegsgefangenschaft - die übelste Zeit meines Lebens. Sie „verklärt" sich auch jetzt - nach 50 Jahren - nicht.[33]

An anderer Stelle schreibt er, daß er wegen Lachens im Dienst von seinem Batteriechef zu drei Tagen Arrest verurteilt wurde und ihm wegen Zersetzung der Wehrkraft mit Kriegsgericht gedroht wurde. Leider sind bei diesem Zeitzeugen keine näheren Umstände bekannt, warum er mit solch abwertenden Worten über seine Flakhelferzeit spricht. Er steht bei allen hier zu Wort kommenden Zeitzeugen mit seiner Aussage einsam da. Selbst diejenigen, die kein gutes Wort für diese Jungsoldatenzeit finden, kommen zu der Erkenntnis, daß sie aus den Erfahrungen bei der Flak für ihr Leben gelernt haben. Als hervorstechendes Beispiel sei Gerhard Rehagen (Kaufmann i. R.) genannt:

Eine Bereicherung meines Lebens war die Flakhelferzeit für mich sicherlich nicht. Trotzdem habe ich in dieser Zeit schon früh gelernt, Menschen zu beurteilen und mit Mitmenschen umzugehen. Ich habe Not, Angst und Hunger erlebt und daraus gelernt, nicht arrogant und großkotzig, sondern bescheiden und dankbar zu sein und für meine Mitmenschen Verständnis zu haben.[34]

Immer wieder wird von den Zeitzeugen in den Antworten und Gesprächen geäußert, daß jede Phase im Leben Erfahrung vermittelt, die - umgesetzt in Erkenntnisse - Bereicherungen für die kommende Lebenszeit bringt. Da spielt es keine Rolle, ob solche Erfahrungen als positiv oder negativ eingestuft werden. Auch aus unangenehmen, ja widerwärtigen Erlebnissen, werden Erkenntnisse gewonnen, die Lebensentscheidungen und Charakterbildung günstig beeinflussen können. Solche Auswirkungen kann man durchaus als Bereicherung ansehen. Der vorher zitierte Zeitzeuge, der sich an anderer Stelle äußert, er sei von dieser Flakzeit regelrecht „angeekelt" worden, wird nach tieferer Reflexion wahrscheinlich zu der Überzeugung gelangen, daß diese oder jene Negativerfahrung positive Erkenntnisse erzeugt, beispielsweise Hilfen bei der Beurteilung von „fiesen" Typen, denen jeder einmal im Alltag begegnet.

Als schlimme Zeit bezeichnet auch Bernd Hensler seinen Kriegsdienst bei der Heimatflak. Aber er ist ein tiefsinniger Mann, von Haus aus Theologe, und hat in der Rückschau über diese kurze Periode viel nachgedacht. Er vergleicht seine Flakhelferzeit mit dem 40jährigen Wüstenzug der Israeliten ins Gelobte Land. Die Wüstenerfahrungen waren schlimm, aber sie wurden zur Brücke aus der Knechtschaft in das Land, wo Milch und Honig fließen:

Wenn ich objektiv die Zeit des LwH-Geschehens betrachte, ist sie etwas Schlimmes gewesen, also einfach negativ, nach jeder Hinsicht negativ für mich und meine Kameraden. Ich habe sie nie negativ ausgelegt, nie negativ gedeutet. Ich weiß nicht, woher das kommt, ich habe das erst viel später überlegt. Aber ich habe diese Zeit als etwas Bereicherndes empfunden, als etwas, wodurch ich viel gelernt habe, wo ich in viele Situationen gekommen bin, in die ich sonst nicht gekommen wäre, wo ich an bestimmte Punkte geführt wurde, wo ich selber entscheiden mußte. Ich sage es noch einmal, es kommt nicht darauf an, was objektiv war, sondern es kommt darauf an, wie ich es deute und wie ich es angehe. Und insofern sind es für mich nicht verlorene Jahre gewesen, ganz und gar nicht. Und ich trauere also nicht nach, daß ich keine Mädchenbeziehungen gehabt habe. Daß jemand schikaniert werden kann, habe ich ein einziges Mal erlebt. Im Grunde genommen ist das Erlebnis dieser Zeit gewesen: *Der Zusammenhalt, das ist das Grunderlebnis, wir müssen zusammenhalten, wenn wir etwas bewirken wollen, und das hat sich unverändert bis heute bei mir erhalten.*

Interviewer: So war diese Zeit für Sie wie ein Exodus?
Ja, ich bin in Kanaan angekommen. Ich hab's überlebt.

Interviewer: Ganz im Gegensatz zu Mose.
Ja, der kommt nicht an, das Volk kommt an. Von meinen Klassenkameraden, 25 waren wir, 14 sind nicht angekommen.[35]

Wilhelm Larberg vergleicht diese Zeit mit einem Januskopf, eine Periode mit zwei Gesichtern:
Die Marinehelferzeit war insbesondere im Hinblick auf den Kriegsausgang eine traurige Erfahrung. Aber ohne die dort gewonnenen Erfahrungen hätte ich mit Sicherheit kein so erfolgreiches Berufsleben gehabt. Die sogenannten preußischen Tugenden, ohne die keiner Topmanager wird, werden nur mühsam eingebleut. Von Haus aus war ich ziemlich verwöhnt. Die Kriegs- und Nachkriegserfahrung in so jungen Jahren hat aber auch zu einer gewissen Härte- und Rücksichtslosigkeit geführt, vor der ich mich immer wieder hüten muß.

In diesem Zusammenhang spricht er von einem früheren Mitschüler:
Ich habe einen Schulkameraden, der ist später im Beruf zerbrochen, ich bin überzeugt, das ist auch davon gekommen. Ist einfach zusammengebrochen, ohne jede Nervenkrise und brach zusammen. Er war Lehrer und konnte lange seinen Beruf nicht ausüben. So alle zwei Jahre treffen wir uns in der Lüneburger Heide, und dann kommen diese Klassenkameraden, die überlebt haben, das sind zehn bis zwölf Leute, und treffen uns jedes Jahr. Es kommt immer wieder hoch. Das Gespräch dauert keine zehn Minuten, dann sind wir wieder bei der Marineartillerie, dann kommt das wieder hoch. Inwiefern diese Zeit für mich bereichernd war, kann ich nicht packen, aber zum Teil habe ich es schon gesagt. Die Erziehung, die ich genossen habe, war absolut positiv. Ich wollte, daß die Jugend einen Teil davon mitkriegt. Und wenn der olle Schmidt, unser Exbundeskanzler, davon gesprochen hat, vom Militär als der Schule der Nation, dann meine ich genau das, was er gesagt hat. Das ist nämlich das, was uns heute fehlt. Ich meine nicht Schule im Sinne eines Zwanges, sondern Schule, wo man lernt, wie man sich zu benehmen hat. Das ist genau der Punkt, was den meisten jungen Leuten heute fehlt. Es ist ja nicht so, daß man

studiert, und mit dem Studium hat man dann den Marschall-stab im Tornister. Die Erziehung, die man mitgekriegt hat, die ist nicht wie heute nur äußerlich, sondern die formt ja auch unheimlich. Wie man sich nach außen gibt, das zeigt die innere Einstellung.[36]

Wie selten ein Exflakhelfer ist dieser Zeitzeuge fest davon überzeugt, daß sein Charakter während des Marinehelferdienstes am meisten geprägt worden ist. Wie er an anderer Stelle nochmals versichert, war diese kurze Phase wichtiger und prägsamer als die Zeit vorher im Elternhaus. „Die ganze Zeit vorher in Jungvolk und HJ war nuscht gegenüber dieser kurzen Zeit", sagt er weiter wörtlich. Was ihn dazu führt, solche Aussagen über sich zu machen, wird nicht ganz klar, aber es läßt vermuten, daß sein bewegtes Berufsleben, welches mit sehr intensiver Personalführung verbunden war, ihn befähigt, jetzt in der Rückschau seinen charakterlichen Werdegang zu beurteilen. Vielleicht kann er mit solchen Befähigungen auch die Zusammenhänge des psychischen Traumas seines Klassenkameraden in Verbindung mit seinem Nervenzusammenbruch richtig analysieren. Daß ein solcher Kollaps nicht aus der Luft gegriffen ist, beweist das Selbstzeugnis des Luftwaffenhelfers Ludger Siemelfink, der einen Nervenzusammenbruch vor seiner Schulklasse beschreibt im Zusammenhang mit der Erinnerung an seinen ersten Kampftag als 17jähriger an der Front, der ihm offensichtlich ein irreparables Trauma zugefügt hat:

Da ist der erste Tag meines Einsatzes an der Front. Vier Wochen später etwa bekamen wir in die Hand gedrückt, soweit wir noch lebten, einen Zettel, da stand dann darauf: Sturmtage, Nahkampftage. Und dieser erste Tag war Sturm- und Nahkampftag. Diesen Zettel, das kann ich jetzt terminieren, habe ich am 6. Februar 1987, 42 Jahre später, herausgenommen, da hatte ich Geschichte in der Oberprima. Und dann ist mir folgendes passiert: Ich stand neben dem Pult und bin zusammengesackt und habe mich ausgeheult wie ein kleiner Junge und habe den Unterricht abgebrochen, hab' gesagt: „Geht nach Hause!" Ich habe in der Oberprima immer nur die Anrede „Sie" verwendet. Und habe jetzt gesagt: „Geht nach Hause!" Und sagte zu einem Schüler: „Jörg, nimm die Tafel ab!" Ich war fertig, fertig! Ich habe von der DDR eine Aufzeichnung, eine Schrift bekommen, da steht darin, daß bei diesem Angriff auf einen Brückenkopf an der Oder schon bis Mittag 600 deutsche Soldaten gefallen waren. Der Tag hat mich so schockiert, daß ich nie davon gesprochen habe, und bin nach

42 Jahren (in Erinnerung daran) vor der Klasse zusammengebrochen. Der Angriff war vorbereitet worden durch unsere Artillerie, und dann gingen wir vor mit (Division) „Großdeutschland". Ein Mann von „Großdeutschland" sagte mir dann, wir hätten es schon versucht, waren aber gescheitert. Und jetzt kamen wir, 17jährige von Dänemark, und wir sollten das schaffen.[37]

Der Zeitzeuge erzählte aus freien Stücken, ohne direkt dazu aufgefordert zu sein. Diese Begebenheit fiel ihm spontan ein und zeugt von hoher Glaubwürdigkeit. Es will schon etwas heißen, wenn ein gestandener Mann von 60 Jahren vor seiner Klasse mit 18- bis 19jährigen Schülern nach einem plötzlichen Erinnerungsaugenblick, von Emotionen überwältigt, wie ein Baum gefällt wird. Jeder, der einen solchen Momentstreß kommen fühlt, verläßt vorher den Raum mit anwesenden Menschen, um so eher, wenn es sich dabei um Schüler handelt, denen er als „Respektsperson" gegenübersteht. In der Retrospektive sieht der Zeitzeuge das Duzen seiner Schüler in diesem Augenblick als Zeichen aus den Fugen geratener Selbstbeherrschung. Für einen Studienrat alter Schule war es ein eherner Grundsatz, in jeder Situation seine Primaner zu siezen. Man kann davon ausgehen, daß viele ehemalige jugendliche Soldaten von solchen psychischen Traumata gezeichnet worden sind, die bis ins jetzige Lebensalter hinein unverarbeitet blieben. Selten werden aber solche Seelenwunden offenbar wie bei soeben angeführtem Beispiel.

Wie die statistischen Auswertungen noch zeigen werden, hat der überwiegende Teil aller Befragten eingestanden, die Zeit bei der Flak sei bereichernd gewesen. Dabei wird eine Vielfalt von Gründen genannt. In erster Linie steht das Erleben der Gemeinschaft in Zusammenhang mit der Erlernung der Menschenkenntnis.

So schreibt Werner Haferkamp:
Das Zusammenleben in einer zwangsweise zusammengeführten Gemeinschaft, das Erlebnis des selbstlosen Einsatzes füreinander in kritischen Situationen und die Akzeptanz von uns Jungen durch die Älteren waren sicher bedeutend für meine Entwicklung und damit auch für mein Leben.[38]

Ludger Siemelfink sagt:
Die Flakhelferzeit (wie auch die folgenden Uniformzeiten) war eine harte Lebensschule. Ich habe entbehrungsreich auf engem Raum mit vielen Belastungen leben müssen. Es gab zur

Militärzeit so gut wie kein Privatissimum. Das ganze Leben vollzog sich unter sozialer Kontrolle. Ich habe viele, viele Erfahrungen gesammelt. Ich habe gewiß auch Verantwortungsbewußtsein früh gelernt. Und ich bin wohl gewiß - für einen allerdings hohen Preis - früh selbständig geworden, ich habe gelernt, das Leben realistisch zu sehen.[39]

Ottmar Krämling:
Bereichernd war sicher auch die Erfahrung, daß man unter Menschen sich bewegte, die keine Unterschiede in Rang und Namen kannten. Ich denke mir manchmal, vier Wochen Stacheldraht, was bleibt dann noch von der Vornehmheit übrig? Man lernte großartige Menschen kennen und Versager quer durch die sozialen Schichten.[40]

Helmut Zarnke (Angestellter i. R.):
Vollkommen neu war ein ununterbrochenes 24stündiges Zusammensein mit anderen, also etwas, was man nicht einmal im vertrauten Familienkreis erlebt hatte. Daraus ergab sich: Man „schliff sich ab", lernte Rücksicht auf Belange und Rechte anderer zu nehmen, sich selbst ggf. zurückzustellen, hatte aber auch dabei das Gefühl, sich nie „zurückziehen" zu können. Man lernte auch aus der Zusammenarbeit mit Menschen anderer beruflicher oder ethnischer Herkunft und machte dabei sowohl positive als auch negative Erfahrungen. Ich glaube, daß sich hier zum ersten Mal so etwas wie ein soziales Verständnis zu entwickeln begann.[41]

Dr. Hans Merfeld (Hochschulprofessor i. R.):
Ich sammelte Erfahrungen im Umgang mit Menschen aus allen sozialen Schichten (vom Analphabeten aus der Rhön bis zum Universitätsprofessor) und erkannte den Wert von Zusammenhalt und Kameradschaft in allen Gefahren.[42]

Eine deutliche Antwort dazu schreibt Hans-Dieter Kiepling (Bauingenieur i. R.):
Mit Sicherheit wurde ich durch jene Zeit und das Jahr danach geprägt (Soldat und Gefangenschaft). Nur kann ich heute nicht sagen, daß dies negativ war. Erfahrung kann man nicht vererben, die muß man machen, und die Erlebnisse jener Zeit gehören heute mit zu meinem Kapital an Lebenserfahrung.

Im Interview fügt er dann noch hinzu:
Sehr früh habe ich den Ernst des Lebens kennengelernt. Wenn auch nicht alle Erfahrungen positiver Art waren, so schärfen sie jedoch den Blick für die Unterscheidung von Gut und Böse, und was ist notwendig und was nicht. Auch die negativen

Dinge im Leben bereichern einen Menschen in seiner Lebens-
erfahrung. Ganz intensiv komme ich doch auf diese Dinge
zurück und sehe eine Situation ganz anders, als wenn ich diese
Erfahrung nicht gehabt hätte. Insofern fühle ich mich berei-
chert.[43]

Jürgen Hinze schreibt so manches, was viele andere Flakhelfer auch denken, aber selten ausgesprochen haben auf die
Frage, ob die Flakzeit zur Bereicherung des Lebens beigetragen habe:

Weil in allen Tiefen des Lebens auch Stärke entsteht. Weil ich
bitter erfahren habe, was Krieg ganz vorne wirklich bedeutet.
Weil ich gesehen habe, wie Staaten Menschen verheizen kön-
nen und wie weit weg Kirche sein kann. Weil ich gelernt habe,
welch ein Verbrechen es ist, junge Menschen für fanatische
Ideologien einzuspannen. Und weil ich nicht vergessen werde,
was Hunger bedeutet und was Kadavergehorsam anrichten
kann. Und auch was staatlicher „Dank“ bedeutet. Beispiel:
LwH, die sich mit viel Fronterfahrung seinerzeit für die Bun-
deswehr meldeten, wurden als ungediente Freiwillige behan-
delt! Trotz Orden und Narben. Ein Kriegsteilnehmer wird
immer anders empfinden als ein Nichtkriegsteilnehmer. Selbst
wer die Frage verneint, ist unterbewußt sicher geprägt vom
Anblick der Schrecken, vom Infernalischen des Straßenkamp-
fes, vom Verlust junger Menschen. Der Krieg hat mich ganz
sicher stärker als alles andere zum Schreiben und zu Büchern
getrieben und dahingehend ganz sicher via Flakzeit meine
Persönlichkeit mitgeprägt. Man gerät nicht so schnell in Panik,
man hat zuweilen vielleicht mehr Mut, aber auch Vorsicht.
Doch Kindheit und die Lebenserfahrung all der Jahrzehnte
danach haben sicher gewaltigere Anteile.

Auch dieser Zeitzeuge hat sich in der Vergangenheit viele
Gedanken gemacht um diesen furchtbaren Krieg, seine Folgen
und über die Wunden, die er den Menschen geschlagen hat. Er
ist verbittert, wie auch so manch anderer früherer Luftwaffenhelfer, über den „Dank“ des Vaterlands, daß die nachgeboren-
nen Politiker den Einsatz der Schüler als Soldaten nicht werten
können und ihn wie einen Hitlerjungeneinsatz abtun. Schlecht
schneidet auch die Kirche in der Betrachtung des Zeitzeugen
ab.

Hier fragt der Interviewer nach: Ich erinnere mich, daß Sie
geschrieben haben „Wenn der liebe Gott mich hier heraus-
holt“, da dachte ich beim Lesen, daß Sie auch einen inneren
Bezug zu Gott haben. Vielleicht als Gott, der Sie in dieser

Gefahrensituation hier beschützt, der, wenn Sie diese Situation im Stalinorgelfeuer nicht lebend überstehen, für Sie da im Jenseits weiter sorgen wird.

Das, würde ich sagen, ist auch weiter meine Überzeugung. Das ist eine Mixtur, ich glaube mich geführt von Gott plus den Verstorbenen. Ich bin in einem sehr überzeugt protestantischen Sinne erzogen worden. Einmal durch das Vorbild einer gottgläubigen Großmutter, ein herzensguter Mensch, der immer vom lieben Gott sprach und mit ihm im Einvernehmen war, und wie ich natürlich wie Kinder dieser Zeit nicht nur den Religionsunterricht, sondern diese Stunden beim Pfarrer miterlebte. Aber ich habe dadurch, auch durch die enge Freundschaft und Bekanntschaft solcher (Kirchen-) Menschen, sehr oft hinter die Kulissen gucken können und erlebt, daß es dort nicht ganz so ideal aussieht, wie man das darstellt, aber ich muß immer sagen, mein Verhältnis zu Gott ist nie erschüttert worden. Ich bin später ausgetreten aus der Kirche aus fester Überzeugung, weil ich die Kirche im Krieg vermißt habe, ich habe nie einen Pfarrer in der Nähe von einschlagenden Granaten gesehen oder im Lazarett oder wo auch immer. Ich habe nie einen Pfarrer gesehen.[44]

Nun sollen noch zum Abschluß dieser Erwägungen drei Zeitzeugen zu Wort kommen, die in anschaulicher Weise das Prägende dieser Flakhelferzeit herausstellen. Zunächst Heribert Schrader, in seinem Fragebogen antwortet er:

Ja, ich möchte schon sagen, daß die damalige Zeit - Kindheit im Kriege und gerade noch hineingeschlittert in den aktiven Kriegsdienst - ihre Spuren auch in positivem Sinne hinterlassen hat: nämlich mit äußersten Einschränkungen (wohnen, essen) zurechtzukommen; vielerlei Gefahren bestehen zu müssen (äußerlich durch direkte Kampfhandlungen, innerlich durch psychische Belastungen aller Art, von an- und dann vorbeifliegenden feindlichen Flugzeugen), vor Nazis und den NS-Führungsoffizieren immer diszipliniert zu sein und auch vorsichtig in der Wahl der Worte und wohl last but not least auch eine gewisse Härte gegen sich selbst walten lassen zu können, sicher alles Eigenschaften/Fähigkeiten, die sich auch im zivilen Leben und gerade in der sehr schwierigen unmittelbaren Nachkriegszeit anwenden ließen.[45]

Der Zeitzeuge bietet hier ein gutes Zeugnis für eine Selbstreflexion in der Rückschau. Was er da erlebt hat mit allen Erfahrungen, kommt ihm schließlich zugute für das zivile Leben. Er bewegt sich nicht auf der äußeren Schicht des Erlebten, sondern entdeckt Spuren im positiven Sinn.

Martin Korthoff (Lehrer i. R.) schreibt als Antwort:
Nicht nur die Flakhelferzeit, sondern das Gesamterlebnis des Krieges und der Gefangenschaft waren prägend, das läßt sich im Rückblick wohl kaum mehr trennen. Erkenntnisse und Einsichten wuchsen später. Dazu brauchte es Zeit. Das Besondere der Flakhelferzeit war vielleicht, daß das Kriegsgeschehen mit ganzem Ernst in so jungen Jahren an uns herangetreten war wie sonst nie und wie es nach dem Kriegsrecht auch nicht zulässig ist, daß das Element des Militärischen, vorbereitet schon durch den HJ-Dienst, zum Lebenselement wurde, noch ehe man überhaupt über Beruf und Berufsleben nachgedacht hatte. Das Militärische zwängte sich so in die Entwicklung ein, daß seine Spuren nicht mehr zu verwischen sind.[46]

Der frühere Luftwaffenhelfer gibt einen fundierten Bericht, aber als lebendiger Zeitzeugenbericht ist er leider nicht einzustufen. Er krankt - wie auch so manch andere schriftliche und mündliche Aussage - an dem „Grundsatzreferatsyndrom“. Das ist der große Nachteil, wenn der Historiker akademisch Gebildete zum lebensgeschichtlichen Bericht auffordert. Sie meinen, eine Abhandlung mit Allgemeingültigkeitscharakter schreiben oder berichten zu müssen.

Solche Sätze hätte auch ein 30jähriger Historiker schreiben können, der eine Arbeit über die Luftwaffenhelfer erstellt. Nun ist der Verfasser dieses Buches in der glücklichen Lage, diesen Bericht als persönliches Zeugnis des Exluftwaffenhelfers Korthoff in Händen zu halten. Er nimmt stark an, daß trotz allem dieser Bericht ichbezogen ist und beispielsweise der zuletzt zitierte Satz in etwa so zu lesen ist: „Das Militärische hat sich so in meiner Entwicklung niedergeschlagen, daß seine Spuren in meinem Lebensgang immer wieder auftauchen.“ Dieses Beispiel zeigt, wie genau der Verfasser die Berichte analysieren muß, um immer wieder den lebensgeschichtlichen Gehalt herauszufinden.

Ganz anders der Bericht des früheren Luftwaffenhelfers Willi Hanke (Lehrer i. R.):
Daß wir eine Ausprägung hatten, das glaube ich. Es dreht sich nur darum zu fragen, inwiefern? Ja, was soll man dazu sagen? Es ist nicht ganz leicht, diese Frage. Inwiefern, daß die Flakhelferzeit...hm. Also, wenn wir z. B., wenn wir ab und zu noch mit meinen Freunden von damals zusammen sind, wir unter-

halten uns über diese Dinge, die wir damals machen mußten und zum Teil auch angestellt haben. Aber irgendwie ist man doch geprägt dadurch, daß man eben damals schon auch der Gefahr ausgesetzt war, z. B. als kämpfender Soldat und Flakhelfer auch verwundet zu werden oder zu sterben, und das hat einen doch geprägt. Man wird ernster, glaube ich, dadurch. Das ist auf jeden Fall so, daß wir ernster geworden sind und ich auch, aber sonst könnte ich mich nicht dazu äußern. Ich muß sagen, das ist eine Episode oder eine Periode in meinem Leben gewesen, die mich geprägt hat, und ich möchte sie auch gar nicht missen, ehrlich gesagt. Es ist eine Erfahrung gewesen, und ich bin durch diese Erfahrung auch reicher, das ist im großen und ganzen das, was ich dazu zu sagen habe.[47]

Willi Hankes Antwort kommt spontan. Er hatte vorher keinen Fragebogen erhalten und gehört zu der Gruppe von Exflakhelfern, mit denen ein Probeinterview gehalten wurde. Auch diese Gespräche haben teilweise gute Ergebnisse gebracht und besitzen den Vorteil, daß die Antworten aus der Spontanität heraus gegeben wurden. Ihr Nachteil ist, daß die Antworten nicht so fundiert ausgefallen sind, weil die Vorinformation durch die Fragetexte nicht gegeben war. Man erkennt deutlich an dem transkribierten Text, daß der Zeitzeuge zunächst nach einer Antwort ringt. Er sucht sogar Halt bei seinen alten Freunden, versucht, sich zu besinnen, was so auf den Treffen an Erinnerungen ausgetauscht wird, und kommt zu dem überzeugenden Fazit, die Flakhelferzeit ist eine Periode, die ihn geprägt und reicher gemacht habe.

Im Verlauf dieses Kapitels ist schon erwähnt worden, daß der überwiegende Teil aller Befragten der Meinung ist, die Flakhelferzeit habe sich auf den Verlauf des Lebens bereichernd ausgewirkt. Die genaue statistische Auszählung ergibt die Zahl von 120 Zeitzeugen bei 135 Befragten. Das sind 88,9 Prozent. Zu der sogenannten Plus-Minus-Gruppe gehören von den 135 Befragten acht Zeitzeugen (5,9 %). Einige von ihnen schließen eine Bereicherung nicht direkt aus, zeigen aber eine Unsicherheit in der Beantwortung der Frage. Die meisten von ihnen geben zu, daß die Zeit bei der Flak sie geprägt habe. Die Zeitzeugen beider Gruppen führen Erkenntnisse, Erfahrungen und Verhaltensweisen an, die sie damals als 15- und 16jährige Luftwaffen- und Marinehelfer gewonnen und die Einfluß auf ihr Leben genommen haben. Sie sind der Überzeugung, sie hätten früher und bewußter als für dieses Lebensalter normal Kontakte zu Mitmenschen erlebt und daraus Erfahrungen gesammelt. Durch die beengte Lebensweise lernten sie Rücksichtnahme; manche sagen, sie schliffen sich ab. Daraus entstand ein starkes Gefühl der Verbundenheit, das bis zum selbstlosen Einsatz füreinander ging. In diesem Zusammenhang ist auch das Erleben des Abbaus sozialer Schranken zu sehen. Viele der Zeitzeugen entstammen der damals noch betonten „höheren" Gesellschaftsschicht. Erstmals erfuhren sie Kontakte mit „unteren" Volksschichten, aus denen meist die älteren Soldaten und Unteroffiziere kamen. Stark wirkte sich das Erleben des sozialen Gefälles in der Gefangenschaft aus, ein heilsamer Prozeß für manchen.

Immer wieder ins Feld geführt wird die Erfahrung, frühzeitig den Ernst des Lebens gelernt zu haben. Der Luftwaffenhelfer wurde härter gegen Schicksalsschläge vieler Art. Die Begegnung mit dem Tod, der Bedrohung der eigenen Existenz, dem Sterben der Kameraden hat nachhaltig für das Leben geprägt. Diese jüngsten Soldaten des Zweiten Weltkriegs lernten frühzeitiger, als jemals davor und danach Gleichaltrige überhaupt lernen konnten, die Kunst des Überlebens, die Gelassenheit in allen Schwierigkeiten und die Erkenntnis der Nichtigkeit der Dinge. „Abgenabelt" vom konventionellen, sorgenden Umfeld, selbstbewußt, körperlich und seelisch abgehärtet, wußten die Flakjungsoldaten aus jeder unangenehmen Situation noch etwas Positives zu ziehen.

Die Minusgruppe, der in der statistischen Auswertung immer die Verneiner zugerechnet werden, ist sehr klein; nur sieben gehören zu ihr. Vier von ihnen antworteten nur mit einem Nein. Einer schreibt 'nein' und bedauert, daß er in der Flakhelferzeit nichts gelernt habe. 1946/47 habe er sechs Jahre Latein nachholen müssen. Die Antwort hatte mit der Frage nichts zu tun, eigentlich müßte man eine solche Antwort überhaupt nicht werten. Die beiden letzten Neinsager sind schon erwähnt worden. Der erste war selbst Naziverfolgter und hatte seinen Vater im KZ verloren. Der andere ist während seiner Flakhelferzeit beinahe vor ein Kriegsgericht gestellt worden. Verständliche Gründe für die Betroffenen zu sagen, die LwH-Zeit sei keine Zeit gewesen, die der Bereicherung gedient habe.

Entstehen einer Lebensphilosophie

Immer wieder stieß der Verfasser in den schriftlichen Aussagen, aber besonders in den Gesprächen auf Äußerungen, hinter denen deutlich das Werden einer Lebensphilosophie zu spüren ist. Auch das kann der Zeitzeuge nur in der reflektierenden Rückschau erfassen. Es klingt natürlich unwahrscheinlich, wenn einer schon mit 16 oder 17 Jahren eine Lebenseinstellung entwickelt, die für sein Denken und Handeln lebensbestimmend sein wird. In diesem jugendlichen Alter wird der Mensch ja erst geformt, die Charakterausprägung ist noch lange nicht abgeschlossen. Er ist noch höchst beeinflußbar durch viele Eindrücke. Der Psychologe spricht gar von einer zweiten „Ichbewußtseinsphase". Daß der Schülersoldat in dieser „Mannwerdungsperiode" aus einer normalen Generationskategorie herausgefallen ist, wurde bereits dargelegt. Und daß viele von ihnen trotzdem fähig waren, ein Weltbild in dieser Zeit zu entwickeln, unterstreicht nur die These einer verlorenen Jugendzeit und eines frühen Erwachsenenbewußtseins. Bei manchen Schülersoldaten waren die Ereignisse in den Flakstellungen oder Frontabschnitten so gravierend, daß sie eine lebenslange nicht mehr auszulöschende Lebensphilosophie erzeugten. Denn außerordentliche Belastungen in dieser jugendlichen Phase hinterlassen tiefere Spuren als im Erwachsenenalter.

Die Interviews mit den Zeitzeugen wurden fast ausschließlich in deren Wohnungen durchgeführt. Auf diese Weise lernte der Verfasser das nähere Umfeld fast aller seiner 50 Gesprächspartner kennen. Im Grunde gewann der Interviewer zwischen München und Flensburg, Berlin und Köln immer den gleichen Eindruck: Alle Wohnungen in Einzel-, Reihen- oder Mehrfamilienhäusern zeigten Einrichtungen von ausgesprochen einfacher Art. Die Bescheidenheit im Wohnstil war auffallend. Natürlich gab es auch Varianten. Hin und wieder wohnte ein Zeitzeuge in einer Villa in einem sogenannten besseren Vorstadtviertel. Aber groß ist die Anzahl der Mietwohnungen in Mehrfamilienhäusern gewesen. Etliche lebten in den typischen Reihenhäusern aus den 50er und 60er Jahren, klein, eng, echte Scheißenhäuser mit unbequemen steilen Treppen in die obere Etage. Bis auf einen Fall war Luxus nirgendwo zu finden. Wer heute in die Häuser von Kaufleuten, Ärzten, höheren Bundeswehroffizieren und Regierungsbeamten, Juristen, Wirtschaftsberatern, Prokuristen, Rektoren, Studienräten und Professoren einen Einblick nimmt, wird eine ganz andere Wohnkultur vorfinden als die bei den Zeitzeugen dieses Forschungsprojekts, die die eben genannten Berufe ausgeübt haben. Hier scheint sich eine Weltanschauung zu verbergen, die bei Offenlegung eine bestimmte Gesinnung zum Materiellen offenbart.

Eduard Wollmann ist Topmanager in der obersten Etage eines Konzerns gewesen, heute noch nebenberuflich dort tätig. Er plaudert über seine Wertvorstellung von Arm und Reich: *Und die Wertvorstellungen, na ja, das sind halt, das ist das, was im Leben wichtig ist und was unwichtig ist. Ich sehe zum Beispiel persönlichen Reichtum als unwichtig an, ich möchte zwar kein armer Mensch sein und komme ganz gut über die Runden, aber ich kann die nicht verstehen, die, jetzt nicht, wenn sie einen Betrieb haben, daß der wächst, aber wenn sie persönlich viel haben, sie ununterbrochen noch ansammeln wollen und daß sie geizig sind bis zumGehtnichtmehr, weil sie noch mehr haben wollen. Das gehört nicht zu den Werten, die ich schätze. Nicht also, daß ich verarmt sein will und sparsam bin, aber das muß alles in der Relation stehen.*[48]

Bruno Zumhorst ist Rektor einer Realschule gewesen. Der Interviewer besuchte ihn in seiner Wohnung in einem unscheinbaren Sechsfamilienmietshaus an einer verkehrsreichen Straße einer Großstadt im Ruhrgebiet. Er machte einen äußerst einfachen, bescheidenen und sympathischen Eindruck. Zumhorst spricht von seinen Erfahrungen der Wertlosigkeit materieller Güter, daraus habe sich bei ihm ein „Stück Lebensphilosophie" entwickelt. Weiterer Ausführungen bedarf es nicht. Die einfache Umgebung, die fast ärmliche Wohnung und die Geradlinigkeit dieses Mannes waren hinreichend Anschauungsunterricht.

Einen ähnlichen Typus von Zeitzeugen lernte der Verfasser in einem oberbayerischen Kurort kennen. Auch da fand er eine einfache Wohnung vor. Der pensionierte Oberstudienprofessor Waldemar Holz erzählt:

Das war für mich ein lebenslängliches Schlüsselerlebnis in Nürnberg. Dann sind wir mit Schaufeln in die Stadt hinein bei Feuersturm und konnten nur in der Mitte gehen im Gänsemarsch, wo auch die Menschen gedrängt standen, und dann haben wir Tote und Halbtote, die mit Schutt und Staub bedeckt waren, herausgezogen. Und dann mußten wir noch in einem durch eine Luftmine völlig eingefallenen Haus nachschauen, ob da noch was ist. Da gegenüber hat's gebrannt. Das war ein tolles Haus, da waren alte Mahagonimöbel, sehr hochgestochene Kreise haben da gewohnt, wie man sich so ein Palais vor-

stellt. Und das hat gebrannt, und die schönen Sachen! Das sehe ich noch vor mir, wie das wunderbare Zeug alles so verbrennt.

In seinem Fragebogen hatte er schon vorher unter der Frage nach einem Schlüsselerlebnis geschrieben:

...angesichts der ungeheuren Zerstörung, daß alles Materielle vergänglich und nichts Absolutes darstellt.

Und als dann der Interviewer sagt: „Hinter dem, was Sie da geschrieben und erzählt haben, verbirgt sich eine typische Lebensphilosophie. Können Sie behaupten: Das hat mich geführt durchs Leben?" Da fällt der Zeitzeuge dem Interviewer ins Wort und sagt:

...daß ich hier als Mieter bin und nicht als Eigentümer.[49]

Eine solche damals gewonnene Lebenseinstellung scheint für etliche ehemalige Luftwaffenhelfer Leitbild für das ganze Leben geworden zu sein. Ihr schlichter Lebensstil spricht mehr, als Worte ausdrücken können.

Schwieriger festzustellen ist eine andere während des Kriegsdienstes gewonnene Grundeinstellung. Obwohl der Interviewer niemals ausdrücklich danach gefragt hat, haben etliche Zeitzeugen von sich aus ihre Antikriegshaltung geäußert mit einem Bekenntnis, daß sie nie wieder eine Waffe anrühren würden.

Bruno Hensler erzählt :

Ich bin also heute ein, es hört sich komisch an, ich sage das auch so nie, ein ganz überzeugter Pazifist. Öffentlich bin ich aber dafür nie eingetreten. Ich würde niemals ein Gewehr mehr in die Hand nehmen. Das ist für mich undenkbar, gänzlich undenkbar. Ich habe drei Söhne und bin glücklich darüber, daß alle drei Kriegsdienstverweigerer geworden sind. Das wäre auch kaum anders denkbar gewesen, ich hätte schwer darunter gelitten, wenn die da also freiwillig zur Bundeswehr gegangen wären, obwohl ich die Notwendigkeit der Bundeswehr ohne weiteres einsehe. Aber hier sind meine persönlichen Eindrücke aus den ersten Monaten 1945 so stark, daß sie alles andere überdecken. Das ist so eine Art von Schlüsselerlebnis. Ich bin nach dem Krieg sehr oft in Israel gewesen und habe sehr viel für deutsch-israelische Verständigung getan, und bin dann mit einigen jungen Israelis, da die keinerlei Bedenken hatten, auf so einem Vergnügungspark mal gewesen. Und mit einem Mal stand da ein Panzer, der Sympathie wecken sollte für die israelische Armee bei den Besuchern dort, und da die jungen Israelis mich mochten, haben die gesagt: „Stell dich doch mal neben den Panzer, wir fotografieren dich." Das ist mir gewesen, als wenn jemand von mir das Schlachten meiner Mutter verlangt hätte. Ganz enorm schlimm. Ich habe das hinterher gemacht, diesen jungen Leuten zuliebe. Später hat mir ein sehr lieb verbundener Mann auch aus Dankbarkeit einen israelischen Stahlhelm aufgesetzt, das ist mir gewesen, als würde er mich köpfen, ja? Ich will also nur damit deutlich machen, wie tief diese Ängste von Ehrenbreitstein in mir auch heute noch vorhanden sind.

Nach seinen Erlebnissen von Ehrenbreitstein befragt, gibt der Zeitzeuge folgende Auskunft:

Wir sind im Januar 1945 auf die Winninger Höhe gekommen. Das ist heute die Stelle, wo die große Autobahnbrücke der Hunsrückautobahn über die Mosel geht. Dort haben wir gelegen. Etwa Anfang März wurden wir dann aus dieser Stellung nach Ehrenbreitstein verlegt, das waren sieben oder acht Stellungen, und wir waren die einzige Batterie, die nicht hundertprozentig eingegraben war, weil wir ja erst im Januar dorthin gekommen waren. Dann wenige Tage danach, als wir in Ehrenbreitstein schon in Stellung waren, haben die Amerikaner auf die Winninger Höhe einen Bombenteppich gelegt, und von den anderen LwH, die da oben in Stellung waren, sind ganz wenige mit dem Leben davongekommen. Die meisten sind dabei gefallen. Ein paar von denen sind zu uns heruntergekommen, die wir aufgenommen haben. Es waren aber total verstörte und desorientierte Menschen. Nun kamen da auch einzelne versprengte Soldaten, die hatten keinerlei Einheiten mehr, von denen sie versorgt wurden. Die ganze Bevölkerung lebte in den Kasematten der Festung Ehrenbreitstein. Die Soldaten drangen in die Häuser ein und, heute würde ich sagen, sie begingen Mundraub, damals war das natürlich Sabotage und Plünderung, versorgten sich mit Lebensmitteln. Wir gingen dann Doppelstreife und sollten die Plünderungen verhindern und die Plünderer festnehmen. Die wurden also jetzt gefaßt, und wir gingen Doppelstreife durch den Ort. Wenn jetzt jemand beim Plündern erwischt wurde, wurde er festgenommen. Dann gab es ein Standgerichtsurteil, und das dauerte keine fünf Minuten, der war ja auf frischer Tat ertappt, und wurde dann an der Bahnhofsmauer von Ehrenbreitstein erschossen. Es waren jeden Tag mehrere. Das Erschießungskommando wurde von uns gestellt. Mit Streichhölzerziehen wurden die drei Leute ausgewählt. Wir waren ungefähr 100 Leute. In habe in diesen ganzen Wochen niemals das Köpfchen der

Streichhölzer gezogen d. h. ich habe nicht einmal zu schießen gebraucht. Aber das ist auch egal, wir haben uns natürlich alle gefragt, was machen wir in dem Fall, wir haben auch darüber gesprochen. Die meisten haben gesagt, ich schieße daneben. Wir haben eine ganze Menge von Plünderern gestellt und haben denen gesagt: „Sieh zu, daß du nicht entdeckt wirst hier!" Ich habe wohl diese Erschießungen erlebt, habe aber, wie gesagt, nicht selber schießen brauchen. Beeindruckt hat mich das trotzdem ganz unglaublich.[50]

Während der Erzählung war der Zeitzeuge sehr bewegt. Er sprach mit einem Ausdruck im Gesicht, als hätten sich die Ereignisse erst in der vergangenen Woche zugetragen. Hensler war damals sechzehneinhalb Jahre alt. Die Begebenheiten müssen sich tief in seine, fast möchte man sagen, kindliche Seele eingegraben haben. Seine pazifistische Haltung ist hier begründet worden.

Kurt Gallmeister (Elektroingenieur i. R.) begegnete hautnah dem Tod als 16jähriger Luftwaffenhelfer. Neben ihm fiel plötzlich sein Unteroffizier auf dem Rückzug in Mecklenburg tot um, mitten ins Herz getroffen. In diesem Zusammenhang taucht noch eine andere Erinnerung auf. Der Zeitzeuge erzählt: *Wir waren ja versprengt, waren mit RAD zusammen, mit Marine, da war mein Kumpel noch, wir waren zu dritt noch von meiner Batterie, wir waren eine Gruppe von 15, 20 und wollten, es muß im April gewesen sein, uns durchschlagen über die Elbe, wir wollten jedenfalls nicht den Russen in die Hände fallen. Das war in Mecklenburg. Wir haben uns verkrochen in den Wäldern, und nachts sind wir gewandert nach dem Mond. Und dann mußten immer zwei, drei gehen, jede Nacht, etwas zum Essen zu besorgen, wir hatten ja nichts, wir hatten gar nichts, ich hatte nicht einmal ein Kochgeschirr, gar nichts, bloß was wir am Körper hatten. Da begegneten wir zwei Russen auf dem Fahrrad. Wir waren ja überrollt von den Russen. Ja, die hatten uns auch irgendwie entdeckt, die stiegen ab, und in die Richtung guckten sie so. Da hat der eine Kumpel von mir eine Pistole gehabt, der hat geschossen. Der eine lag schon. „Ja, nun schieß doch endlich!" Dann hab ich den anderen mit dem Karabiner... der fiel hin; totgeschossen habe ich ihn bestimmt nicht, er hat auch noch mal draufgehalten. Dann mußten wir aber weg. Ich muß sagen, daß ich auf Menschen geschossen habe, das hat mich eigentlich so geprägt, daß ich nachher kein Gewehr mehr in die Hand nahm. Ich bin auch nicht mehr in den Schützenverein und so. Auch in der Ostzone, in der DDR,*

'Sport und Technik', da habe ich mich gedrückt, und durch
Ärzte habe ich mich krank schreiben lassen, daß ich da nicht
hin mußte. Das haben wir irgendwie hingekriegt. Man kannte
ja schon die Gleichgesinnten. Und ich habe versucht, drüben
im Osten nicht zu schießen.[51]

Dieses ist ein lebendiger Erzählbericht, freimütig, ungekün-
stelt, wirklichkeitsnah. Er will es auch heute noch nicht wahr-
haben, daß er den Russen eventuell doch totgeschossen hat. Er
versichert sofort: „Totgeschossen habe ich ihn bestimmt
nicht!" Er war damals nur ein Junge, mußte eindringlich zum
Schießen angefeuert werden - völlig unbrauchbar zum Töten.

Noch viele andere Zeitzeugen sprechen, bewußt oder unbewußt, von Lebensphilosophien. Sie schimmern durch die Texte
der Fragebogen und Berichte der Interviews. Am beeindruk-
kendsten sind die eben genannten. Nach dem Studium aller
Zeitzeugenberichte ist der Verfasser zu der Überzeugung gekommen, daß viele der einmal erworbenen Grunderfahrungen
sich mit Sicherheit auf den weiteren Lebensverlauf im Denken
und Handeln ausgewirkt haben.

Vierter Teil: Mitmenschliche Beziehungen

Kameraden

Mit dem Wort Kameradschaft wird im folgenden ein Terminus eingebracht, der seit dem Ende des Zweiten Weltkriegs bis in unsere Tage hinein wie ein Fremdkörper im deutschen Sprachgebrauch erscheint. Wenn der „Kamerad" oder die „Kameradschaft" dennoch ins Spiel gebracht werden, dann nur in spöttischer oder abfälliger Weise. Die unselige Zeit des Dritten Reiches hat die Sinnhaftigkeit dieses Wortpaares zur Entwertung geführt. Mit dem Wort Kamerad schwingt der Typ des deutschen Soldaten mit, der von vielen als Büttel der Nazis für das Unheil des Zweiten Weltkriegs verantwortlich gemacht wird. Die jüngere Generation betrachtet die Ausdrücke „Kamerad/ Kameradschaft" einfach als antiquiert, ohne Gründe für deren etymologischen Wandel nennen zu können. Nun soll hier keineswegs der Versuch unternommen werden, Termini, über die die Geschichte den Stab gebrochen hat, wieder rehabilitieren zu wollen. Hier geht es einfach um die Anwendung eines Wortes im ursprünglichen Sinn. Ohne diesen Handhabungsmodus lassen sich im folgenden nicht die Erkenntnisse darstellen, die sich bei den Befragungen der Zeitzeugen nach dem sozialen Gefüge der Flakhelfer untereinander und im Verhältnis zu den anderen Angehörigen der Flakbatterien darstellen. Die ehemaligen Luftwaffen- und Marinehelfer zeigen im Umgang mit dem Wortpaar Kamerad/Kameradschaft keinerlei Schwierigkeiten. In den Interviews wird ja die Vergangenheit in die Gegenwart herübergehoben, und es bestehen bei den einstigen Schülersoldaten überhaupt keine Hemmungen, Termini aus damaligen Tagen im ursprünglichen Sinnzusammenhang zu gebrauchen. Dem Verfasser wurde in den Gesprächen bald klar, daß „Kameradschaft" in der Retrospektive auf die Flakhelferzeit auch durch keinen anderen Terminus technicus zu ersetzen ist. Die Ablehnung dieses Wortes läßt sich auch aus der Fremdheit der Lebensumstände, die mit dem Wort Kameradschaft verbunden sind, erklären.

Für keinen Menschen der Nachkriegsgenerationen sind Situationen emotionell nachvollziehbar, die sich aus Kriegsgeschehen und dem sich daraus ergebenden Aufeinanderangewiesensein entwickeln. In solche Lebensumstände sind alle hier zu Wort gekommenen Zeitzeugen, wenn auch nicht alle in den Flakstellungen, aber auf jeden Fall in der nachfolgenden Militärzeit, geraten. Dort haben sie Kameradschaft in altem ursprünglichen Sinn erfahren. Und es gab keinen früheren Schülersoldaten, der das Wort Kameradschaft vermieden oder versucht hätte, es zu umschreiben. Warum sollte auch ein Grund für Umwege vorliegen? Die Schüler, die damals von daheim Abschied nehmen mußten, um in den Flakbatterien ihre Jungsoldatenzeit anzutreten, wußten sehr wohl den Wert der Kameradschaft zu schätzen. Sie, die den vertrauten Kreis der Familie verlassen mußten, nicht mehr den gewohnten Gang zur Schule antraten und manche gute Freunde und Freundinnen so schnell nicht wiedersehen konnten, fanden bald über die Brücke der Kameradschaft den Weg in das neue soziale Umfeld der anderen Flakhelfer, die ihnen von vielen gemeinsamen Schuljahren schon wohlvertraut waren. Die Zeitzeugen berichten nach mehr als 50 Jahren mit Begeisterung vom Kameradenkreis der Luftwaffen- oder Marinehelfer. Sie wuchsen zusammen zu einer verschworenen Gemeinschaft, die noch gefestigt wurde durch die gemeinsam erlebten und erlittenen Gefahren der Bombenangriffe. Und nicht zuletzt wurde wahres Gruppenbewußtsein erfahren durch das stolze Auflehnen gegen den als Schikane empfundenen Drill und die ungerechte Behandlung durch die manchmal beträchtlich älteren Vorgesetzten.

In diesem Zusammenhang steht die Frage, ob es dem 15- oder 16jährigen Schüler leichtfiel, sich aus dem häuslichen Umfeld, wie Familie, Freundeskreis usw., zu lösen und in die fremde, oftmals auch räumlich entferntere militärische Welt einzutreten. Es darf nicht vergessen werden, daß die Schüler mit ihren 15 oder 16 Jahren zum Zeitpunkt ihres Wechsels in die militärische Männerwelt in einer Phase der Loslösung aus ihren gewohnten Abhängigkeitsverhältnissen standen.[1]

Es ist schon beschrieben worden, daß mit Beginn der Adoleszenz das Elternbild ins Schwanken geraten ist, das Ichbewußtsein herausgebildet wird und die „Prothesen" der Kindheit abgelegt werden. Mit der Infragestellung der elterlichen Autorität zerbrechen alle Selbstverständlichkeiten, die zuvor das Leben der jungen Menschen bestimmten.[2] In dieser Phase der „Schutzlosigkeit" wendet sich der Jugendliche Jugendgruppierungen zu. Außer den Formationen der Hitlerjugend existierten im Dritten Reich keine Jugendgruppen, und auch die HJ fiel mit Einberufung zur Flak fort. Andere „Sozialagenturen" standen nicht zur Verfügung, weil sie vom NS-System vereinnahmt oder mit ideologischer Ausrichtung durchsetzt wurden.[3] Zu denken ist da an das Fehlen der Massenmedien, die heute bei der Jugend einen hohen Anteil bei der Ausformung des Selbstbewußtseins in positiver und negativer Weise haben. Die von oben angeordnete Trennung vom Elternhaus durch die Mobilmachung der Schüler hat offensichtlich die psychische Trennung der Jungen von daheim gefördert und beschleunigt. Es ist auffallend, daß kaum ein Zeitzeuge sich an Trennungsschmerz oder Heimweh erinnern kann. Der Übergang erfolgte fast nahtlos. Und wer bis dahin den entwicklungsspezifischen Drang zur „Hordenbildung" noch nicht erfahren hatte, wurde spätestens jetzt - quasi gewaltsam - mit den sozialen Gepflogenheiten einer Gruppenbildung vertraut gemacht. Weil diese neue Gruppe im militärischen Bereich lag, ist der Begriff Kameradschaft genau der richtige Terminus für das neue Lebensgefühl des Luftwaffenhelfers. Ihm wurde seine neue militärische Gemeinschaft wie eine Familie, oft noch verstärkt durch manch ältere Vorgesetzte, die in verständnisvoller Weise sich den jüngsten Soldaten zuwandten. Kein Wunder, daß die von den heutigen Zeitgenossen so verfemte Kameradschaft bei den früheren Flakhelfern einen so hohen Stellenwert besitzt. Sie hat auch den letzten Schülersoldaten, der vielleicht noch mit halbem Herzen seinem Elternhaus anhing, schließlich doch hinübergeleitet in die Gemeinschaft der Flakbatterie. Diese Kameradschaft war wie ein Rettungsanker in der Schutzlosigkeit der Adoleszenz.

Nach über 50 Jahren steht die Nestwärme, die die Flakhelfergemeinschaft dem einzelnen gab, noch sehr lebendig in Erinnerung. So erzählt Erich Wenner:

Das Erlebnis der Kameradschaft war eigentlich etwas ganz Wesentliches. Ich fühlte mich dort recht geborgen und zu Hause. Das schließt natürlich nicht aus, daß der eine einem sympathischer ist als der andere oder auch unsympathisch ist. Ich habe ganz positive Erlebnisse bei diesen Luftangriffen, wo wir schießen mußten und Bomben runtergingen, da hatte man wirklich den Eindruck, man gehört zusammen. Und dann habe ich Weihnachten 43 in der Stellung verbracht, und ich muß sagen, das war so stimmungsvoll, zwei/drei von unseren zehn Leuten von unserer Bunkerbaracke, die war so halb im Keller, ich muß sagen wie im besten Verwandtschaftsverhältnis. Wir haben uns da sehr wohl gefühlt, und ich blicke gern auf solche Kameradschaftserlebnisse zurück.

Und als der Interviewer fragt, ob die erlernte und erlebte Kameradschaft später dem Zeitzeugen zugute kam, antwortet Wenner:

Ich habe darüber noch gar nicht nachgedacht, aber wenn Sie jetzt so fragen, dann ist das wohl richtig. Ich habe gerade in den letzten Jahren mehrere junge Leute gehabt, also Diplomkaufleute. Ich legte schon, ob es mir gelungen ist, ist eine andere Frage, Wert darauf, daß eine kameradschaftliche Atmosphäre da war. Und ich habe gerade noch ein paar Zeugnisse durchgesehen in der Treuhandgesellschaft, da gab es auch diese Teams. Und das hat man mir ausdrücklich bestätigt, daß ich immer ein kameradschaftliches, vorbildliches Verhältnis aufgebaut habe.[4]

Wer den angstvollen Bombennächten noch etwas Positives abgewinnen kann, der muß wirklich einen hervorragenden Gemeinschaftsgeist erfahren haben, der von den Zeitzeugen eben mit Kameradschaftssinn umschrieben wird.

Gerd Bieler (Journalist, Autor) erzählt recht anschaulich aus seiner Luftwaffenhelferzeit:

Die Kameradschaft habe ich als gut empfunden, die Stallwärme war ganz wichtig, daß man nicht nur mit seinem Jahrgang, sondern nach Möglichkeit mit seiner Klasse zusammen war, und es wäre noch schöner gewesen, wenn der Banknachbar oben oder unten lag oder im Nebenbett, daß man also diese Wärme hatte. Da wir aber mit einer anderen Schule zusammen waren, hatten entweder die Lehrer dafür gesorgt oder verständnisvolle Vorgesetzte, daß die Schüler getrennt waren, daß also hier die drei Kreuzschulstuben und hier die Schillerschulstuben waren. Ich habe dann einmal in der Schillerschulstube gelegen und war dort völlig fremd. Man hielt sich für sich. Vielleicht weil man auch nicht zusammen irgendwelchen Schrecken und Anforderungen ausgesetzt war. Dann brachen schreckliche Kämpfe aus untereinander, Stube gegen Stube, also Kreuzschule gegen Schillerschule, und es wurde richtig aufeinander eingeprügelt und mit Wasser gekübelt aus den Kaffeekannen und mit diesen Zwillen geschossen, und das natürlich alles nach Zapfenstreich, und wenn dann der UvD, der den Lärm hörte, durchkam, dann ging's natürlich raus im Nachthemd, und dann mußten wir alle „Häschen hüpf" den Korridor entlang und diese ganzen Sachen machen. Das beruhigte sich dann auch wieder. Das ist dann wohl immer so, wenn junge Leute zusammengepfercht werden.[5]

Das Erzählte hört sich an wie ein Bericht aus dem Landschulheim und nicht wie eine Antwort auf die Frage nach
erlebter Kameradschaft beim Militär. Solche Raufereien haben
offensichtlich dem Kameradschaftsgeist keinen Abbruch getan. Es unterstreicht nur die Jungenhaftigkeit dieser Schülersoldaten. Fazit: Auch Kameraden hauen sich, und es heizt
vielleicht gerade die „Stallwärme" an. Bemerkenswert ist die
Begründung für das „Für-sich-Halten": Sie hatten noch keine
Luftangriffe erlebt und waren Schrecken und Anforderungen
nicht ausgesetzt gewesen. Diese Erfahrungen wird Gerd Bieler
später gemacht und das zusammenschweißende Moment in
Gefahrensituationen erlebt haben.

Armin Boisen hat das Zusammenschweißende ebenfalls erfahren:
Wir haben eine große Kameradschaft gepflogen. Wir kannten
uns ja schon von der Mittelschule, und wir sind durch dieses
ganze Unternehmen sehr zusammengeschweißt worden. Und
es waren welche dabei, die waren memmig (feige) oder wie soll
ich mich ausdrücken, auf denen haben wir ziemlich herumge-
trampelt. Wir waren gegenseitig schon erzieherisch tätig. Und
als es in die Flakstellung hineinhagelte, buchstäblich hineinha-
gelte und die ersten Verluste eintraten, waren wir noch mehr
zusammengeschweißt worden. Wir haben einige Volltreffer
bekommen, und da sind einige Klassenkameraden gefallen.
Das war schon für uns ein großer Einschnitt, die ersten Leichen
überhaupt im Leben zu sehen, das war schon sehr schlimm. Da
wurden wir zum ersten Mal auch sehr nachdenklich, als die
Schüsse näher kamen. Wir haben dann auch richtig den Kopf
hingehalten, und wir waren auch der Meinung, wir können es
besser als die alten Soldaten, wir waren voller glühendem
Enthusiasmus. Wir haben sicher auch einiges bewegt und ha-
ben einige vom Himmel geholt.

Interviewer: Ist Ihnen dieser Geist des Zusammenstehens
später im Leben zugute gekommen?
Ich habe das schon häufig gesagt, obwohl man das in der
heutigen Zeit gar nicht sagen darf, um nicht sofort niederge-
knüppelt zu werden. Das, was wir dort erlebt haben als 16jäh-
rige, ist zwar im nachhinein ziemlich scheußlich gewesen, ist ja
auch verbrecherisch, aber es hat uns eigentlich auch gutgetan.
Leute, die heute in meinem damaligen Alter sind, sind ja alle
nicht belastbar. Ich will das nicht verherrlichen, was damals
war. Aber wenn es schon so gewesen ist. Es hat mir für mein
ferneres Leben eigentlich gar nicht geschadet, durch diese Schu-

le gegangen zu sein. Das Ganze bleibt ein Verbrechen, was man
mit uns getrieben hat, aber geschadet für die Charakterfestig-
keit hat es uns nicht. Und ich muß noch mal sagen: Junge Leute
in diesem Alter von 16 bis18 Jahren fallen doch beim ersten
Windhauch um. Wobei ich nicht das Damalige glorifizieren
will und wir das wiederhaben sollten, aber ich sage das mal so,
es hat uns nicht geschadet.[6]

Es ist nicht klar, ob der Zeitzeuge seine Antwort nur auf die
Kameradschaft bezieht. Er hat wohl auch das Abgehärtetsein
bei den Angriffen im Auge und daß er dadurch stark und
belastbar wurde. Es kann auch sein, daß er die heutige Jugend
ohne Kameradschaftsgeist aufwachsen sieht und daraus eine
„Memmigkeit" erwächst, die bleibt, weil keine erzieherischen
und kameradschaftlichen Maßnahmen da sind, die regulierend
wirken.

Wilhelm Larberg erzählt auf die Frage nach dem Verhältnis
zu den Kameraden:
Das ist, glaube ich, eine sehr gute Frage. Wir haben in einem
Bunker gelegen mit zwölf Mann. Und die Leute waren nicht
alle aus meiner Klasse, ein Teil kam aus Schlochau, ein Teil kam
aus der Baltenschule. Wir gingen zusammen zur Schule, so
lange ging die gar nicht mehr, Ende 44 war der Spaß ja schon
vorbei. Also, wie soll ich sagen, es gab bei uns keinen Platz-
hirsch, das hätten wir alle verhindert. Wir waren eigentlich alle,
wie man heute sagen würde, gute Demokraten. Wer da versuchte, aus der Reihe zu tanzen, der wurde ganz schnell zur
Raison gerufen. Und ich meine, wir haben uns ganz gut verstanden. Es gab durchaus mal auch Krach. Es gab Cliquenbil-
dung, die gab es auch mal. Im Grunde genommen sind wir alle
gut miteinander ausgekommen, so gut, daß wir uns heute noch
treffen. Es ist natürlich eine Erfahrung, in einer solchen Gruppe
zu leben. Das geht ja nicht immer gut. Und wenn man in so
einem Bunker mit zwölf Mann lebt, mein Gott, da stinkt's. Da
hängen die dreckigen Klamotten herum, da wurde für Ordnung gesorgt, und unser Bunker war gut aufgeräumt, wurde
immer saubergemacht, gefegt, auch freiwillig, nicht alles unter
Zwang. Wir haben z. B. selber einen Weihnachtsbaum aufgestellt, das wurde nicht befohlen, kleine Tanne aus dem Wald
geholt, ganz wie zu Hause, stand auf dem Tisch, war nicht
befohlen. Wir halfen uns auch gegenseitig.

Interviewer: War Ihnen das hilfreich für das spätere Leben?
Das war es schon. Wir kannten ja von jedem jede Schwäche,
nicht nur körperlich. Die Unterschiede waren ja groß. Der

Größte von uns war so groß, daß er Ladekanonier an der 10,5
war, und der Kleinste war 1,52. Ich glaube doch, daß das
geprägt hat. Es erweckte das Verständnis für die Mitmenschen.
Auf der einen Seite mußte man sich durchsetzen. Ich habe nie
das Gefühl gehabt, ich müßte mich da durchsetzen. Man könn-
te ja auf die Idee kommen, weil ich Chef eines Großunterneh-
mens geworden bin, daß ich frühzeitig als Rottenführer oder
so etwas mich hervorgetan habe. Das ist gar nicht der Fall.
Überhaupt nicht. Ich bin ja in vielen Vereinen drin, Segelclub
und so, habe heute noch nicht das Bedürfnis, mich hervorzu-
tun.[7]

Das war Managerschulung im Flakbunker. Hier gibt Larberg
ein Stück Erfolgsrezept für seinen Berufsweg preis. Nach
Einschätzung des Verfassers hat dieser Zeitzeuge von allen
seinen Probanden die steilste und höchste Karriereleiter erklet-
tert. Der hier geschilderte Kameradschaftsgeist hat natürlich
seine Wurzeln in der Pimpfen- und Hitlerjugendzeit mit ihren
militärischen Erziehungselementen. Auf keinen Fall kommt
Kameradschaft durch Diktat von oben zustande, sondern wird
durch die gesellschaftliche Situation der Gruppe gebildet. Es
ist überhaupt bemerkenswert, wie sich der Begriff Kame-
rad/Kameradschaft am ehesten heute in den noch existieren-
den Jugendgruppen und im Sportbereich gehalten hat. Die
Grundansprüche des Kameradschaftsgeistes sind auch hier
Einordnung des einzelnen unter die Ziele aller, absolute Verläßlichkeit des einen auf den anderen, keine Bevorzugung der
sozialen Herkunft, Einbringung der Fähigkeit jedes einzelnen
zum Wohle und Nutzen aller, Hilfe für den Schwächeren. Für
so manchen Jungen, besonders für manche aus Familien „bes-
serer" Herkunft, wo die Eltern vielleicht Beamte, Akademiker,
Selbständige oder gar Adlige waren, bildete die Bekanntschaft
mit dem Gemeinsinn der neuen Gruppe ganz neue Erkenntnisse.

Drei Zeitzeugen werden nun von ihren Erfahrungen aus
dieser Frühzeit erzählen. Waldemar Holz schreibt:
Die Eltern sagten damals: „Das ist natürlich deine Pflicht, du
mußt da hingehen!" Das haben sie wohl gesagt, aber sie stan-
den natürlich nicht sehr positiv der Sache gegenüber. Aber wie
gesagt, uns hat das gefallen, auch das mit den Geländespielen,
oder im gemischten Chor bei Großveranstaltungen haben wir
gesungen, abends auch stundenlang. Es war eben das Kame-
radschaftliche unter uns Buben prägend.

Holz kann sich noch an drei HJ-Führer namentlich erinnern, die er noch heute sehr schätzt und die er als kameradschaftlich in guter Erinnerung hat. Leider, so der Exluftwaffenhelfer, ist der eine als Flieger über dem Mittelmeer vermißt, der andere über England abgeschossen worden, und der dritte liegt auf einem Soldatenfriedhof auf Kreta. Er war sein Fähnleinführer, und Waldemar Holz hat sein Grab vor einigen Jahren besucht.[8] Der Zeitzeuge spricht mit seiner Erinnerung die erstaunliche Tatsache aus, wie positiv er sich noch an seine ersten Vorgesetzten erinnern kann und wie ihm diese Zeit im Kreise von Gleichgesinnten ans Herz gewachsen war. Viele ehemalige Flakhelfer haben sich ähnlich geäußert, und bei manchem klang regelrecht die Begeisterung von damals beim Erzählen mit.

Ludwig Gawenda hat die Kameradschaft in guter Erinnerung:

Ich war überzeugt, daß die Gemeinschaft, die von der HJ organisiert und gebildet wurde, eine Kameradschaft war, die zu gegenseitiger Hilfe anregte, aber auch, um bestimmte politische Ziele zu erreichen, und das waren Ziele, die man uns vorgestellt hatte, nämlich Sauberkeit, Ehrlichkeit und Rücksicht. Wir waren davon überzeugt, daß die Idee der HJ eine gute war und daß wir das eben nur in unserer Gemeinschaft machen konnten. Wobei diese Gemeinschaft, wenn ich im nachhinein denke, eigentlich auch so etwas wie die Gemeinschaft einer Indianertruppe hatte, die sich auch, unabhängig von politischer Ideologie, in einem Dorfe möglicherweise hätte zusammenfinden können.[9]

Der Zeitzeuge relativiert hier zu sehr den Begriff Kameradschaft. Wie sollten wohl mit ihr politische Ziele erreicht werden? Können Sauberkeit, Ehrlichkeit und Rücksicht überhaupt politische Ziele sein?

Auch Hans-Dieter Kiepling erfuhr die Kameradschaft, und er spricht für viele Zeitzeugen, die wie er die erlebte Gemeinschaft wohlwollend im Gegensatz zur erfahrenen Schikane von HJ-Führern herausstellten:

Ja, es ist ja eine Tatsache, daß der „kleine Mann", wenn er die Macht hat über einen, versucht, diese Macht wahrzunehmen, und oft eben übers Ziel hinausschießt und den anderen das eben spüren läßt, daß er jetzt die Macht hat. Das ist eine Erfahrung, die hatte ich auch später als LwH genauso.

Später ist Kiepling zur Flieger-HJ gegangen. Hier erlebte er erst richtige Kameradschaft. Dieses Erleben begleitete ihn durch sein ganzes Leben:

In der Flieger-HJ war das schon etwas anders, die Kamerad-schaft war ausgerichtet auf ein Ziel, wir wollen fliegen, wir haben uns unseren Schulgleiter selbst gebaut und haben kame-radschaftlich zusammengearbeitet, und der andere, der aus dem Arbeiterhaus kam, der handwerklich geschickter war, der war der Kamerad, der hat dem anderen geholfen.

Im Laufe des Interviews schildert der Zeitzeuge dann eine Begebenheit, die beim Zuhörer zunächst auf völliges Unver-ständnis stößt:

Als dieser Transport LwH nach dem Westen ging, kam der Zug durch Reichenbach in Schlesien, wo meine Mutter war mit den Geschwistern. Und meine Kameraden sagten: „Du kannst doch hier abhauen. Steig aus dem Zug aus, du gehst dahinten rüber über die Geleise und gehst zu deinen Großeltern, und da ist doch deine Mutter." Ich habe es nicht getan, denn ich habe die Überlegung gemacht, Menschenskinder, da bist du zwar bei der Mutter, aber hier bist du bei deinen Kameraden, und das ist ein gewisser Schutz.[10]

Man müßte meinen, daß jemand in diesen letzten Kriegsta-gen wie selbstverständlich in die Geborgenheit der Familie zurückkehren würde, wenn nur die Gelegenheit sich dazu böte. Nein, das Gegenteil war bei dem Schülersoldaten der Fall. So eine einmalige Gelegenheit, nach Hause zu kommen! Das nicht wahrzunehmen, es ist einfach nicht zu begreifen! Hier siegte die Macht der in Not zusammengeschweißten Gemeinschaft. Der Kreis der Kameraden verlieh dem 16jähri-gen Flakkanonier ein größeres Sicherheitsgefühl, ja sogar mehr Geborgenheit, als Großmutter, Mutter und Geschwister geben können. Er stand noch unter dem Schock fürchterlicher Kämpfe mit russischen Panzern, Tieffliegern und Granatwer-ferbeschuß. Den erschütterndsten Eindruck hinterließ aber der Tod seines besten Freundes, Friedemann Martin.[11] Bei seiner Flucht aus dem lebensbedrohenden Beschuß durch die Russen war das gegenseitige Sichstützen bei diesen Kindersol-daten wie ein Lebenselixier. Das wirkte so stark nach, daß selbst die Geborgenheit bei Mutter und Großmutter verblaßte. Beim Erzählen wird der Zeitzeuge von der Erinnerung über-mannt. Ihm versagt die Stimme, die Vergangenheit hat ihn eingeholt, sie wird ihn nie mehr loslassen.

Etliche Zeitzeugen haben bei den Interviews freimütig berichtet, sie seien vom Gemeinschaftsgefühl so erfüllt gewesen, daß sie sich in manchen Situationen regelrecht nach den Kameraden zurücksehnten. So erzählt Christian von Wennighausen:

Was man auch gelernt hat, das war gerade für mich als Einzelsohn wichtig, daß man Kameradschaft gelernt hat. Das hätte man vielleicht in einem Internat auch gelernt, aber so war es auf eine etwas rauhere Art. Das führte nachher so weit, wie ich nachher ohne Gefangenschaft nach Hause kam und plötzlich hier mehr oder weniger allein saß, alle Altersgenossen noch in Gefangenschaft waren, daß man sagte, ach Kinder, eigentliche bedaure ich es fast, daß ich zu Hause bin, jetzt sitze ich hier wieder allein, und plötzlich fehlt mir die Kameradschaft, mit der ich drei Jahre gelebt habe.[12]

Ferdinand Stock (Textilkaufmann i. R.) erinnert sich beim Thema Kameradschaft an ein an und für sich unbedeutendes Erlebnis. Es spiegelt aber die kindliche Gemütsverfassung eines 15jährigen wider, der der Wärme von Mitmenschen bedarf:

Wir kamen vom Erzgebirge herunter. Dort oben hatte ich in einer Gastwirtschaft - ich bekam eine neue Brille - richtig Heimweh. Ich war alleine. Dann wieder bei den Kameraden tauchte dieses Gefühl nie mehr auf, auch nicht in der Gefangenschaft.[13]

Das stärkste Element, das die Kameradschaft bestimmte, war das überzeugende Gefühl, auf den anderen sich verlassen und stützen zu können. Der Soldat in der Gefahrensituation wußte sich nicht allein. Er fühlte mit Sicherheit, der neben mir läßt mich nicht im Stich.

Treffend kann das Gerd Bremer an einem Beispiel beschreiben:

Ich glaube einfach, daß man damals erkannt hat, daß man als einzelner im Einsatz nicht überleben kann. Wenn man sich nicht auf den anderen verläßt und für den anderen da ist. Ich habe in der Tschechei den Angriff eines russischen Frauenbataillons erlebt. Das war im Grunde das Fürchterlichste, was ich im Kriege überhaupt erlebt habe, schlimmer noch als die Gefangenschaft. Und wenn ich da nicht neben mir Leute, Kameraden gehabt hätte, die ich vorher überhaupt gar nicht kannte..., das war also eine zusammengewürfelte Einheit, und trotzdem wußten sie, daß sie sich auf den anderen verlassen konnten, der jetzt also auch stehenbleibt und schießt und sich ver-

teidigt, denn es ging ja bei dieser Geschichte, nicht wahr, wirklich, entweder du oder ich.

Interviewer: Woran haben Sie erkannt, daß das Frauen waren?

An den Stimmen, die waren alle volltrunken. Ich habe ein Elternhaus gehabt, wo die Mutti und überhaupt die Frauen eine sehr hohe Stellung hatten. So sah ich also auch die Mutti und die Schwestern nicht weil sie die Mutti war, sondern weil sie eine Frau war. Und ich habe auch im späteren Leben versucht, zumindest in allen weiblichen Wesen ein bißchen meine Mutter zu sehen. Das hat nichts mit Unterwürfigkeit oder so etwas zu tun. Auf eine Frau zu schießen wäre für mich unmöglich gewesen. Die Gemeinschaft hat bestimmt, muß ich ganz ehrlich sagen, einfach dieses Verlassen auf den anderen und Für-den-anderen-Dasein, ist der entscheidende Faktor für mich in dem ganzen Krieg gewesen. Das ist Kameradschaft. Ich habe das als eine positive Sache in mein späteres Leben hineingetragen. Auch mein Familienleben, wir haben vier Kinder, und die haben auch einen dermaßen engen Kontakt zueinander.[14]

Wegen seines hohen Frauenbildes, das den jungen Mann offensichtlich stark prägte, konnte er auf die russischen Frauen nicht schießen. Diese aber waren fanatisiert und mit Alkohol stimuliert. Er ist heute noch davon überzeugt, daß die starke Kameradschaft ihn davor bewahrte unterzugehen. Sie legte sich wie ein Schutzschild über ihn und befähigte ihn letztlich dazu, in Sorge um die Kameraden auch auf Frauen anzulegen und zu schießen. Bei der Erzählung während des Interviews ist dem Zeitzeugen anzusehen, wie ihn damals die russischen Amazonen zunächst total verwirrten. Die Erregung vor 50 Jahren setzt sich bis heute fort.

Paul Schmittke war in Berlin Ausbildungsleiter für Verwaltungsumschüler. Den bei der Flak erfahrenen Kameradschaftsgeist, so erzählt der Zeitzeuge beim Interview, hat er in sein weiteres Leben hineingetragen. Dabei spielt die Komponente „Verläßlichkeit" eine besondere Rolle:

Nicht daß ich besonders streng war, das war ich ganz bestimmt nicht, aber zu vermitteln eben den Begriff des Teamgeistes, wie wichtig der ist und daß man sich auf den anderen verlassen kann und daß man selbst dementsprechend dazu beiträgt, um als verläßlich zu gelten, das habe ich versucht, immer weiter zu vermitteln. Das ist auch so, daß ich im Freundeskreis, es ist natürlich auch schon lange her, so in den 50er, 60er Jahren, so zwei, drei Freunde hatte in des Wortes wahrster Bedeutung, und das war dann wirklich so, daß in dem einen Fall, es war abends, ich wollte gerade ins Bett gehen, um 9 Uhr ruft er mich an: „Sag mal, bist du schon im Bett?" „Nein." „Ich muß mal nach Hannover, ich würde gern sehn, daß du mitkommst." „OK, gut, ich komme." Wir waren in Hannover, da wußte ich noch nicht warum. Ich hatte noch nicht gefragt, er wird schon sagen, warum das wichtig war. War klar, ich brauchte dich dazu, ich weiß, das macht er nicht aus Jux und Dollerei, das hat einen ernsthaften Grund. Das verstand ich, und eigentlich verstehe ich heute noch darunter, wenn man sich aufeinander verlassen kann.[15]

Wie war das Verhältnis zu den Kameraden, fragte der Interviewer Bruno Sabel:

Wir hatten das Gefühl, wir konnten uns aufeinander verlassen. Es gab da natürlich auch manche Spinnerte. Da träumte mancher heimlich vom Ritterkreuz und wollte noch Deutschland retten. Manchmal war es auch vom Psychischen her sehr belastend bei uns. Ich weiß, wir hatten einen Kameraden, der war aus Amberg aus der Oberpfalz, und dessen Mutter war während eines Tieffliegerangriffs erschossen worden, und sein Vater war im Krieg gefallen. Wenn der zurückkam, waren wir, die Batterie, seine Familie, seine Heimat, und wir kriegten immer Alpdrücken, wenn der nachts träumte. Der sagte immer: „Ich bringe euch um, ich erschieße euch alle!" Wir hatten das Gefühl, daß die ganze Sache nur funktionierte, wenn man sich aufeinander verließ. Dazu kam noch das andere, wir waren mal in Holland auf dem Schießplatz gewesen und hatten sozusagen das Ganze wirklich schwarz auf weiß und mehrfarbig vorgeführt bekommen, wenn wir von dem Schießen die großen Auswertungspläne nachher kriegten. Man konnte dann genau sehen: Aha, der Höhenrichtmann hat hier gepennt, 2/10 daneben oder 2/8, und dadurch ist das Ganze dann schlechter geworden, man wußte also wirklich, wir tun nicht so als ob, sondern es muß Verlaß aufeinander sein. Und wir waren ausgebildet, daß wir an sich jede Funktion am Gerät übernehmen konnten für den Fall des Falles, aber daß wir im Prinzip eine feste Stammfunktion hatten.[16]

Der Interviewpartner hat in besonderer Weise den Wert der Verläßlichkeit unter Kameraden erfahren. Während seiner Luftwaffenhelferzeit zeigte er ein sehr starkes Interesse an den Funktionen der 8,8-Geschütze und besonders an der komplizierten, schon damals elektronischen Meßtechnik. Noch heute

ist er über die Flugabwehr voll informiert und hat in einem
eigens in seinem Haus eingerichteten Untergeschoßraum alles
zusammengetragen, was mit der Technik der Flakartillerie zu
tun hat.[17]

Zwei frühere Flakhelfer sollen noch zitiert werden, die in
eindrucksvoller Weise das erlebte Zusammengehörigkeitsgefühl und den Geist der Kameradschaft ins spätere Leben hin-
übergetragen haben und regelrecht im Charakter davon gezeichnet wurden.

Zunächst Hubert Sollmann:

*Das enge Zusammenleben und die vielen Nächte im Flakstand
haben uns natürlich sehr zusammengeführt, und man hat
wahrscheinlich auch ganz unbewußt, um das Leben angeneh-
mer zu gestalten, nachgegeben. Bei mir kam dann noch die
Fortsetzung. Ich bin auf einem Minensuchboot gefahren und
nach dem Kriege auf einem Räumboot, auch sehr enge Verhältnisse, man war so aufeinander angewiesen, und Seefahrt prägt
ja, die See versteht keinen Spaß. Ich meine doch, die LwH-Zeit
hat mich sehr geprägt. Meine Frau hat mir schon mal vorge-
worfen: „Du bist viel zu sehr vom Kameraden- und Teamgeist
geprägt." Und ich habe schwer lernen müssen, Individualist zu
werden. Bin aber mit einer guten Kombination zwischen beiden, über Monteur, Obermonteur bis zum Meister gekommen
und habe große Baustellen geleitet im Ausland mit portugiesi-
schen und englischen Sprachkenntnissen. Bin daher wahrscheinlich sehr zum Konsens gebildet worden.*[18]

Christian v. Wennighausen:

*Aber ich habe ja nun 20 Jahre lang eine Behörde geleitet, die
ungefähr 500 Leute, und wir hatten einen Jahresumsatz von
700 Millionen hier. Mein Personalchef, mein engster Mitarbeiter eigentlich wie der Spieß, der war ungefähr genauso alt wie
ich, etwa zwei Jahre älter, er wollte auch Offizier werden, und
wir haben uns sehr oft unterhalten und haben vielleicht in
unserer Personalführung, Personalauswahl, Betriebsklima,
was zu der damaligen Zeit als Wort nicht bekannt war, sagen
wir mal, den Geist der Truppe, daß wir uns da sehr oft erinnert
hatten an unsere Soldatenzeit und gesagt haben, der und der
Typ, der wollen wir auf keinen Fall sein, und wir wollen
versuchen, vielleicht messend an guten Vorgesetzten, die man
gehabt hat, daß man die irgendwo als Vorbild auch noch später
in das berufliche Leben hereingebracht hat. Das ist nicht nur
die Luftwaffenhelferzeit, das ist natürlich auch noch die Wehrmacht. Als Negativbeispiel der Arbeitsdienst, aber daß wir uns*

auch oftmals in militärischen Begriffen unterhielten, wenn wir natürlich mit dem Personalrat sprachen oder mit dem Betriebs-rat, dann konnten wir natürlich nicht so sprechen, aber irgend-wo, mein Stellvertreter war sehr viel jünger, weißer Jahrgang, er saß oft dann dabei und lachte, wenn wir zusammensaßen und noch, von alten Erlebnissen her noch aufbauend, eine Sache machten, aber er sagte mir nachher mal, als wir mal etwas getrunken hatten, ich habe irgendwo das Gefühl, daß ich in meinem Leben was verpaßt habe. Wenn wir beide uns unterhielten, der Personalchef und ich, daß er dann dabeisaß und sagte: „Ja, Kinder, das sind also Erlebnisse, Erfahrungen, die Sie gemacht haben, die jetzt in Ihre beruflichen Entschei-dungen einfließen, die ich nie gehabt hatte.“[19]

Erwähnt werden muß auch noch ein weiterer Zeitzeuge, Dr. Friedrich Bunte (Beamter der Landwirtschaftskammer i. R.), der aber skeptisch der kameradschaftlichen Gemeinschaft ge-genüberstand, dennoch hat er nach seinem eigenen Urteil eine gute Lektion ins Leben mitgenommen:

Ich muß sagen, und bei meiner Einstellung liegt es nahe, das zu sagen, ich hätte in Unfrieden mit den Leuten gelebt, weil mir das nicht paßte. Das war aber nicht so. Ich kam aus einer kinderreichen Familie, und da schleift man sich ja auch ab, und zwar im ganz erheblichen Umfange. Und daher war es mir natürlich zumindest unbewußt klar, wie man aufeinander an-gewiesen ist, um so einen Mist überhaupt vernünftig überste-hen zu können. Aber auf der anderen Seite war ich auch nie bereit, mit der Herde mitzulaufen. Sondern wenn da irgend-was im Busche war und irgendwas geplant war, dann habe ich gesagt, macht mal alleine, da mache ich nicht mit. Aber sonst wie gesagt, na Gott, man kriegt ja immer mal Krach mit jemandem, das ist doch gar nicht zu vermeiden. Das eine, was ich auch so ein bißchen, glaube ich, in das spätere Leben mitgenommen habe, ist folgendes: Wissen Sie, das erlebt man in den Klassen früher, wie unerbittlich gemein eine Gemein-schaft mit schwachen Menschen umgehen kann. Und das hat mich immer schon so erbost und so aufgeregt, daß ich einmal, ich weiß es noch ganz genau, mich habe verhauen lassen, weil der andere viel stärker war als ich. Aber der hat das nachher kapiert, weil andere das auch kapierten und dann andere Leute auf meiner Seite standen. Und das habe ich auch beim Studium nachher erlebt in zwei Fällen, nicht in dieser Form, daß man sich geprügelt hätte, aber daß ich eigentlich immer die Neigung empfand, du mußt dich erst für den einsetzen, der kann sich gar nicht wehren. Und ich meine, das hätte da angefangen, weil ich da zwei Beispiele in Erinnerung habe, wo das wirklich eskalierte.[20]

Auf die Frage des Interviewers, ob er Erinnerungen an Kameradschaft habe, ob sie ihm etwas bedeute oder ob er aus ihr Teamgeist gelernt habe, gibt Paul Schmittke zur Antwort: *Da ist also der Kameradschaftsbegriff geprägt worden bei den Luftwaffenhelfern, überwiegend auch mit den Soldaten, die uns teilweise so ein bißchen von oben herab behandelten, aber auch das hielt sich in Grenzen. Also dieser Kameradschaftsgeist, der war schon da. Den Bruch mit dieser Gedankenwelt, den habe ich eigentlich erfahren erst mal auf dem Weg in die Gefangenschaft, wo man mit Älteren aus anderen Einheiten zusammenkam und ich nicht wußte, wie ich die ansprechen sollte. Hat man gesagt „Kamerad", die waren älter, „Kameraden, die sind in Stalingrad geblieben", hieß es dann. Konnte man also nicht sagen. Sagte man „Kumpel", dann hieß es „wir sind doch nicht im Pütt". Da war es schwer mit dem Kameradschaftsgeist.*

Der Interviewer fragt dann den Zeitzeugen, ob er in der belgischen Gefangenschaft Enttäuschungen mit dem Kameradschaftsgeist gehabt habe.

Nein, das habe ich nicht. Sondern ich habe im Grunde genommen ein Schlüsselerlebnis gehabt, was eigentlich bis heute noch nachwirkt. Unter diesen fürchterlichen Bedingungen da unten. Ich wurde als Neuankömmling zugeteilt einem Hauer. Das war ein Berliner, das war ein Möbelträger, so ein Mensch (Geste: Mnnn wie ein Kleiderschrank), aber eine Seele von Mensch, ganz schlicht und einfach. Und ich hatte ganz schön Schwierigkeiten, wurde angelassen von den belgischen Steigern usw., und da hat der zu mir gesagt: „Du, paß mal auf, mach du dir keine Sorgen." Der wußte, daß ich Schüler war. „Solange du hier mit mir arbeitest, passiert dir nuscht, und buche das mal auf der Seite Erfahrung fürs Leben. Und wenn du mal vielleicht vollgefressen da am Schreibtisch sitzt und dann kommt einer zu dir und sagt: 'Lern erst mal arbeiten, du fettvollgefressenes Schwein!', Dann kannst du sagen: 'Junge, du mußt erst mal da hingeschissen haben, wo ich gearbeitet habe.'" Das hat mir etwas so vermittelt, auch in kritischen Situationen daran immer wieder zu denken.[21]

Der Zeitzeuge gibt hier einen anschaulichen etymologischen Exkurs als Ergänzung oder Bestätigung zu der theoretischen Betrachtung eingangs dieses Kapitels. Mit dem Gang in die

Gefangenschaft fand für die Soldaten der Krieg ein Ende, die militärischen Einheiten waren aufgelöst und mit ihnen auch mehr oder weniger alle Regeln und der Geist, der die Truppe zusammenhielt. Die Soldaten konnten das nicht treffender umschreiben als mit dem Hinweis, die Kameraden seien in Stalingrad geblieben. Mit anderen Worten, von da an ging das verloren, was den Wert einer kämpfenden Truppe ausmachte. Die Einsicht, daß kein Sieg mehr zu erringen sei, daß alles verloren ist und alles sinnlos war, ließ auch den Kameradschaftsgeist sterben. Sein Fortbestand danach ist nur noch vor dem Hintergrund der Erinnerung zu erfassen und zu begreifen. Und das ist bis heute so geblieben.

Da im Fragebogen eine vorgefertigte Frage nach der Kameradschaft nicht vorgesehen war, läßt sich eine statistische Auswertung nicht erstellen. Die spontanen Aussagen zur erlebten Kameradschaft waren aber so eindrucksvoll, daß diesem Thema ein eigenes Kapitel gewidmet wurde. Anläßlich anderer Fragestellungen, z. B. zum Reiferwerden oder zu dem Verhältnis zu den Vorgesetzten, wurde automatisch in das Thema Kameradschaft/Kameraden eingelenkt. Es war für den früheren Flakhelfer offensichtlich ein Herzensbedürfnis, die erfahrene Gemeinschaft in den Fragebögen zu erwähnen oder dem Interviewer beim Gespräch zu erzählen.

Dieser Gemeinschaftsgeist in den Stellungen muß nachhaltig beeindruckend gewesen sein. Dem heutigen Menschen scheint das um so verwunderlicher, weil sich das Leben nach den Maßstäben von heute unter äußerst primitiven Bedingungen abspielte. Die Schülersoldaten mußten in der Regel in Baracken wohnen mit oftmals bis zu 16 Helfern in einer Stube. Fließend Wasser gab es in den seltensten Fällen und auf den Stuben selbst nie. Wasser mußte in Kannen herbeigeschafft werden. Eine Seltenheit war auch ein WC. In den meist vor den Städten liegenden Batterien standen nur sogenannte Plumpsklos zur Verfügung. Aber primitive Lebensumstände spielten bei der Bewertung des Kameradschaftsgeistes keine Rolle. Das Lebensgefühl, das sich aus dem Aufeinanderangewiesensein ergab, stand im Vordergrund.

Die Erkenntnis, aufeinander angewiesen zu sein, bekam einen hohen Stellenwert, der mich seitdem in den vergangenen Jahrzehnten immer begleitete

schreibt Dr. Lorenz Gonsel (Diplomkaufmann i. R.) unter der Frage nach einem Schlüsselerlebnis aus dieser Zeit.[22]

„Mit 'Schlüsselerlebnis' sind wichtige, das weitere Leben prägende Erlebnisse gemeint. Um ein Schlüsselerlebnis zu erkennen, ist in aller Regel die Retrospektive nötig...Schlüsselerlebnisse meinen ein Stück persönlicher Wirkungsgeschichte, und um Wirkungen zu erkennen, muß Zeit vergehen."[23] Genau in diesem Sinn meint der Zeitzeuge seine Aussage zur Frage nach einem Schlüsselerlebnis.

Auch Heinrich Wiebelt (Prokurist i. R) ist ein Leben lang geprägt worden durch seine Kameraden:
Einmal war ich schwer erkrankt und lag stundenweise ohne Bewußtsein auf meinem Strohsack in der Baracke. Meine Stubenkameraden haben mich gesund gepflegt, ohne sie hätte ich wahrscheinlich nicht überlebt! Ärzte gab es ja 1944/45 nicht mehr.[24]

Und für Dr. Richard Werther (Arzt i. R.) gibt es nur ein herausragendes Schlüsselerlebnis:
Schicksalsgemeinschaft kameradschaftlicher und fürsorglicher Art.[25]

Das Erlebnis der Fürsorge durchzieht sein ganzes Leben. Hier bei den Luftwaffenhelfern ist die Idee geboren: Ich will Arzt werden. Und er ist Arzt geworden; die Fürsorge für andere wurde Werthers Lebensinhalt.

Überraschend war die Tatsache, daß die Zeitzeugen der Kameradschaft einen solch hohen Stellenwert eingeräumt hatten. Im nachhinein ist dem Verfasser bewußt geworden, daß er selber ein Opfer des Bedeutungswandels des Wortes „Kamerad" geworden ist. Es führte dazu, den tieferen Ursachen nachzugehen, warum die Kameradschaft beim Militär solch starke Wurzeln in diesen jüngsten Soldaten des Zweiten Weltkriegs geschlagen und so nachhaltige Spuren durch das Leben gesetzt hat.

Albrecht Lehmann, Hamburger Volkskundler, hat mehr als 80 mündlich erzählte Lebensgeschichten Angehöriger der Jahrgänge um 1920 zur Grundlage einer Untersuchung gemacht. Die meisten von ihnen stellten Krieg und Gefangenschaft ins Zentrum ihres Lebensberichts. Es ist auffallend, daß keiner von ihnen die Kameradschaft während ihrer meist vierjährigen Soldatenzeit während des Zweiten Weltkriegs erwähnt hat.[26] Ist die Kameradschaft in militärischen Gemeinschaften eine solche Selbstverständlichkeit, daß die Lehmannschen Zeitzeugen ihre Erwähnung für überflüssig hielten? Oder spielte ihr Alter, alle waren zum Zeitpunkt des Militärdienstes über 18, 19 oder 20 Jahre alt, eine Rolle für das Erleben der Kameradschaft? Keiner von ihnen war mit vertrauten Freunden aus der Kindheit oder Jugendzeit zusammen wie die meisten 15- und 16jährigen Jungsoldaten dieser Untersuchung. Man muß davon ausgehen, daß die Kameradschaft regulärer Kriegssoldaten lange nicht so intensiv in die Psyche eindringt und fortgetragen wird in das Leben wie bei den Flakhelfern, die im Klassenverband zum Militär kamen und die schon bestehende Schulgemeinschaft durch die Zusammengehörigkeit und das Aufeinanderangewiesensein in den Stellungen erweiterten. Hinzu kommt auch das wichtige Moment der abrupten Trennung von der Familie. Wenn es auch wichtig ist für den Jugendlichen, sich außerhalb der Familie zu bewegen, und dort Altersgenossen zur Bezugsgruppe werden, so ist es ebenso dringlich in der Adoleszenzphase, den Familienkreis als Ort der Vermittlung für die Pflege gefühlsmäßiger Beziehungen und als zentrale Stelle für die Weitergabe von Werthaltungen und Lebensstil zu erhalten.[27]

Der Wechsel in die neue Welt des Militärischen verursachte bei den Jungen das Gefühl einer endgültigen Trennung, zumal die Zeit bei der Flak nicht terminiert war und ihnen bald bewußt wurde, daß übergangslos der RAD und die Wehrmacht folgten. Kein Wunder, daß den Jungen unterbewußt die neue Gemeinschaft wie eine Familie vorkam und sich so mancher an seine Kameraden wie an eigene Brüder klammerte und manchmal ein verständiger Vorgesetzter wie ein Vater erschien.

Hiwis - hilfswillige Kriegsgefangene

Eine Prägung besonderer Art erhielten viele Schülersoldaten im Umgang mit russischen Kriegsgefangenen, die als sogenannte Hiwis (Hilfswillige) in den Flakstellungen verschiedene Tätigkeiten ausüben mußten. U. a. schleppten sie während des Gefechts aus den Munitionsbunkern Granaten herbei. Der persönliche Kontakt mit diesen russischen jungen Menschen war den Luftwaffen- und Marinehelfern verboten. In den meisten Flakstellungen wurde aber der Umgang mit ihnen von den Batteriechefs toleriert. Es gab in diesen Kriegsjahren keinen deutschen Jugendlichen, dem nicht das Wort der nationalsozialistischen Propaganda vom „bolschewistischen Untermenschen" in den Ohren klang. Haß und Furcht wurden gleichermaßen im Zusammenhang mit den „mongolischen

Bestien aus dem Osten" geschürt. Wie erstaunt waren die Flakhelfer, als sie zivilisierten, sympathischen und oftmals recht intelligenten Menschen aus der Sowjetunion gegenüberstanden. Die Jungen fielen aus allen Wolken; die Naziideologie erhielt einen Sprung.

Dem heutigen Menschen dürfte es recht schwer fallen, in die Gedankenwelt eines 16jährigen Luftwaffenhelfers einzudringen, der ja so gut wie keine Kenntnisse hatte von den Bewohnern der Sowjetunion, die plötzlich am 22. Juni 1941 zu Feinden erklärt wurden. Keine Medien gaben Informationen über Land und Leute der östlichen Nachbarländer. Der Deutsche war der Herrenmensch, dem sich alle unterzuordnen hatten. Der Slawe stand weit unter den Angehörigen der arischen Rasse. So tönte es lautstark mit allen Propagandamitteln. Besonders die Jugend ohne Vergleichsmöglichkeiten wurde Opfer der Nazilügen. So war die Begegnung mit den russischen Hiwis wie die Begegnung mit den Menschen eines unerforschten Erdteils. Die deutsche Führung hatte mit dem Wissensdurst deutscher Schüler nicht gerechnet. Bei so manchem Schülersoldaten wurde der Grundstein für eine Prägung in die Zukunft gelegt: Aufgeschlossenheit für den Menschen aus dem Ausland. Und etliche Zeitzeugen haben zu erkennen gegeben, daß ihre Sympathie für die vielen Fremden, die heute in der Bundesrepublik leben, damals im Umgang mit den Hiwis geboren wurde.

Unter der Frage, ob er ein Schlüsselerlebnis während seiner Flakhelferzeit hatte, schreibt Hans Merfeld:

Kontakt mit gefangenen Russen (sogenannte Hilfsfreiwillige): Sie sind keine „Untermenschen", sondern ganz normale Menschen. Seitdem ist mir jede Ideologie, die Ausländer diffamiert, suspekt.[28]

Als beim Interview das Stichwort Russen fällt, erzählt Bruno Zumhorst spontan:

Wenn Sie jetzt die Russen erwähnen, das ist für mich eine ganz prägende Zeit gewesen im Hinblick auf den Umgang mit Menschen aus dem Ausland. Wir hatten ja Hiwis in der Stellung. Das waren so 30 bis 40 Leute. Und man hatte uns gewarnt, mit denen Kontakt zu pflegen. In uns steckte ja immer das unheimliche Wort vom Untermenschen und vom Bolschewismus. Und durch den täglichen Umgang mit denen, der dann sogar von den Vorgesetzten unbeachtet blieb, sie tolerierten es, kam dann das so weit, daß wir mit denen in der Kantine sogar zusammensaßen und völlig verblüfft waren, daß diese

*Leute zum Teil ausgezeichnetes Deutsch sprachen. Das waren
also alles so junge Männer von 18 bis 25. Ich erinnere mich an
einige Persönlichkeiten ganz intensiv. Wir haben dann gemerkt, daß das mit unserer Erziehung und Propaganda alles
nicht so weit her sein konnte aus dieser täglichen Begegnung
mit diesen Leuten. Wir haben mit denen sogar geduscht und
unsere Witze gemacht. Wir haben Bücher ausgeliehen, wir
waren eigentümlich bewegt, wenn die Leute sich aus ihrem
Chleb, aus ihrem Brot, am Wochenende sich ihr Bier gebraut
haben, sich einen angetrunken und dann gesungen haben; das
war also eine sehr interessante Sache in unserem Leben. Und
wir haben indirekt den Russen auch zur Flucht verholfen. Uns
ist zunächst nicht aufgefallen, daß die sich von uns immer das
überschüssige Brot geben ließen. Und da haben wir aus dem
Vertrauen heraus, das die zu uns gewonnen hatten, erfahren,
daß sie sich dieses Brot in Brocken unter dem warmen Dach
der Baracke trockneten in Leinenbeuteln, also eiserne Rationen. Und dann haben sie uns zugezwinkert, als wir sie fragten,
ihr habt doch täglich eure Verpflegung, warum macht ihr denn
das? Es kann auch mal anders kommen, wer weiß wo wir
hinmüssen, meinten sie. Und als der Batteriewechsel war von
Rothensee nach Barleben, wo Unmengen Arbeit und Strapa-
zen dazugehörten, die schweren Gerätschaften dahin zu bringen auf Spezialtransportern. Wir waren also zwei, drei Tage
total gefordert, überfordert, da kam dann plötzlich dieser Moment, wo einer sagte, wo sind denn eigentlich unsere Russen?
Da waren die alle abgehauen. Und in dem Moment haben wir
aber gehofft, daß sie heil ankommen. Später haben wir dann
erfahren, daß es denen gar nicht so gut ergangen ist als Hiwis,
die sind dann alle verurteilt worden, soweit sie überlebt haben.*[29]

Eine aufheiternde Geschichte vom vertrauten kameradschaftlichen Umgang mit einem Kriegsgefangenen berichtet
Hans-Dieter Kiepling:

*Wir hatten einen Asiaten, der hatte so ein rundliches Gesicht,
und der lachte immer. Kalli hieß der. Wir waren dann schon
Oberhelfer. Und wir hatten sechs Betten in dem Zimmer, und
daneben waren die Uffziere, und Kalli war eingeteilt bei den
Uffzieren und sollte da kleine Dienste machen, dann kam er
erst bei uns ins Zimmer rein, dann ging er zu meinem Nachbarn, der ein besonders gutes Verhältnis zu ihm hatte. Dann
hatte er ihm die Decke weggenommen und ihn an den Füßen
gekitzelt. Und der kam hoch: „Kalle, du verfluchter Schweine-*

hund, warum hast du mich so wach gemacht, ich will noch schlafen." *„Nein, du mußt jetzt aufstehen!"* Es war köstlich, wir haben uns bestens verstanden. Ein anderer, das war ein Lehrer gewesen. Mit dem haben wir versucht, Russisch zu lernen. Wir hatten eine Ukrainerin aus Dnjepropetrowsk, die hatte mir schon Stenke Rasin beigebracht, aber jetzt mußte das vervollständigt werden, dann hat er mir die richtigen Worte vorgesagt. Ich kann heute noch Stenke Rasin in Russisch (Lachen). Das waren keine Untermenschen.*[30]

Dem Zeitzeugen tritt regelrecht die Vergangenheit vor Augen, als wäre das Erlebte erst vor einigen Wochen passiert. Solche Erlebnisberichte waren dem Interviewer die wertvollsten. Leider neigt der gebildete Interviewpartner zum sachlichen Bericht, der nicht weniger wahr, aber ohne Lebendigkeit ist. Und wie schon weiter oben beschrieben, gleitet oftmals noch das Gesagte in den Grundsatzreferatstil ab. Da die überwiegende Anzahl der Zeitzeugen dieser Untersuchung eine höhere Bildung erfahren hat, sind Zeitzeugenberichte im lebendigen Erzählstil die Ausnahme.

Helmut Bahr (Ingenieur i. R.) schreibt ebenfalls unter der Frage nach dem Schlüsselerlebnis:
Und da war noch die Begegnung mit den sogenannten Untermenschen aus der Sowjetunion. Die ersten „Untermenschen" sah ich 1941 oder 1942. Kriegsgefangene, die zur Arbeit in die Bergwerke des Siegerlandes geschafft wurden. Auch in die Bergwerke, deren Betriebsleiter mein Vater war. Ein zerlumpter Haufen erbarmungswürdiger, heruntergekommener, halbverhungerter Menschen. Aber da regte sich in mir kein Haß, keine Verachtung, nein, Mitleid kam auf. Zwar mehr unbewußt, doch wie rasch änderte sich das Bild, als die Menschen mal wieder Gelegenheit hatten, sich zu waschen und die Kleider zu flicken bzw. zu tauschen, auch wieder besseres Essen bekamen. Man bekam auch mit dem einen oder anderen Kontakt, oder der Vater erzählte von ihnen. So hatte ich schon ein anderes Bild gewonnen, als 1944 unserer Batterie einige Hiwis zugeteilt wurden. Ich kann mich entsinnen, daß die Hiwis tagsüber auf einem Bauernhof, auf der sogenannten Kartause, arbeiteten und deren Mitbringsel auch bei uns willkommen waren, z. B. Kartoffeln. Denn so üppig war unsere Verpflegung auch nicht. Erinnern kann ich mich auch an eine Aktion, bei der wir zusammen mit den Hiwis Zünder an einem Berg Munition austauschen mußten, eine nicht ungefährliche Sache, bei der wir aber ausgiebig miteinander reden konnten, denn

einer der Iwans, ein Lehrer, sprach gut Deutsch und dolmetsch-
te. Auch bei abendlichen Gesprächen am Rheinufer kamen wir
uns näher, und so wurde das „braune" Bild vom Untermen-
schen kräftig verwässert.[31]

Auch dieser Bericht zeigt seine typische retrospektive Seite.
Schon als 13- oder 14jähriger Junge hat der Zeitzeuge russische
Kriegsgefangene kennengelernt. Er erinnert sich nur an ein
unbewußtes Mitleidsgefühl. Es fällt schwer, sich vorzustellen,
was ein unbewußtes Mitleidsgefühl bedeuten soll. Vielleicht
will der Zeitzeuge damit ausdrücken, daß er diesem Elend nur
indifferent gegenüberstand. Indirekt macht er auch seinem
Vater für die Entstehung des Feindbildes Vorwürfe. Er sei
lange genug in Rußland und der Ukraine während des Ersten
Weltkriegs gewesen, schreibt der ehemalige Flakhelfer, aber an
Aufklärungsarbeit seinem Sohn gegenüber habe er nichts getan. Das Feindbild, das die NS-Propaganda schuf, ließ der
Vater ohne Korrektur so stehen. Schließlich war der Vater
selber Parteimitglied, NS-Blockwart und seine Mutter in der
NS-Frauenschaft. Auf jeden Fall war sein Feindbild trotz
allem etwas bereinigt, als er mit Hiwis in seiner Stellung in
Berührung kam. Neu und einmalig ist die Aussage, daß die
Russen mit der Herbeischaffung von Kartoffeln für die Auf-
besserung der Verpflegung sorgten. Bei allen anderen Zeitzeugen, die von Kontakten mit Hiwis berichten, war es umgekehrt.

Ein ganz erstaunliches Beispiel liefert Jürgen Müller:
Mein Verhältnis zu den russischen Kriegsgefangenen, die in der
Batterie als Munitionsnummern eingesetzt waren: Bei einem
Salventakt blieb eine Granate 10,5 halb im Lauf stecken,
Zeitzündereinstellung lief. Wir waren vor Schreck wie ge-
lähmt, würde die Granate doch Geschütz und vielleicht uns bei
der Explosion zerreißen. Ein Russe sprang aus der Gefechts-
kuppel der Geschützstellung, lief zur Rohrmündung, zog die
heiße Granate raus und lief zu einem Abhang, um sie noch vor
der Explosion fortzuwerfen. Er wurde aus der Gefangenschaft
entlassen; unser Verhältnis zu den Gefangenen war fortan gut
(wir hatten ihnen bisher schon Brot gegeben, aber mehr aus
Mitleid), jetzt akzeptierten wir sie als freundliche Menschen
und - als einer von ihnen unsere Schulaufgaben machte, weil
er Professor für Mathematik an der Uni Moskau war - auch als
intelligent. Ein Erlebnis, das mir den Umgang mit unbekann-
ten Ausländern in meinem späteren Leben erleichtert und mich
geprägt hat.[32]

Dr. Gebhard Rohlfing (Hochschulprofessor i. R.) bezieht die damaligen prägenden Erfahrungen auch auf die abgeschossenen alliierten Flugzeugbesatzungen:

Ein Schlüsselerlebnis: Ich entdeckte, daß ich den Gegner oder besser „Kriegsfeind" (z. B. abgeschossenen Engländer oder Amerikaner) nicht hassen konnte; ich hielt mich auch gern bei den Hiwis auf und lernte Russisch.[33]

Fast alle Aussagen zur Begegnung mit den russischen Hilfswilligen wurden unter der Frage nach einem Schlüsselerlebnis gemacht. Die Antwort wurde also mit der Intention gegeben, daß das Erlebte sich prägend für das ganze Leben ausgewirkt habe. Der letzte Satz des zitierten Jürgen Müller macht das sehr deutlich.

Vorgesetzte

Von den Erfahrungen mit der Kameradschaft in der Gemeinschaft der Luftwaffenhelfer läßt sich leicht ein Bogen schlagen zu den Erfahrungen, die die Schülersoldaten mit ihren ersten militärischen Vorgesetzten hatten. Die Frage nach den Vorgesetzten löste bei fast allen befragten Zeitzeugen eine Flut von Erinnerungen aus. Die erste Begegnung mit den Militärs muß einen ungeheuren Eindruck, sowohl positiver als auch negativer Art, hinterlassen haben. Wenige von ihnen lernten militärische Vorgesetzte vorher schon in den sogenannten Wehrertüchtigungslagern kennen. Aber das Leben in einem solchen Lager war nicht mit dem Flakhelferdasein in einer Flakstellung zu vergleichen. Die meisten Schüler fielen mit ihrer Einberufung tatsächlich von einer Welt in die andere. Die Vorgesetzten wurden von den Schülern nach ihrem Einzug in die Flakbatterien zunächst ganz vorurteilsfrei gesehen. Sie hatten im Umgang mit Vorgesetzten bisher kaum Erfahrungen gesammelt. Junge Menschen, die über sie Befehlsgewalt ausüben durften, lernten sie zuvor bei der HJ kennen. Es waren sogenannte Führer, nur wenig älter als sie selber, und ihre Befehlsgewalt bewegte sich auch in einem sehr engen Rahmen. Lebensbestimmend waren die dort ausgeübten Befehl-Gehorsam-Strukturen nicht; die Beziehungen zur HJ blieben auf den zweimal wöchentlich angesetzten Dienst beschränkt. Größere Einflüsse übten schon die Lehrer als Vorgesetzte auf den alltäglichen Lebensablauf der Schüler aus. Aber auch den schulischen Anordnungen waren seitens der Pädagogen enge Grenzen gesetzt. Die erste ernstzunehmende Bekanntschaft mit Vorgesetzten wird normalerweise im Berufsleben gemacht. Hier wirken die Befehl-Gehorsam-Strukturen erst in vollem Umfang. Da zeigt sich dann Autorität in Form von Machtausübung über die Untergebenen, die sich den Anordnungen zum Zwecke der Erreichung der Ziele des Befehlenden unterordnen müssen. Zum Zeitpunkt der Einberufung der Schüler zum Flakdienst war schon vier bis fünf Jahre Krieg; Friedenszeiten waren für die Jungen kaum noch vorstellbar. Der Soldat in Uniform bestimmte das Bild der Gesellschaft, und in der Meinung der Menschen hing vom Soldaten das Wohl und Wehe der Nation ab. Besonders die jugendlichen Heranwachsenden waren auf die militärischen Führungstypen fixiert.

Als die Schüler in die Flakbatterien einzogen, wurde die Autorität der betreßten Führungspersonen mit größter Selbstverständlichkeit hingenommen. Jahrelange Erziehung durch Hitlerjugend und Schule tat ihre Wirkung. Mit Elan und Begeisterung machten die meisten Luftwaffenhelfer bei der Grundausbildung mit. Begierig lernten sie die Bedienung der Geschütze und Meßgeräte. Es galt, die Heimat vor dem Luftterror durch den Feind zu schützen. Mit der Zeit wurden die Jungen mit den Umgangsformen und Praktiken der Vorgesetzten aus dem Offiziers- und Unteroffizierskorps vertrauter. Sie begannen zu differenzieren und wurden immer fähiger, die Führung in den Stellungen in bestimmte Kategorien einzuteilen. Sie erkannten, daß einige Vorgesetzte es gut mit ihnen meinten und sie fast väterlich, eben als Heranwachsende, behandelten. Es waren vorwiegend Soldaten, die älter und meist verheiratet waren und selbst Kinder hatten. Es blieb nicht aus, daß die Schülersoldaten bewußt oder unbewußt bei vielen sich bietenden Gelegenheiten ihre intellektuelle Überlegenheit gegenüber den meist nur mit Volksschule gebildeten Unteroffizieren herauskehrten. In seiner Hilflosigkeit mißbrauchte dann mancher Vorgesetzte seine Autorität und übte rücksichtslos seine Macht in Form von „Schleifen" im harten schikanösen Dienst aus, um seine geistige Unterlegenheit so zu kompensieren. Es zeigte sich auch bald, daß die aufgeweckten Schülersoldaten bei Bedienung der Geräte den Stammmannschaften überlegen waren. Die „Kindersoldaten" hatten ihre Kanonen schneller feuerbereit, und Hemmungen bei den Gerätefunktionen wurden flinker überwunden als bislang bei den Bedienungen durch die älteren Flaksoldaten. Das erzeugte bei den wohlwollenden väterlichen Ausbildern Anerkennung, bei anderen aber Neid. Die letzteren besonders zeigten oftmals kein Gefühl und Verständnis für die Flakhelfer, und ihnen fehlte die Einsicht, daß diese Jungen eigentlich noch in die Obhut von Vater und Mutter gehörten und täglich ihre Schule besuchen müßten. Sie zeigten keine Liebe zur Jugend und konnten natürlich auch keinerlei Verständnis für so manchen Schülerulk aufbringen, den 15- und 16jährige Luftwaffenhelfer auch in den monotonen Alltag einer Flakbatterie hereinbrachten. Und so mancher schwerfälliger, uneinsichtige „Kommißstiefel" reagierte mit Härte und Gewalt.

Das unterschiedliche Verhalten der Verantwortlichen in den Flakstellungen wurde von den Schülersoldaten aufmerksam registriert. Es entwickelte sich im Laufe der Dienstzeit eine genaue Verhaltenstaktik gegenüber den einzelnen Vorgesetztentypen. Heute nach über 50 Jahren sagen viele Zeitzeugen, daß die Zeit damals bei der Flak eine gute Lebensschule für Menschenkenntnis war. Schon in der anschließenden RAD-Zeit war die als Flakhelfer erworbene Vorgesetztentypenlehre sehr hilfreich. Sie konnten gerade den beim Arbeitsdienst berüchtigten rüden Führern viel besser und trickreicher parieren als die neueinberufenen, mit preußischen Gepflogenheiten völlig unerfahrenen jungen Arbeitsdienstmänner. Die gleiche Verhaltenstaktik wurde wenig später als Rekrut beim Militär praktiziert. So mancher Ausbilder wurde mit Raffinesse und Schläue hinters Licht geführt. In der Rückerinnerung nennen die Zeitzeugen viele Beispiele von Anwendungsmöglichkeiten ihrer Erfahrungen aus den Flakstellungen im Umgang mit ihren Vorgesetzten beim RAD und Militär. Es waren ja schließlich auch ähnliche Grundstrukturen im militärischen Umgang zwischen Vorgesetzten und Untergebenen. Etwas zögerlicher kommen die Antworten, wenn der Interviewer nach den Auswirkungen im späteren Leben, besonders im Berufsleben, fragt. Verbindungslinien sind da von den Zeitzeugen schon sehr viel schwerer zu ziehen.

Ich würde nicht sagen, daß es mir für das spätere Leben irgend etwas gebracht hat, und zwar deswegen, weil die Situation im Beruf eine derart andere war, daß ich die Militärerfahrungen da kaum brauchen konnte,

sagt Oskar Brunner im Interview auf die Frage, ob die bei der Flak erworbene Menschenkenntnis behilflich war bei der Einschätzung von Vorgesetzten im späteren Berufsleben.[34]

Der Zeitzeuge betont im Verlauf des Interviews, daß die LwH-Zeit für ihn sehr uninteressant gewesen sei und ihm nicht viel gebracht habe. So ähnlich spricht auch sein Freund, den er ohne vorheriges Wissen des Interviewers zu dem Gespräch eingeladen hatte. Er wohnt in derselben Stadt und ist mit Brunner zusammen zur Schule gegangen und war auch mit ih.m zusammen Luftwaffenhelfer. Im Laufe des Interviews stellt sich die Anwesenheit des Dritten als sehr störend heraus. Die Antwort des einen wird durch Einwände und Hinzufügungen des anderen immer wieder unterbrochen. Das Interview hat dadurch deutlich gelitten. Es werden während des Gesprächs immer wieder Erinnerungen ausgetauscht, mit denen der Interviewer nichts anfangen konnte. Zum Schluß sagt der Freund, daß er gar kein Interesse mehr an seiner LwH-Zeit habe und eigentlich gar nicht mehr darüber sprechen wolle. Der Interviewer hatte den Eindruck, daß er nur aus Freundschaft und um ihm einen Gefallen zu tun zu seinem Freund Brunner gekommen ist.

Aber auch der Zeitzeuge Brunner gibt gegen Ende des Gesprächs zum Ausdruck, daß er die Zeit als Flakhelfer höchst uninteressant gefunden und dieses Erleben nach dem Kriege wie Tropfen von einem Gummimantel abgeschüttelt habe. Daß ihm dieses Abschütteln nicht ganz gelungen ist, haben beide ehemaligen Luftwaffenhelfer dem Interviewer sehr anschaulich vorgeführt. Wie schon erwähnt, haben beide während des Gesprächs Erinnerungen an die gemeinsam verbrachte Luftwaffenhelferzeit hervorgeholt und lebhaft und bewegt von dieser oder jener Begebenheit oder diesem oder jenem Unteroffizier oder Offizier erzählt. Beide legten Erinnerungsstücke wie Fotoalben von damals auf den Tisch und untermauerten damit die Erkenntnis des Interviewers, daß dieser gemeinsam erlebte Abschnitt der Kriegszeit noch lange nicht vergessen und schon gar nicht wie Tropfen von einer Gummihaut abzuschütteln ist. Das Erlebte wirkt weiter fort und bleibt, wie ein anderer Zeitzeuge schreibt, „eingebrannt und unvergessen".

Kurt Mals (Betriebswirt i. R.) erkennt in der lebensgeschichtlichen Rückschau, daß sein Verhalten im Berufsleben auch eine Folge der Erfahrungen ist, die er als Schülersoldat gemacht hat:

In dieser relativ kurzen Zeit, die einem aber damals recht lang vorkam, machte ich Erfahrungen, wie sie sonst in dieser kurzen Zeit nicht und zum Teil umständebedingt überhaupt nicht gemacht wurden. Meine Erfahrungen möchte ich nicht missen. Nach meinem Studium in Köln, Freiburg und wieder Köln, pünktlich nach acht Semestern der Mindeststudienzeit, habe ich mein Examen gemacht. Nach einigen Tätigkeiten bin ich in die Industrie gegangen und habe da von Anfang an eine leitende Stellung gehabt in der kleinsten Firma eines damals beachtlich großen Konzerns, und seitdem bin ich immer Vorgesetzter in allen Betrieben und Firmen, wo ich war, gewesen. Und ich habe nie Schiffbruch in meiner Vorgesetzteneigenschaft erlitten, manchmal gewisse Dämpfungen und manchmal auch bißchen Rückschläge. Das führe ich u. a. auch darauf zurück: Bei der Flak habe ich so frühzeitig Vorgesetzte der verschiedensten Art kennengelernt, Reserveoffiziere, aktive Offiziere, Wachtmeister, Unteroffiziere, egal, was auch ist, da habe ich so viel Lebenserfahrung gelernt in diesen Dingen, die mir später in meiner Lehrzeit, die ich zwei Jahre unter Arbeitern verbracht habe, zugute gekommen ist. Und also diese typischen Fehler, die Anfänger machen: Sie haben studiert, kommen herein und wollen die großen Sachen machen, und der kleinste Buchhalter legt dich aufs Kreuz, dieser verdammte Kerl, der will mir erzählen, ich mach' das 20 Jahre lang, und was der für ein Scheiß da redet, den werde ich ganz schön ausrutschen lassen. So etwas ist mir nie passiert, weil ich die Leute einigermaßen ganz gut einschätzen konnte immer, nicht immer richtig, aber doch ziemlich weitgehend, das ist eben auch eine Folge dieser in jungen Jahren gemachten Erfahrungen.

Als an anderer Stelle im Gespräch das Stichwort Kommißmentalität fällt, erinnert sich der Zeitzeuge, und er hakt sofort ein:

Und dann kam ein sehr naßforscher junger Mann von Philips, und alles andere war, Entschuldigung, Scheiße, die alten Säcke und pipapo. Wir Alten wußten genau, wo die Schwächen des Unternehmens lagen, was nicht gut war, was aber auch gut war, und dann kommt so einer her, der den Laden gar nicht kennt und so einfach naßforsch loslegt mit dem Parteichinesisch, Buchhaltungs- und Betriebswirtschaftschinesisch, dessen Gebrauch sonst nicht üblich ist. Auf der anderen Seite hatte der erstaunlich viel Macht mit einem Mal. Und der drohte dann immer gleich, aber solche Flitzepipen kennen wir doch von früher, nun mal langsam! Beim Unteroffizier, der so blöd war und einen anmotzte, habe ich mir angewöhnt, und andere ja auch, immer „jawoll!" zu sagen, immer nur jawoll, wenn das Jawoll auch so unsinnig war wie sonst was. „Was glauben Sie, wen Sie vor sich haben?" „Jawohl, Herr Unteroffizier!" „Glauben Sie, ich bin faul?" „Jawohl, Herr Unteroffizier!" Da konnte niemand sagen, der hat widersprüchlich geantwortet.

Der merkte noch nicht mal die Hintergründigkeit einer solchen Jawoll-Antwort, der war so blöd. Bei dem (dem Neuen bei Philips) dachte ich auch, tut der nur so oder ist er ein hochgradiger Profilneurotiker? Der hat gesagt, wenn ich nicht mit 32 im Vorstand bin, dann habe ich versagt. Dann habe ich ihn erst mal reden lassen, irgendwie hat man dann das neutralisiert, es wurde geredet und geredet, und man hat dagestanden, manchmal sogar mit dem freundlichsten Gesicht, dann wurde er irritiert. Beim Kommiß hat man sich manchmal unliebsame Vorgesetzte in der Unterhose vorgestellt. Als er sich dann abgeregt hatte, dann kam er doch mit vernünftigen Äußerungen, entweder hat er sich dann darauf eingestellt... Die Kommißerfahrung, die hat einen doch so manches eben gelehrt, so was aufzufangen und zu kompensieren, wenn's geht, nachher ins Positive zu kehren.[35]

Mit natürlicher Selbstverständlichkeit projiziert er die Typen seiner Luftwaffenhelferzeit in sein künftiges Berufsleben. In seinem Redefluß liegt nichts Gekünsteltes. Er schildert hier einen Generationenkonflikt aus der Sicht des Älteren. Nun, die Jüngeren werden immer so gegenüber den Älteren auftreten: Hoppla, jetzt komme ich, mir gehört die Welt! Aber vielleicht haben der Krieg und die Nachkriegszeit eine Zeit des Umbruchs gerade im Wirtschaftsleben hervorgebracht, die kein Vorbild in der Vergangenheit hatte. Da konnten schon mal die Gegensätze zwischen Jung und Alt mit Härte aufeinanderprallen. Aber es läßt sich auch sehr gut vorstellen, daß so ein „Junggedienter" mit Kommißmentalität in verfeinerter Form eine Typenlehre von Vorgesetzten aufgestellt und Parallelen mit Erfolg für seine Einschätzung gezogen hat.

Gebhard Bayer (Bundeswehrangestellter i. R.) kann sich noch an die verschiedensten Vorgesetzten bei der Heimatflak erinnern. Da waren ein zackiger, aber väterlicher Batteriechef und neidische „fiese" Unteroffiziere. Sie „rächten" sich an den aufgeweckten, intelligenten Jungen, die alles so schnell mit der für sie komplizierten Flakschießlehre begriffen. Sie wurden zu ausgesprochenen Schleifern. Der eine Unteroffizier hieß Niemann; er erhielt von den Jungen den Spitznamen „Niemand": *Er war nämlich hier oben ein Niemand, er hat zuviel Zeit gehabt und hat gesagt, jetzt kann ich mal was tun und die Brüder durch die Gegend scheuchen. Dann kam er an die Front und ist kurz darauf gefallen. Wir haben ihm keine Träne nachgeweint.*

Interviewer: Haben Sie Ihre damaligen Erfahrungen mit Vorgesetzten in Ihr späteres Berufsleben einbringen können? *Vor allen Dingen hier am Fliegerhorst. Da waren ja nur ältere Vorgesetzte. Ich war in der Standortverwaltung hier am Fliegerhorst, Wehrbereichverwaltung. Hier lag das Luftwaffenausbildungsregiment. Zum Schluß habe ich hier den Sachbearbeiter für die Wohnungsfürsorge gemacht. Der Regierungsamtmann Giers, das war so ein Schwein, der hat mich partout erinnert an den einen Hauptmann in der Ausbildungsbatterie. Der dachte nämlich, jetzt bekomme ich ein Spielzeug in die Finger und kann jetzt mit den Jungens so richtig durch die Gegend laufen. Dann hat er uns erst mal durch die Batterie geführt, das mußte er ja tun. Ich muß ein bißchen abschweifen. Kennen Sie den Film von Claus Hubalek „Die Flakhelfer"?*

Interviewer: Ja.

Jetzt kommen die an zur Wache, hinter der Wache steht ein Unteroffizier und der Koch. Und dann sagt der: „Du mußt jetzt die Milchsuppe für die Bubis machen!" Und die Bubis wurden in vier Wochen besser als das ganze Batteriekommando zusammen. Das florierte, was vorher gar nicht klappte. So, und daraus entstand dann der Neid einmal. Manche haben dieses ekelhafte Benehmen nicht abgelegt. Aber manche haben, die ein bißchen Verstand gehabt haben, sich gesagt: Verdammt noch mal, mach hier nichts kaputt, sei froh, daß du die hast, das läuft gut, du darfst zwar nicht so viel durchgehen lassen, du kannst hier keine Freifahrtscheine verteilen. Aber dann haben sie zurückgesteckt. Und so ein Giers hat sich benommen wie ein Schwein, und ich habe mir dann im stillen gedacht, du kannst mich mal! Spontan kam einem ein Vergleich aus der Zeit, aber mehr noch aus der Kommißzeit. Der Spieß in Breslau, den die eigenen Leute dann von hinten abgeschossen haben. Der war mit dem Giers am besten zu vergleichen.[36]

So ist dieser Zeitzeuge durch und durch geprägt von den verschiedenen Vorgesetztentypen aus seiner Kommißzeit. Sein bewegtes, wechselhaftes Leben hält die Erinnerung an sie lebendig. Er hat immer wieder Vergleiche gezogen und konnte sein eigenes Verhalten besser in die verschiedenen Arbeitssituationen einordnen.

Auf die Frage, ob er noch Erinnerungen an einzelne Vorgesetzte aus der Luftwaffenhelferzeit habe, sagt Gerd Bieler: *Das ist das Erstaunliche, daß ich über die lange Zeit, die man doch nur ein Jahr lang mit den Vorgesetzten zusammen war, daß sie sich ganz stark als Figuren eingeprägt haben.*

Dann kramt er lange in seinen Erinnerungen und beschreibt
sehr ausführlich eine ganze Reihe von Vorgesetzten anhand
anschaulicher Geschichten, daß man eine umfangreiche Typenlehre militärischer Vorgesetzter erstellen könnte. Und wie
fast allen Luftwaffenhelfer-Zeitzeugen, so fällt es auch diesem
schwer, in derselben Anschaulichkeit die Typen von Befehlenden und Übergeordneten im späteren Berufsleben darzustellen
und mit Hilfe der in dieser frühen Militärzeit gewonnenen
Menschenkenntnis solche Vorgesetzte abzuschätzen und sich
auf sie einzustellen. Als der Interviewer dann auf den Kern der
Befragungen kommt, nämlich auf die Auswirkungen im künftigen Berufsleben, kommt zur Antwort:

*Sie sind auf einer ganz richtigen Spur. Ich kann Ihnen das
bestätigen. Es war bei den Kollegen dann beim Sender, die alle
in meinem Alter waren oder etwas älter, da haben wir mit zwei
besonders befreundeten ein Spiel gemacht. Dann haben wir
gesagt: „Jetzt mal 20 Jahre zurück. Nun stell dir mal vor, wie
wäre der oder der in SS-Uniform gewesen?" Und dann haben
wir sie aufgeteilt und haben gesagt: „Der, ach, der wäre doch
bloß bei der Reiter-SS gewesen, der, der wäre in der antifaschi-
stischen Ecke zu finden, jener wäre ein begeisterter HJ-Führer
gewesen." Während der großen 68er Auseinandersetzung bin
ich auf erbitterten Widerstand gestoßen, wenn ich in Diskus-
sionen mit jüngeren Kollegen dann mal gesagt habe: „Was ihr
heute redet und wie ihr redet, 'Brecht dem Schütz die Gräten,
alle Macht den Räten' und 'Feuer muß in jedes Haus, da oben
guckt der Teufel raus', es ist nicht nur Spaß, und wie ihr euch
heute doktrinär aufführt, ihr wäret begeisterte HJ-Führer gewesen." Und heute muß ich lesen, daß Enzensberger und
andere Leute plötzlich so was sagen, und sie sagen: „Ja, tatsächlich, es ist damals so etwa gewesen." Also man sieht schon, Ihre
Frage ist berechtigt, man hat aus dieser Zeit gelernt damals und
hat vielleicht schon ein bißchen Menschenkenntnis bekommen,
daß man sich gesagt hat, wie würde später jemand reagieren,
wie ist der? Und man hat den feigen Vorgesetzten, den schon
mal erlebten unterwürfigen, den herumtrampelnden unge-
rechten, das war unser Spieß, später wiedergesehen.*[37]

Diesem Zeitzeugen ist schon klar, daß seine Schülersoldatenzeit eine Lebensschule für Menschenkenntnis war, aber es fällt
ihm schwer, mit Beispielen zu kommen. Da erinnert er sich an
eine Geschichte im Zusammenhang mit der Diskussion um die
68er und unterstellt den Jüngeren genau die doktrinäre Haltung, die die 68er bei den Älteren kritisieren. Daß später

Enzensberger und andere seine konträre Haltung bestätigen, führt er auf seine früh gewonnene Menschenkenntnis zurück.

Dem Zeitzeugen Neithard Lammers steht ebenfalls so mancher militärische Vorgesetzte noch lebendig vor Augen:

Unser Batteriechef, Hauptmann Meinhardt aus Berlin, war trotz betreßter Uniform durch und durch Zivilist geblieben, gütig, verständnisvoll, fast väterlich. Seine geflügelten Worte mit Handschlag und Ehrenbezeugung bei der Abmeldung zum Urlaub: „Und machen Sie mir keine Schande, und grüßen Se ma Ihre Eltern unbekannterweise." Die Unteroffiziere, meist Familienväter, waren durchweg „anständig" und akzeptierten uns als gleichwertig. So manches zwanglose Gespräch wurde außerhalb des Dienstbetriebes geführt. Böswillige Schikanen beim Exerzieren leistete sich lediglich Unteroffizier Scholz, der von uns tief verachtet wurde, weil er sich größtenteils einer uns bis dahin unbekannten Fäkalien- und Gossensprache bediente und die Würde einer Frau in unbeschreiblicher Weise verletzte. Ansonsten machten wir uns lustig über manche menschliche Schwächen von „einfach denkenden" Angehörigen des „Batteriekommandos". Kabarettreife Nachahmungen ihrer (Sprach-)Gewohnheiten erzeugten Lachsalven.

Im mündlichen Gespräch gibt er dann auf die erweiterte Frage nach den Auswirkungen im Berufsleben eine perfekte Klassifizierung von Lehrerkollegen, orientiert an den Vorbildern bei der Flak. Der frühere Luftwaffenhelfer weiß deutlich auszusprechen, wie die Lebensschule für Menschenkenntnis in der Flakhelferzeit ihre Früchte noch nach Jahren bringt:

Ich denke jetzt an Kollegen und Rektoren, wo man jetzt gesagt hat: Wo ist jetzt der Kern, was ist Fassade, und was ist Imponiergehabe? Genauso wie bei manchen Unteroffizieren bei Besichtigungen, da waren die zackig bis dorthinaus, und hinterher haben wir zusammen Bier getrunken. Und so habe ich mir das auch gedacht, daß auch manche im Kollegium das große Wort geführt haben, um hier irgendwo aufzufallen und wo ich mich dann gefragt habe: Was ist da eigentlich drin in dem Menschen, wie ist der Mensch im Inneren? Eine Schau zieht der hier ab. Und das hat natürlich zur Vorsicht animiert. Vorsicht, wenn einer so große Töne von sich gibt, dann ist das vielleicht ein Zeichen von Unsicherheit. Das war auch bei vielen dieser Unteroffiziere. Auch dieser Meinhardt, der tat uns manchmal leid. Wenn Besichtigung war, und er stand dann so da, und man hat ihm angemerkt, wie er unsicher wurde und auch keine richtigen Kommandos geben konnte. Von der Un-

*tergruppe hat ihn einmal einer angefahren: „Lassen Sie mich
mal, Herr Hauptmann!" Dann gab der die Kommandos,
schneidig. Da hat man immer Vergleiche gezogen. Auch wenn
der Schulrat zur Besichtigung kam. Es war ziviler, aber viele
Kollegen wollten sich da auch in den Konferenzen profilieren,
um gute Klassen zu bekommen. Ich bin da sehr viel benachtei-
ligt worden in der Schule.[38]*

Heinrich Meißner (Lehrer i. R.) hat als Luftwaffenhelfer
gelernt, den Mund aufzutun, seine Meinung offen zu sagen.
Das hat er später im Beruf auch praktiziert:

*Dann hatte ich ja eigentlich nur mit Leuten zu tun gehabt, die
Akademiker waren, während bei Unteroffizieren es meist Meister oder so etwas waren. Da ist ein gewisser Unterschied. Der
Akademiker, der etwas im Köpfchen hat, macht die Sache meist
geschickter, der macht es nicht so brutal. Ich habe allerdings vor
ungefähr 25 Jahren einen kennengelernt, Akademiker, Doktor,
und von all meinen Vorgesetzten ist das ein, wie soll ich es
vorsichtig sagen, ein halber Satan gewesen. Falsch, hinterhältig
usw. Und da habe ich Vergleiche gezogen mit der damaligen
Zeit. Der hat das Negative von dem und dem in einer Person
vereinigt. Da sind mir manchmal auch Gedanken gekommen.
Damals als LwH haben wir den Mund aufgemacht und haben
denen unsere Meinung gesagt, und die haben das zum Teil auch
gebilligt, die waren nicht wütend gegen uns. Dann habe ich
später gelernt, daß es besser ist, in vielen Fällen den Mund zu
halten, was herunterzuschlucken und zu denken: du kannst
mich mal. Bis es mir einmal reichte mit dem einen Vorgesetzten,
da hat es einen mordsmäßigen Krach gegeben, es ist bis zum
Ministerium gegangen, dann habe ich die Stellung gewechselt,
bin Beamter geblieben. Da habe ich den Mund aufgemacht.
Ich habe später gesagt, den Mund hätte ich früher schon auf-
machen sollen, wie ich es damals als LwH auch gemacht habe.
Ja, im Unterbewußtsein zieht man immer Vergleiche.[39]*

Dr. Ernst Söllner (Hochschullehrer i. R.) erinnert sich lebhaft an eine Begebenheit aus seiner Berufszeit, wo er einen
„Trick" angewandt hatte, der beim Militär gang und gäbe und
eine Selbstverständlichkeit war, aber heute, und auch schon seit
Jahren, weitgehend in Fortfall gekommen ist: Die Anrede mit
dem vollen Titel.

Ich erhielt einen Forschungsauftrag vom Bundesverteidi-
gungsministerium. Es ging um Auswirkungen von tiefen
Überflügen auf Tiere. Das hat uns fünf Jahre lang beschäftigt.
Und wir haben da ein Weide gehabt mit den verschiedensten

Tierarten in einem Gebiet, wo der Tiefflug nicht störte, und da hat dann die Bundesluftwaffe mit verschiedensten Flugzeugen in verschiedensten Geschwindigkeiten, Höhen usw. das Ganze überflogen. Und wir haben dann an den Tieren, Rinder, Pferde, Schweine, Geflügel, Hühner, Puten, Nerze, Hunde, die physiologischen Auswirkungen gesehen. Das mußte ich dann nun in Bonn mit dem Leiter der fliegenden Verbände absprechen, daß die nach unseren Vorgaben fliegen. Und da hatte ich einen Generalstabsoffizier als Ansprechpartner, den habe ich dann mit seinem Namen angeredet. Und er hatte 1000 Bedenken: Ja, nein, um Gottes willen! Und dann habe ich überlegt, wie kriegst du den rum? Und dann erinnerte ich mich an meine eigene Militärzeit und habe ihn mit „Herr Oberstleutnant" angeredet. Und der Mann war wie ausgewechselt. Er sagt: „Nein, nein, so geht's nicht, aber dann müßten wir das so machen und so anfliegen an der Weserbrücke, dann müßte dann der den Kurs fliegen." Und die Sache war gelaufen, fünf Jahre lang.[40]

Ein Mann, der sich schon als Schülersoldat viele Gedanken gemacht hat, der sich als stark geprägt von seinem Verhältnis zu den Vorgesetzten bezeichnet und der damals schon ein starkes Gespür für seine Mitmenschen und die gesellschaftlichen Verhältnisse entwickelte, ist Gebhard Wagner. Im folgenden soll wiedergegeben werden, was er in seinem Antwortbogen geschrieben und nachher im Interview berichtet hat:

Und es gab immer die zwei Typen, es gab den verständnisvollen Mann, der seine Aufgabe erfüllen wollte. Ich hatte z. B. einen Geschützführer, der sagte, das ist hier ein Sport, und wir müssen die schnellste Zeit erreichen, und dann gab es andere, die haben einen nur herumgejagt, und gegen die hat man natürlich gekämpft. Ich glaube schon, daß mich insbesondere die LwH-Zeit, wenn auch nur sehr kurze Zeit, bei mir war es nur eindreiviertel Jahr, wahrscheinlich in der Fähigkeit und der Möglichkeit, mich auf Menschen einzustellen und entsprechend zu reagieren, doch sehr stark geprägt hat. Auch das Verhältnis zu den Vorgesetzten hat mich ganz stark geprägt. Über die Leute, die mir vor die Nase gesetzt wurden, bildete ich mir ein Urteil, und da mußte ich schon viel anstellen, wenn sich das ändern sollte. Und es gibt Leute, bei denen ich nach kurzer Zeit ein vernichtendes Urteil fälle, und dann können die mir erzählen, im Himmel ist Jahrmarkt, das interessiert mich überhaupt nicht.[41]

Auf die Frage nach den Vorgesetzten antwortet Friedrich Bunte:

Ich war nicht im vertrauten Klassenverband, es war ein zusammengewürfelter Haufen verschiedener Schulen Vorpommerns. Zu den Vorgesetzten hatte ich, entsprechend meiner Grundeinstellung, fast stets ein gespanntes Verhältnis. Eine Anzahl meiner Vorgesetzten war charakterlich minderen Wertes. Dann kriegten wir so einen alten Hauptmann, Simons hieß der, bei dem ging alles prima.

Interviewer: Haben Sie sich damals schon sogenannte Kategorien zur Einschätzung von Vorgesetzten einrichten können? *Das würde ich so klar nicht formulieren können. Das könnte im Unterbewußtsein passiert sein. Aber woran ich fest glaube, daß in dieser Zeit mein Wille entstanden ist, bei der Beurteilung dieser Menschen in ihrer Begrenztheit und Beispielsfähigkeit jedem, wer es auch sein mag, in jeder ordentlichen und höflichen Form zu sagen, was du denkst und was du von ihm hältst und was du von seiner Handlungsfähigkeit denkst. Das führte bei dem ersten zur totalen Katastrophe, so ein Mensch, der kann das gar nicht begreifen, nicht. Der ist völlig außerstande zu begreifen. Aber dieser zweite, dieser Hauptmann Simons, der hat das begriffen. Und auch bei dem einen Wachtmeister, der war auch mal beim Geschütz mit so einem Obergefreiten, der fing auch an, uns LwH ein bißchen als Leute zweiter Klasse zu behandeln. Und dann habe ich einmal zu ihm gesagt: „Mein lieber Mann, du hast mir im Grunde überhaupt nichts zu sagen!" Erstmals hat mich der Wachtmeister geschliffen, daß es nicht mehr weiterging. Aber ich habe ihm nicht den Gefallen getan umzufallen. Schließlich mußte ich auch zum Hauptmann hin. Da merkte der, wie er das akzeptiert hatte, daß die anderen Leute sich falsch benommen hatten und daß er aber mir nichts vorwerfen konnte so mit Befehlsverweigerung oder daß ich aufsässig geworden wäre. Und das hat mir die Lehre gegeben, daß ich immer, ob das der Präsident nachher war bei der Landwirtschaftskammer usw., und den Leuten immer gesagt habe, was ich für richtig oder was ich für falsch halte. Man muß es bloß in der richtigen Tonart tun. Ich glaube, das hat damals angefangen. Das hat mich damals gelehrt in dieser Zeit. Davon bin ich heute beinahe fest überzeugt. Das hätte natürlich genauso woanders passieren können, das war einfach das erste Mal, daß ich überhaupt in so einer Situation stand, solche Gedanken zu haben und solche Entscheidungen eventuell zu machen da, nicht.*[42]

Der Zeitzeuge hat als Junge bei der Flak hellwach seine Mitmenschen beobachtet und eine erstaunliche Urteilsfähigkeit an den Tag gelegt. Das deutet auf eine vorzeitige Reife hin. Darüber hinaus hat er Mut und Standvermögen gezeigt. Einem militärischen Vorgesetzten so die Stirn zu bieten grenzte in der damaligen Zeit fast an Heldenmut. Für heutige Menschen unvorstellbar, wo jeder Schütze bei der Bundeswehr seinem Kompaniechef und jeder Lehrling seinem Meister unverblümt seine Meinung ins Gesicht sagen kann. Und der Zeitzeuge ist der festen Meinung: „Damals bei den Luftwaffenhelfern hat das angefangen, offen die Meinung zu sagen, was ich für falsch und was ich für richtig halte."

Für Bruno Zumhorst wurde sein späteres Verhalten gegenüber Vorgesetzten und Kollegen begründet in der Zeit seines Kriegsdienstes:

Diese Zeit im Kriegsdienst war eigentlich eine Verkürzung von mühselig zu erwerbenden Lebenserfahrungen, und das wurde in wenigen Monaten praktisch erworben, so daß man später sagen wir mal die üblicherweise zu erwartenden Schwierigkeiten der Pubertät von kleinen jugendlichen Mißerfolgen, von Fahrlässigkeiten und Leichtsinn überspringen konnte. Es war eine komprimierte Lehrzeit. Und was Vorgesetzte anbelangt, hat man zumindest die Technik des geeigneten und den Umständen angemessenen Widerspruchs gelernt. Denn das war nicht einfach, Vorgesetzten, von denen man abhängig war, zu widersprechen oder andere Standpunkte einzunehmen. Das hat man im kleinen schon bei der Flak gelernt. Das war für mich eigentlich auch später im Berufsleben ein Prinzip. Ich habe mir oft gesagt, und das galt auch für meine ersten Vorgesetzten im Schuldienst, so machst du es später mal nicht. Und so, wie du es dir vorstellst, wie Menschen miteinander umgehen, wie Menschen zueinanderstehen. Und ich habe dadurch bis zum letzten Tag in meiner Berufslaufbahn nie mitmenschliche Probleme gehabt mit Kollegen und Kolleginnen, sondern das war auch oft eine Form distanzierter, aber menschlichherzlicher Kameradschaft. Das war das Klima, das man brauchte, um später im Beruf ohne schwere Schädigungen durchzukommen.[43]

Der Zeitzeuge hatte zunächst von seinen Vorgesetzten bei der Flak nur positive Eindrücke gewonnen. Er war überrascht, daß „diese Leute in der Mehrheit unheimlich wohlwollend, nachsichtig und fürsorglich begleitende Menschen waren". Schlimm wurde es dann erst beim Arbeitsdienst. Er fühlte sich regelrechten Menschenschindern ausgeliefert. Dort ist bei ihm der Vorsatz geboren, so werde ich niemals mit Menschen umgehen. Zumhorst war damals noch nicht einmal 17 Jahre alt.

Schon als Hitlerjunge hatte der Zeitzeuge Josef Schiermann Erfahrungen mit Führern äußerer und innerer Autorität gemacht. Später ist er diesen Begriffen im Umgang mit anderen Vorgesetzten nähergekommen:

Ich meine, daß ich in meiner gerade hinter mir liegenden beruflichen Zeit als Lehrer diesen beiden Ausdrücken, innere und äußere Autorität, nähergekommen bin, mit denen ich ja auch in gewisser Weise leben mußte. So z. B. in meiner Ausbildung im Studienseminar, wo diese Ausdrücke uns mehr oder weniger nicht nur verbal vorgestellt wurden, sondern wo uns mit auf den Weg gegeben wurde, welchen Wert eine innere Autorität hatte und welchen Unwert eine äußere, die sich nur im Brüllen und Prügeln sozusagen darstellt. Ich meine, da waren sicherlich, ich wiederhole noch mal, unbewußt plötzlich Verbindungen zu der LwH-Zeit da. Oder zu der HJ-Zeit. Ich kann mich also an einen Fähnleinführer erinnern, Hauptjungzugführer erinnern, der lebt heute noch hier als Apotheker, der hatte nur diese äußere Autorität: Brüllen, Schleifen, an den Horizont, marsch, marsch, nach dem Motto..., ist ja Ihnen auch bekannt; den natürlich auch keiner ernst nahm, der auch noch heute keine Freunde hat. Wenn ich so einiges über ihn manchmal höre, ich habe auch keinen Umgang mit ihm. Das lag aber schon in der Art der Familie drin, und die war in diesem kleinen Ort natürlich auch bekannt. Und leider Gottes sind ja im NS solche viel hochgespült worden und sind zu irgendwelchen Ämtern in Positionen gekommen, wo sie strenggenommen eigentlich nicht hingehörten.[44]

Erwähnt wurde schon die erfolgreiche Anwendung der Vorgesetztentypenlehre in der anschließenden RAD- und Militärzeit. Für alle diese Zeitzeugenaussagen sei hier das markante Beispiel des Kurt Kramer angeführt:

Beim Arbeitsdienst fühlten wir uns schon als erfahrene Soldaten und den Feldmeistern und RAD-Unterführern völlig überlegen, und sie wurden mit uns LwH einfach nicht fertig. Die haben wir dann so geärgert, daß sie uns schließlich in Ruhe gelassen haben. Wir kamen ja schon hoch dekoriert dahin mit Flakkampfabzeichen, Kriegsverdienstkreuz, Verwundetenabzeichen. Das erste hieß, wir sollten das abmachen. „Wieso, haben uns das ehrlich erworben." Waren die eifersüchtig! (La-

chen). Dann wurde Geländespiel der Führungsmannschaft des RAD, weil sie mit uns nicht fertig wurden, gegen ersten Zug Luftwaffenhelfer angesetzt. Und dann: „Paßt mal auf, Jungs, machen wir ganz einfach mit Übungshandgranaten, also. Ihr fünf da auf den Stahlhelm, ihr fünf auf den Stahlhelm." Das war so fürchterlich für die, das haben sie nie wieder gewagt, so was anzusetzen.

Interviewer: So wurden Sie wahrscheinlich schon bei der Flak geprägt in Ihrem Verhältnis zu Vorgesetzten?

Natürlich, wenn einer ein fieser Hund war, dann hatte man so seine Tricks. Ich weiß noch wie heute. Wir hatten einen Ofen angemacht, weil es kalt war. Dann war Stubendurchgang, da war noch Glut drin, brannte noch. „Ich gebe den dienstlichen Befehl, macht den Ofen aus!" (K. ahmt den heftigen Befehlston nach.) Dann habe ich einen Eimer Wasser genommen, reinge- schüttet, Ofen flog auseinander, dann habe ich gemeldet: „Be- fehl ausgeführt!" Der ist bald wahnsinnig geworden. Die Ka- meraden haben natürlich alle bestätigt, der hat den dienstli- chen Befehl gegeben. Da ist nichts passiert nachher. Und nach- her bei der Kriegsmarine in der Rekrutenausbildung, da hatten wir Napola-Schüler da aus Köslin. Wenn der da brüllte im „Tal des Todes": „Sprung auf, marsch, marsch, an den Wald, marsch, marsch, Panzer von vorn!" Dann haben wir uns mal erst überlegt, wo kann man sich hier sauber hinlegen? Wir haben uns dem angepaßt, gewußt, wie man das macht. Das waren da diese Dinge, die wir da gelernt hatten: Verhalten gegenüber Vorgesetzten.[45]

Nun sollen noch drei Zeitzeugen zu Wort kommen, die sich auch mit der militärischen Struktur Befehl-Gehorsam ausein- andergesetzt und sich etwas von der Art eines Schweijk zuge- legt haben.

Reinhard Rickert schreibt:

Beim RAD und beim Militär hat uns kein Drill mehr so strapaziert wie die armen Nicht-LwH, die verzweifelt ver- suchten, alles recht zu machen. Wir ehemalige LwH fanden viel besser den Dreh heraus, Befehle auf unsere Art richtig auszu- führen. Diese Erfahrung, auch unter Druck selbständig zu handeln, zieht sich durch das ganze Berufsleben.[46]

Hilmar Scharun (Studiendirektor i. R.) war nur kurze Zeit bei den Luftwaffenhelfern, hat sich aber da offenbar die Hal- tung zugelegt: nicht auffallen, im Hintergrund bleiben:

Ich war grundsätzlich im dritten Glied, bis zum Schluß. Da ich mich nach dem Krieg mit der Problematik von Befehl und Befehlsverweigerung auseinandersetzte, prägte sich für mein ganzes Leben ein, immer mir eine eigene Meinung zu bilden und niemals eine Anordnung von oben ohne Prüfung zu vollziehen. Dies war eine entscheidende Erfahrung aus NS-, Kriegs- und Nachkriegszeit. Kollisionen mit meinen Vorgesetzten wich ich dabei nicht aus. Vielleicht hatte ich ein Gefühl für das entwickelt, was man Zivilcourage nennt.[47]

Hubert Meyer (Lehrer i. R.) schreibt:
Als Luftwaffenhelfer hatte ich guten Kontakt zu einem Obergefreiten, etwa 35 bis 40 Jahre alt, Doktor der Kunstgeschichte, der das krasse Gegenstück eines schneidigen Soldaten darstellte. Dieser Mann lehrte mich viel, u. a. wie man mit geringstem Energieaufwand ein Maximum an Arbeitseifer vortäuschen kann. Vor allem warnte er mich, höhere militärische Positionen anzustreben. Es sei wichtig, seine Waffen genau zu kennen, aber bei Instruktionen soll ich den unwissenden Tolpatsch spielen, im übrigen so viel wie möglich lernen. Er gab mir sogar schauspielerischen Anschauungsunterricht. Es ist denkbar, daß der Obergefreite dazu beitrug, Ratschläge jener Art ernst zu nehmen. Als Schulmann habe ich dann später auf präzise Definitionen Wert gelegt. Gelernt habe ich auch, den Rat der „Alten" zu suchen. So suchte ich damals fast jeden erfahrenen Lehrer auf, unabhängig von seinen fachlichen Interessen, um Reaktionen und Verhaltensmöglichkeiten eines Lehrers in extremen Situationen beim Umgang mit Schülern zu erörtern. Ich habe in meiner Dienstzeit nie ernsthafte Schwierigkeiten mit Schülern gehabt.[48]

Der Veteran erhielt regelrecht eine Ausbildung zum schweijkschen Soldatentyp, der heute bei vielen Menschen große Sympathien hervorruft. Als weniger vorbildhaft stufen pflichtbewußte Soldaten und andere Staatsbeamte solche schweijkschen Typen ein; mit ihnen sei keine Truppe zu halten und ein Krieg schon gar nicht zu gewinnen. Der frühere LwH kann aber von Glück reden, einem solch weisen Mann „in die Hände gefallen" zu sein. Seine Lebensweisheiten sind echte Wegbegleiter für ihn geworden.

Richard Werther hat seinen Kriegsdienst in der Flakstellung als Vorbereitungszeit für seinen künftigen Beruf als Arzt gesehen. Was er da beim Interview als Lebenserinnerung erzählt, klang sehr überzeugend, zumal er während des Gesprächs immer wieder das kameradschaftliche, fürsorgende Erleben während seiner Militärzeit hervorhebt. So ist ihm die Flakhelferzeit wie ein Grundstein für seine spätere Laufbahn als Militärarzt geworden:

Wir hatten dann gelegentlich Alarm. Da ging es sehr schnell, und gerade nachts mußte man schnell aufstehen und rauslaufen zu den Geschützen. Das ist eine gute Erziehung gewesen; mir ist es später nie schwergefallen, ich bin ja Arzt geworden. Wenn irgendwo, wo alles schläft, man plötzlich hingerufen wird, dann bin ich auch ad hoc da. Das ist eine so elementare Erziehung damals gewesen, daß es mir nicht schwerfällt nach dieser Alarmerziehung, sofort da zu sein. Und da habe ich für meinen Beruf damals etwas Gutes gelernt, was ich zu Hause nicht gelernt hätte. Und eben weil ich LwH war, war es für mich als Militärarzt auch gut, weil ich mich hineindenken konnte in das Milieu der eng beieinander auf der Stube lebenden Soldaten. Anders bei den nachrückenden Militärärzten, die nach dem Studium gleich Bataillonsarzt wurden und nicht sich in das Milieu des kleinen Wehrsoldempfängers hineindenken konnten. Daß der richtige Arzt gleich hingeht, wie der gute Priester auch, der vielleicht zu einem Versehgang nachts gerufen wird, daß es ihm nicht schwerfällt. Dies sind elementare Erziehungen gewesen, die wir durchgemacht haben, die sind bei uns subkortikal, die laufen im Unterbewußten ab, die ganze Physiologie, das ganze unbewußte Denken, alles ist dann ausgerichtet. Da braucht dich einer, da mußt du jetzt hin, bist verpflichtet auch dazu, und dann geht man dahin. Das ist von Vorteil, das ist nützlich für den Arzt wie für den Priester.[49]

Hat jemals eine Generation von 15- und 16jährigen Jungen die Gelegenheit gehabt, solch intensive Erfahrungen mit solch unterschiedlichen Vorgesetzten zu machen? In der Rückschau wird deutlich, wie dieser Kontakt mit den militärischen Vorgesetzten gravierende Einflüsse auf die charakterliche Ausprägung der Zeitzeugen gezeigt hat.

Die statistische Auswertung zum Fragenkomplex Vorgesetzte muß differenziert gesehen werden. Der Fragebogen enthielt lediglich die Frage, wie der ehemalige Flakhelfer sein Verhältnis zu den militärischen Vorgesetzten in Erinnerung hat. Hier liegen insgesamt 146 auswertbare Antworten vor. 80 Zeitzeugen (54,8 %) schreiben in ihren Antworten, sie hätten überwiegend gute Erfahrungen mit ihren Unteroffizieren oder Offizieren gemacht. Sie hätten Verständnis für ihre Jugend gezeigt, und etliche meist ältere Vorgesetzte waren sogar väterliche Typen. Jüngere Unteroffiziere zeigten sich auch verschiedentlich kameradschaftlich. Diese Einschätzung schließt nicht aus, daß auch hin und wieder von einem echten Schleifertyp gesprochen wurde. Das waren aber die Ausnahmen, schreiben die Probanden. Militärischer Drill wurde lediglich im Rahmen des Üblichen ausgeübt und wurde als normal empfunden.

18 (12,3 %) frühere Luftwaffen- und Marinehelfer geben in ihrem Fragebogen zu Protokoll, sie hätten während ihrer Flakzeit überwiegend negative Erfahrungen mit Vorgesetzten gemacht. Besonders die Unteroffiziere traten als Schleifertypen mit Minderwertigkeitskomplexen in Erscheinung. Sie fühlten sich den Schülersoldaten geistig unterlegen und wollten mit militärischer Härte ihre Überlegenheit und Macht ausspielen. Aber auch bei dieser Gruppe werden Ausnahmen genannt. Mancher einzelne Vorgesetzte wird als väterlich, verständnisvoll oder kameradschaftlich bezeichnet.

Die restlichen 48 Zeitzeugen (32,9 %) gehören zur Plus-Minus-Gruppe. Bei ihnen halten sich die Aussagen nach guten und schlechten Vorgesetzten die Waage. Da gab es Befehlende in der Batterie, mit denen man hervorragend auskam, die Verständnis für ihre Schülersoldatensituation zeigten, sich väterlich-kameradschaftlich darauf einstellten und mit militärischem Drill ansonsten sparsam umgingen. Offiziere wurden oftmals positiver eingeschätzt, weil sie sich mehr dem geistigen Niveau der Flakhelfer anpassen konnten. Aber sie schreiben auch von üblen Schleifertypen, die ihnen als minderwertig und charakterlos auffielen.

Erst bei den schriftlichen Interviews wurde die Frage nach den Vorgesetzten erweitert. Wie bereits oben ausführlich geschildert, erzählten die Zeitzeugen gerne von diesem oder jenem Unteroffizier, Spieß oder Batteriechef. Es wurden positive und negative markante Typen charakterisiert. Solche Soldatenbilder haben sich bei ihnen unauslöschlich eingeprägt. So ergab sich für den Interviewer, der ja auf Spurensuche für dauerhafte Prägungen aus jener Zeit war, die Frage, ob sich der Zeitzeuge für das weitere Leben gewisse Vorgesetztentypen merken konnte. Ob vielleicht daraus Kategorien entstanden sind zur besseren Einschätzung und Beurteilung von Vorgesetzten, aber auch Untergebenen, wo immer sie ihnen später im Berufsleben begegnet sind. Und weiter ergab sich in den Gesprächen die Frage, ob auch die Erfahrungen mit den militärischen Befehl-Gehorsam-Strukturen irgendwie im Verhalten der folgenden Jahre und Jahrzehnte wirksam geworden sind. Beispiele für die Ergebnisse der lebensgeschichtlichen

Erzählungen zu diesem Themenkomplex sind schon ausführlich dargestellt worden.

Eine statistische Auswertung dieses Teils der Forschung ergibt folgendes Bild: Von den 40 befragten Interviewpartnern bestätigen 32, daß die Erfahrungen mit den Vorgesetzten aus der Militärzeit in irgendeiner Weise später im Berufsleben prägend zur Auswirkung kamen. Acht Interviewpartner zeigten ein etwas unsicheres Verhalten. Sie wollten eine Prägung aus ihren Erfahrungen für späteres Verhalten im Umgang mit Übergeordneten im Berufsleben nicht ausschließen, konnten aber konkret keine Verbindungslinien zwischen Flakzeit und Berufszeit herstellen. Sie verwendeten Ausdrücke wie „unbewußt eingeflossen" oder „mitgeprägt" oder äußerten die Meinung, die Nachkriegszeit mit Überlebenskampf und die Berufsvorbereitung hätten so starke Eindrücke hinterlassen, daß die davorliegenden Prägungszeiten nicht mehr greifbar seien. Es gab keinen Zeitzeugen, der Auswirkungen aus der Schülersoldatenzeit im Umgang mit Vorgesetzten für das spätere Leben absolut ausgeschlossen hätte.

Neue Elternbeziehung

Zum Zeitpunkt der Kapitulation der deutschen Wehrmacht am 8. Mai 1945 waren nur wenige im Rahmen dieser Arbeit befragte Zeitzeugen in die Heimat zu den Eltern zurückgekehrt. Die von allen Seiten vorrückenden Truppen der Sowjetunion und der westalliierten Streitkräfte haben auch die letzte Heimatflakstellung in Bewegung gebracht und deren Luftwaffenhelfer in den Strudel der chaotischen letzten Wochen und Tage vor Kriegsschluß gerissen. Zeugnis aus dieser Zeit geben viele Erlebnisberichte, die in den letzten zwei Jahrzehnten Interessierten der nachwachsenden Generation in einer umfangreichen Erinnerungsliteratur zur Verfügung stehen. Die Ereignisse aus dieser Schlußphase des Zweiten Weltkriegs haben sich unauslöschlich in die Erinnerung der Schülersoldaten eingegraben. Sie bildeten den dramatischen Schlußpunkt in dem kurzen Abschnitt ihrer Jugendzeit, die so ganz anders verlaufen ist als die der meisten im selben Alter stehenden Jugendlichen. So informativ spannend und auch erschütternd solche Berichte von ehemaligen Flakhelfern sind, sie geben so gut wie nie Auskünfte über die Wochen und Monate nach der Heimkehr. Die Prägung, die die Jungsoldaten in ihrer kurzen

Militärzeit erfahren haben, so ergab diese Forschung, wirkte sich schon bei etlichen wieder glücklich Heimgekehrten im Umgang mit Vater und Mutter aus. Daher stellte der Verfasser den Zeitzeugen in den Interviews die Frage nach dem Verhältnis zu den Eltern nach ihrer Rückkehr aus dem Krieg. Die Schicksale und die damit verbundenen Lebensumstände der bei dieser Untersuchung mitwirkenden Zeitzeugen waren so vielfältig, daß es unmöglich war, in den Verhaltensweisen der Heimkehrer gegenüber ihren Eltern irgendwelche stereotypen Merkmale herauszustellen.

Wie schon festgestellt, hatten nur sehr wenige Schülersoldaten das Glück, vor Beendigung der Kampfhandlungen nach Hause zurückzukehren. Es waren meistens Jungen vom Jahrgang 1928. Sie hatten bis in die letzten Kriegswochen ihren Dienst in den Flakstellungen getan. Nach ihrer Entlassung sollten sie zum RAD überstellt werden. In den chaotischen Zuständen nach der Bombardierung der Städte erhielt dann so mancher entlassene LwH keinen Einberufungsbefehl mehr. Viele Kreiswehrersatzämter waren zerstört, die Karteien ließen sich nicht mehr so schnell ersetzen, die Jungen blieben zu Hause.

Alle anderen Jungen und insbesondere die, die schon dem RAD oder Militär überstellt waren, gerieten in den schrecklichen Wirbel der letzten Kriegswochen und -tage. Niemals wird die Zahl der Schülersoldaten festzustellen sein, die dann noch ihr Leben in den Kampfhandlungen mit den Sowjets oder Westalliierten verloren. Ihr Tod hat auch das Leben ihrer Kameraden verändert. Als verwandelte junge Menschen kehrten sie nach Tagen, Wochen oder Monaten, einige erst nach Jahren heim. Die Unbekümmertheit der Jugend war endgültig dahin. Sie wirkten gereift wie Erwachsene von 25 Jahren oder mehr. Die Todesnähe, der Anblick der zerstörten Städte, die Begegnung mit den Elendsgestalten der Flüchtlinge aus dem deutschen Osten und der umherirrenden ausgebombten Menschen hatten tiefe Spuren hinterlassen.

Sehr viele der ehemaligen Schülersoldaten gerieten in Gefangenschaft. Wohl denen, die bei den Amerikanern oder Engländern landeten. Das Los in den Camps war dort leichter zu ertragen als das in sowjetischen Kriegsgefangenenlagern. Die in den Lagern des Ostens überlebten, kamen schwer gezeichnet heim. Die jungen Körper, noch in der Phase des Wachstums, waren gesundheitlich durch schwere Mangelkrankheiten und andere Belastungen einer Gefangenschaft angegriffen.

Wenn auch lebend zurückgekehrt, so waren sie doch gezeichnet für lange Zeit.

Auch die blühendste Phantasie des Menschen der Nachkriegsgeneration kann nicht nachvollziehen, was die jungen Heimkehrer bewegte, wie sie in ihrem Denken, Fühlen und Tun von dem Chaos der Zeit geprägt worden sind. Vielleicht trägt der Bericht eines Zeitzeugen, wenige Tage nach seiner Heimkehr aufgezeichnet, ein wenig zum Verständnis jener Tage bei. Bruno Zumhorst liest aus seinem Tagebuch dem Interviewer vor:

Letzlinger Heide. Als die Dämmerung hereinbricht, sind drei Kameraden unseres Funktrupps, auch Magdeburger, darunter Lt. Grote, von meinem Vorhaben überzeugt. Wir bleiben zurück, mehr und mehr, sichern noch einmal nach vorn und hinten und schlagen uns in eine Deckung. Blitzschnell geht das. Jagen durch Kiefernschonungen Hunderte Meter, dann übersprungene Schneisen, Umwege, kriechen durch ein Abwasserrohr, Querschnitt 80 cm, unter dem Mittellandkanal, weil alle Brücken bewacht sind. Weites Umgehen von Kontrollposten, die wir von Anwohnern erfragen. Stets einzeln gehen, Abstände einhalten, verabredete Zeichen im Heidesand hinterlassen. Die Nachtstunden nutzen, kaum Schlaf. Ende der eisernen Rationen, Wassermangel. Fünfeinhalb Tage für knapp 50 km. Wir können uns am Stadtrand von Magdeburg nicht voneinander verabschieden, weil die Sperrstunde naht, 21 Uhr, zu der kein Deutscher mehr auf der Straße sein darf, und wir die letzten Kilometer im Eilmarsch und Laufschritt zurücklegen, zum Teil quer durch Schrebergärten jagen. Angst, jetzt noch geschnappt zu werden. Doch dann sehe ich meine Mutter vor dem Haus auf der Treppe stehen. Sie kann es nicht glauben, reißt mich in ihre Arme, will mich gar nicht wieder loslassen. Ich ziehe die Stiefel aus, beide Füße voller aufgeplatzer Blasen, aus denen das Blut fließt. Mein Bett! 20 Stunden Schlaf, Träume, wüste Träume, gefüllt mit chaotischen Bildern, Szenen der vergangenen Wochen, Verdrängtes, fast Vergessenes: Volksgemeinschaft, Kameradschaft, Endsieg, der Führer fiel, kämpfen bis..., der bolschewistische Untermensch, die Kriegshetzer von der Wallstreet, der Auftrag des deutschen Volkes, die germanische Rasse, treu bis.., ihr seid unsere Zukunft, das Dritte Reich wird..., o Scheiße, was hat man mit uns gemacht? Der Morgen bricht an, ich blinzle in das erste Licht, öffne langsam die Augen. Erst jetzt, ja, erst jetzt. Wie wir alle, hoffentlich, vielleicht, wer weiß?[50]

Der Zeitzeuge schildert hier bewegt, was bisher noch gar nicht erwähnt wurde: die psychischen Belastungen, die sich aus dem verlorenen Krieg und dem Zusammenbruch des Dritten Reiches ergaben. Den daraus resultierenden Problemen soll aber noch in einem eigenen Abschnitt nachgegangen werden.

Nun konnte der frühere Schülersoldat Zumhorst von Glück reden, daß er bei seiner kühnen Flucht aus dem Kampfgebiet ein festes Ziel, sein Elternhaus in Magdeburg, vor Augen hatte. Viele andere Exluftwaffenhelfer waren nach dem Krieg heimatlos geworden. Ihre Heimat war von den Russen besetzt oder wurde inzwischen von Polen oder Tschechoslowaken verwaltet. Mancher Zeitzeuge berichtet bei den Gesprächen von einer dramatischen, abenteuerlichen Rückreise nach seiner Entlassung aus amerikanischer oder englischer Gefangenschaft nach Schlesien, Pommern oder Böhmen. Solche Rückkehr konnte in den Wochen nach der Kapitulation nur als Fußmarsch unternommen werden unter Gefahren vielfältiger Art.

Der Zeitzeuge Winfried Dolega berichtet, er sei 350 Kilometer von Potsdam bis nach Schlesien gegangen; dreimal sei er von den Russen geschnappt, geschlagen, mit Erschießen bedroht worden:

Ich war nur leicht verwundet. Da kamen mir meine früheren Erfahrungen zugute und das Einschätzen von gewissen Situationen. Wir wurden einmal geschnappt von den Russen. Und in der Kommandantur hieß es, ihr geht jetzt in den Nachbarort, und da meldet ihr euch in dem Lager. Wir haben uns aber nicht in diese Richtung begeben, sondern in genau die andere Richtung. Und auf einmal wurden wir überholt von diesem russischen Offizier mit einem Jeep, und da wurden wir fürchterlich zusammengeschlagen, und dann mußten wir wieder zurück und wurden eingesperrt die ganze Nacht. Allerdings hat uns die Deutsche, die als russische Dolmetscherin fungierte, etwas Essen zugeschoben. Am nächsten Tag hieß es, wir würden erschossen, und wurden tatsächlich an die Wand gestellt, die Russen haben aber bewußt vorbeigeschossen.

Interviewer: Da haben Sie doch wirklich Ängste ausgestanden?

Ohne Zweifel, das ist doch ganz klar. Die Russen haben nur so getan, als würden sie schießen, sie haben auch nicht richtig gezielt. Aber das ist das Unlogische bei den Russen wieder, und haben gesagt, jetzt geht ihr aber tatsächlich in dieses Lager, haben uns aber wieder laufen lassen. Jetzt haben wir solch eine

Angst gehabt, daß wir da reingelaufen sind. Nach wenigen Stunden konnten wir weitergehen, weil wir unseren Entlassungsschein vorgelegt hatten. Ich wurde dann noch ein zweites Mal geschnappt. In dem Lager waren alle möglichen Leute, nicht nur Soldaten. Dann wurden wir in Görlitz zusammengetrieben und standen auf dem Marktplatz. Wir wurden nicht so streng bewacht. Da bin ich dann einfach weggegangen, habe mich abgesetzt. Ich hatte ja im Laufe der Zeit so eine gewisse Schläue entwickelt. Jetzt versuchst du es einfach mal. Läßt es darauf ankommen.[51]

Ähnlich berichtet der Exmarinehelfer Ludwig Gawenda: *Erfolglose Suche nach meinen Eltern und Geschwistern in Bayern (hatte erfahren, daß viele Schlesier nach Bayern geflüchtet waren). Nächtlicher Grenzübertritt nördlich von Coburg in die SBZ, von einem Grenzsoldaten geschnappt, aber bald wieder freigelassen. Suche nach den Angehörigen in Sachsen, insbesondere der Oberlausitz, wo mein Vater herstammt. Erfolglos. Am 22. Okt. durchwatete ich bei Ostritz die Neiße, wo ich am Tag darauf von polnischen Grenztruppen gefangengenommen wurde und eine über 14tägige Gefangenschaft im Keller eines Gutshauses erleben mußte. Neben mir wurden Menschen geschlagen (auch ich selbst) und - in einem Falle habe ich das selbst erlebt - bis zum Tode gefoltert. Bei der Verlegung der Grenztruppe konnte ich entfliehen. Nächtlicher Marsch von der Neiße zu meinem Heimatort (ca. 100 km), wo ich in dem von der Roten Armee völlig ausgeplünderten Wohnhaus meine Eltern und eine meiner Schwestern wiederfand. Dies war im Dezember 1945. Bis Juli 46 arbeitete ich in einer Gärtnerei und einer Landwirtschaft. Auch hier wurde ich einmal von den Polen eingesperrt. Im Juli 46 Vertreibung aus der Heimat. Marsch von ca. 30 Kilometern in drückender Hitze zum Bahnhof der Kreisstadt Jauer. Es durfte nur mitgenommen werden, was wir tragen konnten. Nach einer Woche Fahrt im Viehwaggon nach Westdeutschland in die Gegend von Braunschweig.*[52]

Der Zeitzeuge Schulz-Bongert schickte dem Verfasser seine Erinnerungen an eine dramatische Flucht und Heimkehr: über 600 Kilometer Fluchtweg von Schlesien in die Altmark mit dreimaliger Gefangenschaft.[53]

Vier Beispiele mögen genügen, eine Vielzahl könnte noch angeführt werden. Aus den schriftlichen und mündlichen Aussagen der Zeitzeugen läßt sich klar erkennen, daß die jungen Soldaten, von denen noch keiner 18 Jahre alt war, besonders durch die ereignisgeladenen Wochen und Monate vor und nach Kriegsende in ganz besonderer Weise verändert und geprägt wieder zu den Eltern zurückkehrten.

Die Frage nach einem veränderten Verhältnis konnte nicht von allen Interviewten beantwortet werden. Für einige waren die Eltern unerreichbar, andere bauten sich gleich nach dem Krieg allein eine neue Existenz auf, sie arbeiteten irgendwo in der Landwirtschaft, verrichteten Dienste bei den alliierten Streitkräften, wie Minenräumen auf See oder zu Land oder als Dolmetscher oder als Kalfaktor bei der Truppe. Alle übrigen, die wieder daheim waren, geben deutlich zu verstehen, daß sie zu Hause selbstbewußter und entschlossener auftraten. Einige sagten, sie seien bald nach ihrer Heimkehr mit ihren Eltern, insbesondere mit dem Vater, in Konflikt geraten. Die Jungen waren zu dem Zeitpunkt erst 16, 17 oder 18 Jahre alt. Ihr Fortgang von daheim lag höchstens eineinhalb bis zwei Jahre zurück. Aber inzwischen hatte sich die Welt verändert und mit ihr die Menschen. Kinder gingen von zu Hause fort, gereifte junge Männer kehrten zurück, unverständlich für manche Mutter, manchen Vater. Der Wandel wurde von ihnen nicht begriffen: Unfertig ging da ein Schuljunge von zu Hause weg, nach kurzer Zeit kam er wieder. „So", sagten sie sich, „jetzt ist es höchste Zeit, den Erziehungsvorgang schnell nachzuholen." Und der Vater fuhr dort fort, wo er vor einiger Zeit aufgehört hatte. Konflikte und Kollisionen waren so vorprogrammiert. Der heimgekehrte Jungsoldat, der vorzeitig „ergraute Krieger", ließ sich eine solche nachgeholte Erziehung nicht gefallen.

Der Zeitzeuge Zumhorst schildert die Situation nach seiner Heimkehr ins Elternhaus:

Das war eigentlich eine Situation, mit der ich unheimlich schwer umgehen konnte. Als ich zurückkam, war auch mein Vater wieder da. Der Vater war schwerbeschädigt, war in der Rüstungsindustrie tätig, häufig auswärts eingesetzt bei den Versuchen mit U-Boot-Manometern, und als ich jetzt wieder mit ihm zusammentraf, war ich nicht mehr der gleiche wie im Jahr 1943. Und mein Vater hat natürlich versucht, seine Erzieherfunktion fortzusetzen, also er dirigierte mich für bestimmte Arbeiten, er wollte dafür sorgen, wann ich morgens aufzustehen hatte, er achtete auf mein Erscheinungsbild, wie das so vorher mit dem kleinen Jungen ja auch mal nötig war, und daraus haben sich in diesen Jahren 1945/46 eine Menge Zerwürfnisse ergeben. Mein Vater hat nicht begriffen, daß ich durch diese Dienstzeit eigentlich früh gereift war und daß ich ein ganzes Stück erwachsener war. Und ich war eigentlich dadurch früh bestrebt gewesen, aus dem Elternhaus herauszukommen.[54]

Ernst Felder erzählt:

Es gab Spannungen zwischen dem Vater und uns Brüdern. Mit der Mutter überhaupt keine. Das ist wirklich wahr. Das hat sogar bis zu einem Rausschmiß geführt. Daß ich vorübergehend rausgeworfen worden bin, weil ich glaubte, auf Grund meiner ganzen Erlebnisse ein erwachsener Mensch zu sein und dem Vater auch mal meine Meinung, meine persönliche, zu verschiedenen Dingen zu sagen. Er war ja ein strenger Herr, der keinen Widerspruch im allgemeinen duldete. Es kam zu einem Rausschmiß. Es hat sich dann aber später wieder alles eingerenkt.[55]

Paul Schmittke bekam nach seiner Rückkehr aus der Gefangenschaft im Oktober 1947 Schwierigkeiten mit seiner Mutter: *Problematisch wurde es erst wieder zu Hause nach der Heimkehr. Weniger mit dem Vater, aber mit der Mutter. Sie hatte einen 15jährigen unfertigen Sohn in den Krieg ziehen lassen müssen und wollte ihn jetzt wiederhaben. Es kam aber ein 19jähriger mit vier Jahren harter Lebenserfahrung, der nun gar nichts dabei finden konnte, Versäumtes nachzuholen, mehrfach in der Woche tanzen zu gehen, erst spät in der Nacht nach Hause zu kommen oder auch mal gar nicht. Die Mutter hatte damit ihre großen Probleme und gab sie in recht heftiger Weise an den Sohn weiter.*[56]

Erstaunlich bei dieser Schilderung ist der Umstand, daß eine Mutter in Kollision mit dem Sohn gerät, der ja schließlich über zwei Jahre von zu Hause fort war und zweieinhalb Jahre das schwere Los der Gefangenschaft zu erleiden hatte. Vielleicht wollte die Frau, die inzwischen geschieden war und mit dem Sohn allein lebte, verstärkt ihre Besitzansprüche an ihrem einzigen Kind mit Zucht und Ordnung geltend machen.

Als letzter Jungveteran soll noch Kurt Terhallen (Industriekaufmann i. R.) zum Thema Konflikt mit den Eltern zu Wort kommen:

Ich bin nach Hause gekommen, war erst 17. Nun wollte ich ausgehen, wir hatten uns mit den Klassenkameraden getroffen, wir gingen zur Tanzstunde dann. Da sagte mein Vater: „Das geht doch nicht, du mußt um zehn zu Hause sein!" Da war ein gewisser Konfliktstoff mit meinem Vater da. Mit meiner Mut-

ter nicht so. Der Vater wollte mit der Erziehung da fortfahren, wo er vor zwei Jahren aufgehört hat.[57]

Im Verhältnis zu den Eltern tritt der komprimierte Reifungsprozeß der ehemaligen Schülersoldaten deutlich in Erscheinung. Sie sind so markant von der Zeit geprägt, daß herkömmliche Erziehungsstrukturen zusammenbrechen. Eltern kapitulieren vor dem neuen Selbstbewußtsein ihrer Söhne. Autoritäre Methoden der Väter lösen Konflikte aus; sie können den Wandel bei ihren Söhnen nicht begreifen, es ist für sie zu schwer, das Leben eines 15- und 16jährigen im mörderischen Kriegsgeschehen nachzuvollziehen. Bemerkenswert ist das Handeln einiger junger Heimkehrer aus solchen Konfliktsituationen heraus. Mit 17 oder 18 Jahren kehren sie dem Elternhaus den Rücken in einer Zeit der völligen Unsicherheit.

Nun kann dagegen eingewendet werden, daß Heranwachsende in der Regel mit den erzieherischen Maßnahmen der Eltern immer schon in Konflikt geraten waren. Wie bereits dargelegt, erreichen alle Jugendlichen in dieser Lebensphase ihr volles Ichbewußtsein unter schrittweiser Abnabelung von den Eltern. Bei denen aber erzeugte die zeitliche Trennung von ihren Söhnen den Drang, die Erziehung nachzuholen, die in der Zeit des Fortseins versäumt wurde. Bei den jugendlichen Heimkehrern gab es aber nichts nachzuholen, nichts nachzuerziehen. Wie schon festgestellt, haben die Schülersoldaten ein Stück Jugendzeit übersprungen. Das Rad des Lebensablaufs ließ sich nicht mehr zurückdrehen. Mit Eltern, die diese Veränderung ihrer Söhne nicht erkannten, mußten die Auseinandersetzungen kommen.

Bei den Interviews wurden aber von den Zeitzeugen auch manche Eltern geschildert, die großes Verständnis für die Situation des heimgekehrten Sohnes zeigten. Seine durch das Kriegsgeschehen frühzeitig entwickelte Reife, verbunden mit der Erlangung eines ungewöhnlichen Lebensernstes, wurde von Vater und Mutter erkannt und voll akzeptiert.

Recht deutlich beschreibt das Oskar Brunner:

Das Verhältnis zu meinen Eltern, als ich aus der russischen Gefangenschaft kam, war einerseits natürlich dadurch geprägt, daß wir alle überglücklich waren, daß in unserer Familie keiner gefallen war, andererseits geprägt durch die allgemeine Notzeit, und das in einer Stadt, die uns noch nicht so vertraut war. Meine Eltern haben, als ich zurückkam, mir gesagt:: „ Wenn der Krieg nicht so grauenhaft ausgegangen wäre, wärest du heute

*Fähnrich zur See, und dann wärest du ein selbständiger Mann,
und wir haben beschlossen, dir nichts mehr zu sagen in dem
Sinne der üblichen Erziehung. Wir halten unseren Erziehungs-
auftrag für abgeschlossen. Wenn du etwas wissen möchtest,
stehen wir dir jederzeit mit Rat zur Verfügung. Aber wir
werden nicht mehr an dir herumerziehen."* Diesen Vorsatz
haben sie auch durchgehalten.[58]

Der Zeitzeuge erwähnt die neuen Lebensumstände für die
Familie in einer fremden Stadt. Dort, wo die Not der Nachkriegszeit besonders groß war, traten Erziehungsaspekte in
den Hintergrund. Das wird auch in so manchem Bericht offenbar.

Der Zeitzeuge Gerd Bremer antwortet auf die Frage, ob sich
in seinem Verhältnis zu seinen Eltern nach dem Kriege etwas
verändert hätte:

*Das Verhältnis zu meinen Eltern hat sich verändert, weil ich
Soldat war, in Gefangenschaft und im Grunde dasselbe erlebt
hatte wie mein Vater. Ich wurde vom ersten Augenblick an
akzeptiert. Nicht mehr als Kind angesehen, sondern als gleich-
berechtigter Mann. Das ist der entscheidende Punkt gewesen.[59]*

Heinrich Meißner kann sich an diese erste Zeit nach dem
Kriege im Elternhaus gut erinnern:

*Mein Vater war zwei Tage vor Kriegsbeginn eingezogen wor-
den, im Ersten Weltkrieg war er Leutnant gewesen. Er war
selber bei der Flak und hatte selber Luftwaffenhelfer gehabt.
Doch ist das Verhältnis anders geworden. Ich habe eben festgestellt, daß vieles nicht so gelaufen ist, wie es lief, daß alles am
Boden lag. Dann habe ich aufgemault, bin manchmal etwas
trotzig geworden. Und ich habe gesagt: „Warum muß das so
sein?" Habe den Eltern eine gewisse Schuld gegeben im Unterbewußtsein, was aber nicht gerechtfertigt war. Ich habe also
gemeckert gegen alles, gegen die Militärregierung, gegen das,
was früher war, gegen das, was jetzt ist. Damit sind auch die
Eltern daruntergefallen. Daß ich auch manchmal sagte: „Nein,
das will ich nicht, und das will ich so haben." Etwas gestört (das
Verhältnis mit den Eltern) möchte ich doch sagen, und das hat
sich dann im Laufe der Jahre, als ich studierte, wieder eingerenkt. Daß ich einsichtiger wurde. Konflikt gab es etwas. Ich
ließ mir auch nicht mehr so viel sagen. Allerdings, meine Eltern
ließen mir auch eine gewisse Freiheit. Wenn ich sagte: „Ich gehe
heute abend noch mal aus", dann bin ich eben ausgegangen.
Aber meiner Schwester wurde das verboten, obwohl sie älter
war. Das war eben so damals. „Du könntest ja mit einem Kind*

kommen, und das wollen wir nicht. " *Und deswegen wurde sie zu Hause gehalten. Und meine Schwester hat dagegen aufge-trumpft.*[60]

Hier ist weniger die Rede davon, ob und wie die Eltern den Jungen als erwachsenen Mann betrachtet haben, sondern vielmehr wie ein junger vom Krieg gezeichneter Mensch aus der Bahn geworfen wurde, mit Unzufriedenheit beladen in Opposition zu allem geriet. Ein wertvolles Zeugnis eines Zeitzeugen, der eindeutig von der Zeit geprägt wurde und quasi die Proteste der 68er um mehr als 20 Jahre für seine Person vorverlegt hatte. Bei diesem Beispiel muß um das Verständnis der Nachkriegsgenerationen geworben werden: Damals wurden junge Menschen erst mit 21 Jahren mündig, und es war durchaus nicht selbstverständlich, wenn ein junger Mann ohne besondere Erlaubnis der Eltern abends ausging und vielleicht erst nach Mitternacht heimkehrte. Elternautorität hatte vor 50 Jahren noch einen anderen Stellenwert als heute.

Manchmal veränderte sich das Verhältnis zur Mutter, aber in einer ganz anderen Beziehung. Als manche Söhne wieder ins Elternhaus zurückkehrten, war oftmals der Vater nicht daheim. Der war noch in Gefangenschaft oder im Krieg umgekommen. Einige Zeitzeugen berichten, daß dann die Vaterrolle auf den Sohn überging. Eine männliche Hand in der Familie war dann wertvoll im Überlebenskampf unmittelbar nach Kriegsende.

Kurt Kramer weiß von einer solchen Vaterrolle zu berichten. Das Seltsame ist, daß er Vaters Rolle einnahm, obwohl der Vater daheim war. Der war durch den verlorenen Krieg, durch den Untergang des NS-Regimes völlig demoralisiert. Für ihn brach nach dem Krieg eine Welt zusammen:

Ich hatte ja so ein bißchen Vaters Platz, der noch in Gefangen-schaft war, eingenommen. Ich hatte so das Gefühl, ich habe das besser verkraftet. Er fühlte sich nach seiner Heimkehr vielleicht auch schuldig oder was weiß ich, anders schuldig als wir. Er hat ja mit das System getragen. Er wurde dadurch in seinem Wesen, so habe ich Vater vorher nicht kennengelernt, ängstlicher, zu-rückhaltender, er traute sich nichts Rechtes mehr.[61]

Mädchen und Frauen

200.000 Jungsoldaten von 15 und 16 Jahren wurden während ihres Kriegsdienstes in den deutschen Flakstellungen und viele von ihnen noch anschließend in einer kürzeren RAD- und Militärzeit stark in ihrer Entwicklung beeinflußt. Diese Feststellung dürfte nach den bisher durchgeführten Untersuchungen eindeutig erkennbar sein. Im Vergleich zu gleichaltrigen oder etwas älteren Jungen, die nicht Kriegsdienste an den Fliegerabwehrgeschützen geleistet hatten, wurde die Entwicklungsbeeinflussung besonders deutlich.

Bei der Auswertung der Frage nach den Erfahrungen mit Mädchen in der Flakhelferzeit ergaben sich Erkenntnisse, die zunächst widersprüchlich erschienen. Während die Schülersoldaten in kurzer Zeit charakterlich hinsichtlich ihres Erwachsenseins einen gewaltigen Sprung nach vorn machten, blieben sie in ihren Erfahrungen im Umgang mit Mädchen zurück. Schon bald nach Beginn der Befragung der früheren Flakhelfer fiel das Wort von den Spätentwicklern wider Willen.

Ein Exluftwaffenhelfer aus dem Ruhrgebiet, Dr. Heinrich Jürgens (Professor i. R.), schrieb schon im Frühstadium dieser Forschungsarbeit von seinen Kenntnissen aus der Flakhelferzeit und gab damit dem Verfasser erste Anregung zur Formulierung der Frage, wie der Schülersoldat es mit den Mädchen hielt:

Wir saßen mit meinen ehemaligen Klassenkameraden in meinem Elternhaus zusammen, und einer fragte zu später Stunde: Wann fing das eigentlich bei euch mit den Mädchen an? Antwort: Spät! Wir waren clevere Jungs, aber biologisch späte Reifer. Vielleicht haben wir auch unsere pubertären Probleme in die Luft geschossen. Natürlich hat die Flakhelferzeit unsere Entwicklung beeinflußt.[62]

Bei der Befragung der Zeitzeugen zu diesem Punkt des Fragebogens wird immer wieder von den abrupt abgebrochenen Verbindungen zu einer ersten Freundin gesprochen. Jugendliche knüpfen in der Regel die ersten zarten Bande zum anderen Geschlecht im Alter von 15 und 16 Jahren, ein ganz natürlicher Vorgang, der vor 50 Jahren in viel behutsamerer und zurückhaltenderer Weise ablief als heute. Das Zeitalter des offenen Sex (das Wort gab es damals im deutschen Sprachgebrauch noch nicht) war noch nicht angebrochen, und die Kinder und erst richtig die Enkelkinder der Schülersoldaten gingen mit der Sexualität so um, wie es heute gang und gäbe ist und von der breiten Öffentlichkeit als Selbstverständlichkeit hingenommen wird.

Die Moralbegriffe aus den 40er Jahren hinsichtlich des Umgangs mit dem weiblichen Geschlecht sind den Zeitzeugen so geläufig, daß viele diese Unterschiede bei den Begegnungen mit den Mädchen ihrer Zeit hervorheben. Körperliche Berührungen (heute würde man sagen Petting und Necking) bei dieser Altersstufe der 15- und 16jährigen waren ein Privileg der ganz Mutigen unter den Jungen und auch Mädchen. Die Zeitzeugen sehen eher die Beziehungen zu den gleichaltrigen Mädchen unter dem sportlich-kameradschaftlichen Aspekt, obwohl mancher davon spricht, daß er schon kurz vor der Einberufung eine Freundin gehabt habe. Nun aber zielt die Frage nicht auf die Zeit vor der Luftwaffenhelferzeit. Der Interviewer wollte eigentlich nur wissen, wie es mit den Mädchenfreundschaften während des Kriegsdienstes gehalten wurde. Die Antworten sowohl in den Fragebogen als auch die erweiterten in den Interviews ergaben eindeutig die Erkenntnis, daß die Pflege von zarten Beziehungen vor der Einberufung vielfach verkümmerte. Als Grund werden die Abtrennung vom heimatlichen Umfeld und auch die Ablenkung durch die neuen Aufgaben innerhalb der Flakstellung genannt. Der soeben zitierte Zeitzeuge hat diese Ablenkung treffend mit dem Satz in seinem Brief „vielleicht haben wir unsere pubertären Probleme in die Luft geschossen" umschrieben. Und der frühere Flakhelfer Helmut Bahr schreibt zu dieser Frage drastisch, bedauernd, fast verbittert, aber auf seine Art in ähnlicher Weise:

Ehe ich wußte wie, man küßt, was Liebe ist und was sie bedeuten kann, beherrschte ich mit der Perfektion einer gutgeölten Maschine die Technik des Tötens.[63]

Natürlich hätte so mancher Schülersoldat seine Mädchenfreundschaften weiter pflegen können, weil er ja häufig auf Kurzurlaub nach Hause kam. Aber offensichtlich wurden die Kontakte ärmer, und manchmal hielten nur noch Briefe die Freundschaft aufrecht; und in den Stellungen drehten sich die Gespräche immer wieder um die Mädchen. Die Jungen träumten und sehnten sich nach dem „ewig Weiblichen".

Der frühere Luftwaffenhelfer Neithard Lammers wird in seiner Erinnererung fast schwärmerisch-lyrisch:

An langen Winterabenden in den Baracken und bei Voralarm nutzten wir die portofreie Feldpost zu langen Briefen an Weiblichkeiten unseres Alters oder knapp darüber, oft postlagernd der strengen Eltern wegen. Tenor der Schriebe: Steht ein Soldat am Wolgastrand, Lili Marlen, Heimat, deine Sterne. Welch eine

Romantik, die da bei Vollmond und zehn bis 15 Grad Kälte nachts an den Geschützen zelebriert wurde, wenn einer im warmen Befehlsbunker die gängigen Melodien in die Ohrmuschel summte und die Geschützbedienung leise einfiel. Verklärtes Heimweh, erste Sehnsucht nach der anschmiegsamen Lieblichkeit eines idealisierten Mädchens oder Verlangen, es in den beschützenden Armen zu fühlen. Harmlose Träumereien in den Briefen, zart und behutsam in der Wortwahl, darauf bedacht, unsere Gefühle zu umschreiben. Wer von den heutigen Jugendlichen kann diesen Tiefgang noch ganz erleben und auskosten? Wir hatten größten Respekt vor der Frau jeglichen Alters, Händchenhalten war schon ein Wagnis oder Intimität. Devise: Ein deutsches Mädchen bleibt sauber. Natürlich gab es auch Möchtegern-Casanovas, jedenfalls taten sie so. Doch das waren Ausnahmen. So manches Mädchen hat uns durch seine Natürlichkeit und Liebreiz Mut gemacht, an das Leben zu glauben, das ja nach dem Endsieg so herrlich sein würde. Mir persönlich hat eine Cousine, deren Mann in Rußland stand, Halt und Sicherheit in den schwierigen Lagen der Spätpubertät gegeben. Ihre Briefe, ihre Ratschläge schufen in mir gleichsam das Idealbild einer Frau und künftigen Mutter meiner Kinder. Es war immer ein besonderer Tag, wenn einer ihrer aussagereichen Briefe ankam.[64]

Ganz realistisch aus damaliger Situation schreibt Jürgen Hinze:

Man himmelte daheim ein Nachbarmädchen an, das einem dann mal ein Feldpostpäckchen schickte, oder sah sehnsüchtig auf der Leinwand den Revue- oder Strandschönheiten nach, aber das war alles ganz platonisch. 1944/45 lernte man dann übers Feldtelefon Flakhelferinnen kennen, die „erfahrener" waren, aber das war auch nur etwas Pennälerschmuserei, und die, die noch sterben mußten, hatten die Liebe nie kennengelernt. Die kannten sie nur aus Zarah Leander- oder Evelyn Künnecke-Liedern.[65]

Zum Thema „Schwierigkeiten mit Mädchenfreundschaften" schreibt Karl Mals:

Freundschaften mit Mädchen hätte man ganz gerne gehabt, waren aber umständehalber nicht möglich. Es blieb bei schüchternen Urlaubs- und Reiseflirts.[66]

Immer wieder und gerne antworten die Probanden zu diesem Thema. Hans-Dieter Kiepling:

Es gab für mich überhaupt keinen Kontakt zu Mädchen. Aufkeimende Freundschaften, z. B. im Klavierunterricht, wurden durch die Einberufung abrupt beendet. Sogar als kurzzeitiger Ausbilder von Flakhelferinnen ergaben sich keine persönlichen Kontakte.[67]

Wilhelm Larberg:
Freundschaften mit Mädchen gab es, sexuelle Erfahrungen gab es damals nicht. Und da wir ja wenig Urlaub hatten, beschränkten sich die Freundschaften im wesentlichen auf das Schreiben von Briefen.[68]

Kurt Kramer:
Während heute normalerweise Jugendliche zur Tanzstunde gehen, Hobbies pflegen, Ferienfahrten machen und die Welt kennenlernen, war bei uns nach ca. vier Stunden Schlaf Geschütz- und Rohrreinigen angesagt.[69]

Dr. Ferdinand Beneke (Lehrer i. R.):
Ich habe damals nicht entbehrt, keine Freundschaft mit Mädchen zu haben. Wir waren ja auch ganz schön „gefordert" - während des Tages Schule, während der Nacht „Einsatz"...[70]

Gelegenheiten zu Bekanntschaften mit Mädchen gab es manchmal im Bereich der Flakbatterien. Junge Frauen wurden zu Kriegshilfsdiensten in den letzten Kriegsjahren einberufen und wurden an den Scheinwerfern, an Meßgeräten und im Nachrichtenwesen eingesetzt. Unter 18 Jahren kam keine Frau zum Kriegshilfseinsatz. So waren diese Mädchen immer um zwei bis vier Jahre älter als die Schülersoldaten. Daheim im zivilen Bereich hätte sich kaum ein 16jähriger für eine 18- oder 20jährige interessiert. Aber hier in der Stellung bahnte sich dann schon mal eine flüchtige Freundschaft mangels Gleichaltriger an. Von einem engeren, dauerhaften oder gar intimen Verhältnis konnte kein Zeitzeuge berichten.

Dr. Reiner Barlag (Arzt):
Erste Freundschaften mit Mädchen gab es auch in unserer Batterie. Zur Batterie gehörte nämlich auch eine Anzahl Flakhelferinnen, die in der Umwertung und am sogenannten Kindersarg (Ablesegerät am Funkmeßgerät) eingesetzt waren. Sie waren wohl etwas älter als wir, ca. 20 Jahre alt. Ich selbst war am Kommandogerät 40 eingesetzt und war mit diesen Mädels durch Kehlkopfmikrofon und Kopfhörer beim sogenannten elektrischen Schießen verbunden. Es blieb nicht aus, daß man sich persönlich mit ihnen unterhielt und sie abends nach Dienstschluß zu einem Spaziergang durch die Batterie einlud. Es blieb aber alles extrem platonisch. Ich z. B. habe nie gewagt, einen Kuß zu geben, obwohl reichlich Gelegenheit vorhanden war.[71]

Werner Haferkamp:
Auch wir haben Freundschaften mit Mädchen (Marinehelfe-rinnen) gepflegt. Doch diese Freundschaften waren ideeller Natur und getragen von gegenseitiger Hochachtung. Sexuelle Fragen oder Probleme waren kein Thema.[72]

Wilhelm Larberg:
Wir hatten keinen Kontakt zu Frauen. Wir hatten allerdings Marinehelferinnen bei uns, die machten Dienst am Funkmeß-gerät. Mit denen hatten wir keinen direkten Kontakt, aber die hatten so einen Art mütterlichen Sinn für uns. Die waren 18 bis 21 Jahre alt. In dem Alter war das ein großer Unterschied. Denen taten wir Jungen leid, und die hatten was Mütterliches für uns übrig, die sammelten Brot für uns und so 'n Zeug und nahmen uns mal in den Arm, halfen uns. Nähten unsere Sachen an usw.[73]

In rührender Weise breitet Bruno Zumhorst seine einstige kindliche Einstellung zu den Flakhelferinnen in seiner Batterie aus:

Ich bin ein unheimlich Spätpubertierender gewesen. Ich hab' also zu der Gestalt des Weibes zu dieser Zeit ein totales Neu-trumverhalten gehabt. Das hat mich in gar keiner Weise etwa erotisch oder gefühlsmäßig bewegt, sondern für mich war das durch die Männerwelt, in der ich da lange Monate war, ein positives Erlebnis, da eben fröhliche Mädchen in der Nachbar-schaft zu sehen, mit denen man reden konnte, mit denen man flachsen konnte. Aber das ging nicht mal bis zum Flirt. Ich erinnere mich, daß die Vorgesetzte dieser Flakhelferinnen, das war eine „uralte" Frau, die war ja schon mindestens 30, und die genehmigte mir also dann, getrost in die Baracke zu kom-men, nachdem sie mich einigermaßen kennengelernt hatte, und durfte da zu meinem hellen Entzücken mir dann die Socken stopfen lassen. Und ich bin auch in die Vermittlungsbaracke gegangen, wo die Flakwaffenhelferinnen Telefondienst hatten. Und hab' da mit denen zusammen meine Milchsuppe gelöffelt. Mir wär's aber nie eingefallen, so ein Mädchen auch nur zu streicheln. Ich hatte zu der Zeit auch nicht mal im Ansatz eine pubertierende oder erotische Gefühlswelt.[74]

Die mütterliche Seite der älteren Mädchen wird von etlichen früheren Flakhelfern hervorgehoben. Die unschuldige Art, in der der Zeitzeuge Zumhorst mit den Helferinnen umgegan-gen ist, wird vielen Schülersoldaten zu eigen gewesen sein. Dem Autor liegen viele Antworten von Flakhelfern vor, die auf die Frage nach ihren Mädchenerfahrungen in ihrer frühen Militärzeit mit einer Fehlanzeige reagieren. Diese Zeitzeugen hatten während ihrer Flakhelferzeit überhaupt keinerlei Beziehungen zu Mädchen. Um mit dem Exflakhelfer Zumhors zu sprechen, zu Mädchen und Frauen hatten diese Spätpubertierenden ein „totales Neutrumverhalten". Oder Mädchen und Frauen wurden, wie ein anderer früherer Luftwaffenhelfer sagt, als künftige Bräute und Mütter angesehen. Nun muß bei dieser Betrachtung berücksichtigt werden, daß der Nationalsozialismus mit seiner Ideologie ein Frauenbild geschaffen hatte, das unter den Vorzeichen des „arischen Menschen", der „auserwählten deutschen Art" zu sehen ist. Die Schülersoldaten waren schließlich durch und durch ideologisch infiltriert von solchem nationalsozialistischen Gedankengut. Der Respekt vor der Frau, den ein halbwüchsiger Junge Anfang der 40er Jahre hatte, ist den späteren Generationen weitgehend fremd. Daß dieser Respekt oftmals nur Makulatur war, wurde den jungen Menschen im Dritten Reich erst später richtig klar.

Der schon zitierte Neithard Lammers sagt ernüchternd im Anschluß an seine „lyrischen" Ausführungen:

Wir hatten damals an den Wänden die Schauspieler. Wir haben geglaubt, daß das auch die Menschen sind, die sie darstellen. Zarah Leander usw. Das waren Frauen, deutsch bis dorthinaus, das Ideal, mädchenhaft, unberührt. Und nachher hat man erfahren, was so hinter den Kulissen war.[75]

140 Zeitzeugen schildern mehr oder weniger umfangreich ihre Erfahrungen mit Mädchen während ihrer Flakhelferzeit. Es bereitete dem Autor Schwierigkeiten, für die statistische Auswertung die richtige Zuordnung zu finden. Aber aus den Äußerungen, so knapp sie auch sein mögen, lassen sich doch Schlüsse ziehen. Nach intensiver und sorgfältiger Durchsicht der einzelnen Antworten konnte der Autor 103 der 140 ausgewerteten Stimmen einer ersten Gruppe zurechnen. Das sind 73,6 Prozent aller Befragten. Diese Zeitzeugen geben an, daß sie keine persönlichen Kontakte zu Mädchen unterhielten. Bestenfalls sprachen sie von flüchtigen, oberflächlichen oder nur kameradschaftlichen Beziehungen. Sexuelle Berührungspunkte ergaben sich bei diesen früheren Flakhelfern überhaupt nicht. Etliche von ihnen haben sich allerdings „harmlose" Briefe geschrieben. Manche von ihnen sprechen vom Spätentwicklereffekt, vom Gefühl, etwas verpaßt zu haben, eben weil sich durch diesen Kriegsdienst keine Gelegenheit zu Kontaktaufnahmen ergab.

Eine zweite Gruppe kristallisierte sich heraus, der alle diejenigen Zeitzeugen zuzurechnen sind, die unumwunden zugeben, daß sie schon als 15- oder 16jährige Schülersoldaten eine engere Beziehung hatten. 18 Probanden (12,8 %) äußern sich in dieser Weise. Obwohl die Frage nach einer geschlechtlichen Beziehung nie vom Interviewer gestellt wurde, geben drei Zeitzeugen an, daß sie während ihrer Luftwaffenhelferzeit mit einer festen Freundin Geschlechtsverkehr hatten. Einige von diesen früheren Schülersoldaten sind auch der Ansicht, daß von keinen Einschränkungen von Kontakten zu Mädchen während des Dienstes bei der Flak zu reden sei. Manche hätten genügend Freizeit gehabt, ja manchmal wurde sogar Gelegenheit zur Teilnahme an einem Tanzkursus gegeben. Tatsächlich waren die älteren Flakhelfer im Jahre 1943 Nutznießer größerer Freizügigkeiten seitens der Batteriechefs. Der Bombenkrieg hatte sich in seiner vollen Stärke noch nicht entwickelt, und die Batterieführungen konnten mit Gewährung von Kurzurlaub großzügiger umgehen.

Die restlichen 19 Befragten (13,6 %) sind wieder der Plus-Minus-Gruppe zuzurechnen. Diese Zeitzeugen interessierten sich wohl für Mädchen, zu einer länger anhaltenden Freundschaft kam es aber nicht. Als Grund dafür geben einige an, daß die Ablenkung durch den Flakdienst zu groß gewesen sei, es habe zu wenig Zeit zur Verfügung gestanden. Zwei ehemalige Luftwaffenhelfer sprechen von einem „Bratkartoffelverhältnis", sie lernten ein Mädchen kennen, wurden mit nach Hause genommen, man aß gut bei deren Eltern und spielte Mühle oder Mensch-ärgere-dich-nicht. Manche himmelten ein Mädchen an, träumten von ihr und hängten ihr Foto in den Spind. Es blieb aber nur eine Beziehung „aus der Ferne". Selbst unter Berücksichtigung der individuellen körperlichen und geistigen Entwicklung des einzelnen Schülersoldaten sind nach diesen Überlegungen die Einflüsse der veränderten Lebensumstände während der Flakhelferzeit auf die sexuell-geistige Ausformung des jungen Menschen offenkundig geworden. Sie werden schon bald nach Kriegsende ihren Niederschlag im Verhalten der jungen Männer gegenüber dem weiblichen Geschlecht finden.

Nach dem Zusammenbruch drückte die Last der Vergangenheit gewaltig, viele fühlten sich betrogen, nicht so sehr um die politische Sinngebung, sondern einfach um das Leben selbst. Und besonders diese Schülersoldaten spürten nach der Heimkehr ins zivile Leben, daß sie auf dem Gebiet der Freundschaften zu Mädchen so manches aufzuholen hatten. Nicht wenige Zeitzeugen dieses Forschungsprojekts betonen, daß sie erst jetzt als 17-, 18- und 19jährige erstmals Begegnungen mit Frauen hatten.

Es ist jetzt an der Zeit, sich wieder an die innere Verfassung der heimgekehrten jungen Menschen zu erinnern. Als Jungsoldaten frühzeitig gereift und ernst geworden durch die hautnahe Konfrontation mit dem mörderischen Krieg, blickten sie zunächst wohl nur zaghaft, dann immer hoffnungsvoller in die Zukunft. Sie spürten, was sie entbehren mußten und was sie vermißt hatten. Und das war nicht an letzter Stelle die Begegnung mit dem weiblichen Geschlecht: verspätetes Erwachen natürlichster Neigungen der jungen Männer.

Die Frage nach Freundschaften mit jungen Frauen nach dem Krieg schloß die Fragebogenfrage nach den Erfahrungen mit Mädchen während der Flakzeit nicht ein. Für den Interviewer ergab sich aber bald ein interessanter Aspekt, resultierend aus dieser Frage nach den Erfahrungen als Luftwaffen- und Marinehelfer. In den Gesprächen mit den Zeitzeugen wurde erwähnt, daß die ersten Freundinnen nach dem Krieg in der Regel älter waren als die heimgekehrten Jungsoldaten oder zumindest gleichaltrig, aber nie jünger. Diesem Phänomen ging der Interviewer nach und machte die Feststellung, daß fast alle ehemaligen Schülersoldaten, die in der ersten Zeit nach Kriegsschluß Kontakte mit Mädchen knüpften, sich zu gleichaltrigen oder älteren hingezogen fühlten.

Nun wird so mancher sagen, die Gründe hierfür liegen doch klar auf der Hand: Ältere Mädchen sind reifer, erfahrener und können, sexuell gesehen, einem jüngeren Mann, zumal er so lange von weiblichen Kontakten abgetrennt lebte, mehr bieten. Das mag für friedliche Zeiten gelten, für junge Männer, die vielleicht abgeschirmt in einem Internat lebten. Nun handelt es sich hier aber um junge Soldaten, die aus dem Krieg heimgekehrt sind. Da hat sich ein enormer Wandel im Reifebewußtsein vollzogen, nicht vergleichbar mit dem eines 17- und 18jährigen zu normalen Zeiten. Und in der Kommunikation mit den jüngeren Mädchen stellten die jungen Kriegsteilnehmer den großen mentalen Abstand fest. An vielen jungen Mädchen ist damals der Krieg vorbeigezogen, sie konnten einfach nicht die Sensibilität für das harte Erleben der Heimkehrer entwickeln. Und die jungen Männer empfanden diese 16- und 17jährigen als albern und unreif. Ein gemeinsamer Nenner konnte sich nicht entwickeln.

Nach seiner Rückkehr aus der Gefangenschaft störte den Zeitzeugen Oskar Brunner die Unreife der Mädchen. Im Interview sagt er dann dazu:

Zu den schönsten Jahren meines Lebens gehören die ersten Nachkriegsjahre durch die damalige Tanzstunde. Das war endlich ein freies Leben mit menschlichen Begegnungen. Mir waren allerdings die Mädchen zu unreif, und ich erinnere mich ganz genau an ein Nachtgespräch, als ich mich nach der Tanzstunde bei meiner Mutter an den Bettrand setzte und mich bitter beklagte über die entsetzlich albernen gackrigen Pflänzchen, die hatten eben nicht im Pulverdampf gestanden und nicht ihre Kameraden begraben und waren nicht von zerfetzten Leibern umgeben gewesen, sondern hatten in einem völlig unbeschädigten Hamburger Stadtteil überlebt. Auch meine erste Freundin war damals Anfang 20, also etwa fünf Jahre älter als ich.[76]

Auch Dietmar Kuhnke (Bundeswehroffizier i. R.) machte seine Erfahrungen mit der Tanzstunde:

Wir sind nach der „freiwilligen" Ausweisung aus Stettin zunächst in die Mark Brandenburg in einen kleinen Ort ostwärts von Berlin gegangen. Und meine Mutter wollte sehr gern aus mir wieder einen bürgerlichen Sohn machen, und so sollte ich dann zur Tanzstunde gehen. Da wurde ich dann auch angemeldet und bin dort hingekommen und bin dort in den Saal reingekommen und bin dann gleich wieder rausgegangen und hab' dem Lehrer gesagt: „Geben Sie mir das Geld wieder zurück, mit den Küken kann ich nicht tanzen." Und bin nach Hause, die waren vielleicht zwei Jahre jünger, und habe gesagt, aha, nichts, nein, das beim besten Willen nicht; ich war gerade 18. Ich habe das dann mit einer Stettiner Kaufmannsfrau, die mit uns geflüchtet war, in der Scheune gelernt, wie man tanzt. Das war wirklich typisch. Und auch die ersten, na ja, Freundinnen, Mädchen, mit denen man ging, sagen wir mal so, waren in der Regel der Fälle entweder genausoalt oder sogar etwas älter. Vielleicht weil wir glaubten, nicht wir müßten was nachholen, aber die könnten uns mehr beibringen. Aber noch etwas anderes ist ganz entscheidend. Ich habe, und viele meiner Kameraden auch nicht, nicht sehr viel gewechselt. Ich wäre bei meiner ersten Freundin fast gleich hängengeblieben. Und ich habe dann auch sehr früh geheiratet.[77]

Noch ein dritter Tanzstundenschüler von 1945/46 soll zu Wort kommen, Bruno Sabel:

Man mußte ja auch in die Tanzschule, da kam man sich eines-

*teils wahnsinnig kindisch und albern vor, aber andererseits
gesehen, da muß man hin, dann bringen wir's hinter uns. Jetzt
waren natürlich die Mädchen, die da in der Tanzschule waren,
wir waren Studenten, wir waren 18, 19, die waren dann so 16,
17, die waren in unseren Augen gutmütige, alberne Gänse. Die
träumten, was weiß ich, von irgendwelcher Filmschauspielerin,
von der Kückelmann vielleicht, die gerade „in" war. Für uns
war das weder gut noch böse, das interessierte uns doch gar
nicht. Wir kamen mit denen auch nicht in Kontakt, wir gingen
sozusagen dahin und haben die als Tanzstundenpartnerin ver-
schlissen, weil man ja mit irgend jemandem tanzen mußte, aber
eine darüber hinausgehende mentale Kontaktbindung ist da
nie entstanden. Generationen lagen dazwischen. Das endete
dann damit, sehr zur Wut der Tanzstundendamen, besonders
auch der Tanzstundenmütter, daß beim Tanzstundenball die
ganzen Herren in einer Ecke hockten und die Damen jam-
mernd in der anderen. Nicht weil wir Angst vor denen hätten
(Lachen), sondern weil uns das einfach zu blöd war. Wir waren
praktisch für unser Alter einige Lebensjahre weiter, als die
ihrem Alter entsprechend waren. Und dadurch kam die Diskrepanz, da kann man einem keinen Vorwurf machen, die
Verhältnisse waren nun eben mal so. Das hat sich dann drei
Jahre später wieder gegeben.*[78]

Beim Gespräch über Mädchenfreundschaft vor und nach
Kriegsschluß gerät Gerd Bremer ins Dozieren:
*Man muß also streng auseinanderhalten für unsere Generation
die Freundschaft zum Mädchen und Sexuelles zum Mädchen.
Und das, was heute selbstverständlich eine Einheit bildet:
Wenn ich also verliebt bin, dann steige ich mit dem Mädchen
auch ins Bett. Das ist damals für uns undenkbar gewesen,
jedenfalls für mich und ich glaube für viele von uns. Sicherlich
habe ich, gerade durch meine jüngere Schwester, erhebliche
Freundschaften gehabt, aber die hatten nichts mit Sexuellem,
nicht einmal mit dem Kuß etwas zu tun, sondern meine
Freundschaften erstreckten sich auf den Sport, die erstreckten
sich aufs Spazierengehen, also Händchenhalten, das war beinahe schon eine Intimität. Nach dem Abitur war ich in Jena
gewesen und habe eine Lehrerausbildung gemacht. Da war ich
Lehrer und habe Freundschaften gehabt. Ich glaube, da haben
wir ein anderes Verhältnis zur Frau gehabt. Ich habe dann
einmal in der Schule gesagt zu einer Kollegin: „Sie sind mir noch
zu albern!" Und die war zwei Jahre jünger als ich. Zu der hatte
ich das Verhältnis wie zu Klassenkameraden, die war noch*

nicht reif. Heute würde man sagen, die hatte den historischen Background nicht, den man selbst hatte.[79]

Daß diese Darlegungen für alle Heimkehrer zutreffen, muß bezweifelt werden. Der Zeitzeuge stammt aus einem konservativen, wohlbehüteten Umfeld, voll von Idealen für das Dritte Reich und eingefangen von seiner Ideologie, die auch das „hehre" Bild der Frau einschloß. Aber mit Sicherheit wurden solche Anschauungen von vielen Flakhelfern geteilt, weil dem Autor dokumentarisch viele ähnliche Aussagetendenzen vorliegen.

Noch drei letzte Stimmen sollen das Phänomen „die jungen Schülersoldaten und ihre älteren Mädchen" darlegen.

Exluftwaffenhelfer Paul Schmittke, erst Ende 1947 als 19jähriger aus Kriegsgefangenschaft heimgekehrt:

Diese Jüngeren, mit denen hatte ich praktisch gar nuscht am Hut, das konnten gar keine Ansprechpartnerinnen sein für mich, sondern das ergab sich so, und das, was viel häufiger war, mit Älteren sogar, und ich mich dann relativ bald mit einer Älteren, mit einer Artisten, verlobt hatte, weil ich inzwischen selbst mit kleiner Stelle am Theater wirkte und sogar offizielle Verlobung mit bekannten Leuten feierte, O. W. Hasse usw., die waren dabei. Na ja, das war eigentlich für mich die richtige Partnerin, wenn es sich nicht rausgestellt hätte, daß sie also auch ein Doppelspiel spielte. Ich war 19, und die war 24. Und das war so, daß man zunächst einmal eine Richtung zu Älteren hatte.[80]

Hubert Sollmann:

Meine Frau ist etwas älter als ich. Die etwas älteren Mädchen oder Frauen hatten ja auch Kriegserfahrungen und verstanden uns Jüngere besser als die jüngeren Mädchen, an denen mehr oder weniger der Krieg vorbeigegangen ist oder die den Krieg nicht so bewußt erlebt hatten, weil sie einfach zu jung waren.[81]

Bernd Hensler gibt an, daß er als Luftwaffenhelfer überhaupt keine Erfahrung mit Mädchen hatte, sich aber bei Kriegsende völlig erwachsen fühlte:

Ich habe das ganz oft gesagt, schon vor über 40 Jahren, ich hätte nie eine Frau heiraten können, die diese Kriegserfahrungen nicht gemacht hätte. Ich hätte keine Frau heiraten können, die fünf Jahre jünger ist. Meine Frau ist etwas über ein Jahr jünger. Das hat bei unseren Beziehungen eine große Rolle gespielt. Diejenigen, die fünf/sechs Jahre jünger sind, erschienen mir schon wie Leute, die aus einer anderen Welt stammen. Solche

*Dinge, wie Kohl sie von sich gibt, „Gnade der späten Geburt",
sehe ich als völligen Unsinn an. Das ist keine Gnade, die haben
ein ganz großes Stück Lebenserfahrung weniger. Ich habe diese
Zeit der Nazis und des Krieges niemals gemocht, und ich würde
sie meinem ärgsten Feind nicht wünschen, daß er sie durchma-
chen müßte. Aber ich habe durch diese Zeit enorm viel gelernt
oder erfahren. Das steht ohne Zweifel fest. Und deshalb möchte
ich auch eine Frau um mich haben, die das auch versteht. Das
geht bis heute so. Ich kann sehr gut mit jüngeren Kollegen und
Kolleginnen zusammensein, das ist nicht das Problem, aber
wenn es um persönliches Empfinden geht, dann habe ich lieber
jemanden, der aus dieser Kriegszeit Erfahrungen hat.*[82]

Gerade der letzte Zeitzeuge hinterließ mit dieser, aber auch
mit vielen anderen Aussagen beim Interviewer einen überzeugenden Eindruck eines Menschen, der entscheidend von der
Flakhelferzeit für sein ganzes Leben geprägt worden ist. Er
konnte in natürlicher, glaubhafter Art seinen Werdegang nach
dem Krieg bis heute darstellen und immer wieder die Begebenheiten in seinem Lebensablauf herausheben, die einen starken
Bezug zu seiner Schülersoldatenzeit aufweisen. Manch anderer für diese Untersuchung mitwirkender Flakhelferveteran
brachte ähnlich wertvolle Erkenntnisse, die sehr das prägende
Element dieser komprimierten Kriegsdienstzeit verdeutlichen.
Viele andere, und sie gehören zum überwiegenden Teil der
befragten Zeitzeugen, ziehen ebenfalls Verbindungslinien von
ihrer Jungsoldatenzeit in ihr späteres Leben.

In den letzten Kapiteln soll nun versucht werden, die Spurensuche aus der Kriegsdienstzeit der Schülersoldaten auf die
folgenden Jahre und Jahrzehnte auszudehnen. Ein schwieriges
Unternehmen, wie sich bald zeigen wird, denn die Spuren
werden dünner und überdeckt von den Geschehnissen der
Nachkriegszeit.

Fünfter Teil: Ende des Kriegs und ein neuer Anfang

Vor einem Scherbenhaufen

Auf dem weiteren Weg der Zeitzeugen dieser Untersuchung in die Nachkriegszeit war es für den Autor unumgänglich, den mentalen Zustand der jungen Soldaten unmittelbar bei Kriegsende ins Blickfeld zu bekommen. Von ihm erhoffte sich der Verfasser, Zugang zum Verhalten nach Kriegsschluß zu erhalten. Die Schicksale aller hier mit Selbstreflexionen zu Wort kommenden ehemaligen Jungsoldaten sind sehr breit gefächert. Wie in den vorhergehenden Kapiteln schon angeklungen ist, waren viele der Zeitzeugen in den Tagen des Kriegsschlusses in westalliierter oder sowjetischer Gefangenschaft, mancher von ihnen war in den Weiten Rußlands irgendwo in einem Gefangenenlager. Nicht wenige befanden sich auf der Flucht, meist vor den Russen, Polen oder Tschechen, und versuchten, die Heimat zu erreichen. Etliche der jungen Kriegsteilnehmer waren zum Zeitpunkt der Kapitulation in irgendeinem Lazarett, bewegungsunfähig und hilflos der ungewissen Zukunft ausgeliefert. Einige wenige konnten schon vor Kriegsende nach Hause zurückkehren und erlebten den mehr oder weniger gefahrvollen Einmarsch der fremden Truppen in ihre Heimat.

Aber alle gerieten in den Wirbel der unstabilen Verhältnisse, die sich dann besonders in den Tagen um den 8. Mai 1945 zuspitzten. Das Dritte Reich mit seinem Nationalsozialismus fand ein endgültiges Ende, es wurde Besatzungsland fremder Mächte, alle staatliche Ordnung mit ihren Funktionen hatte ihre Gültigkeit für alle Deutschen verloren. Die Herrschaft der bisher Herrschenden, ihr politisches System mit allen Institutionen hörten auf zu existieren. Das alles griff tief ein in das Leben der Deutschen, die überlebt hatten, hinterließ schlimme Narben, die bei vielen lange nicht verheilten und bei manchen Traumata verursachten, die noch nach Jahrzehnten als schmerzhaft empfunden wurden. Aus dem letzten Jahrzehnt liegen viele Darstellungen von Autoren aus dieser Zeit der „Wende" zwischen Krieg, Kapitulation und Nachkriegszeit vor.[1] Ein zunehmendes Interesse der nachwachsenden Generationen hat die soziologisch-historische Erforschung der Jugendgeneration verstärkt in Gang gebracht. Dort werden Menschen befragt oder auch Tagebuchnotizen veröffentlicht, die Aufschlüsse über mentales Bewußtsein aus der NS-Zeit während des Krieges und aus der unmittelbaren Zeit danach vermitteln. Es sind zum Teil beeindruckende Zeugnisse, die in dieser Literatur dargestellt werden. Hier nun soll versucht werden, Kenntnisse von der Bewußtseinslage der Luftwaffenhelferjahrgänge bei Kriegsende zu erhalten und, was ungleich schwieriger ist, das, was die Jungsoldaten bewegte, auf Auswirkungen für die Zeit danach zu untersuchen.

Zur Bewältigung des ersten Teils der Aufgabe sollte wiederum die selbstreflektierende Antwort auf die Frage des Verfassers dienen. Über die Schwächen einer solchen Befragung 50 Jahre nach den Geschehnissen war sich der Interviewer von vornherein klar. Obwohl das Reflexionsvermögen der heute 69- bis 71jährigen Veteranen ungleich entwickelter ist und somit die Vergangenheitsbewältigung viel differenzierter angegangen werden kann, unterliegt der Zeitzeuge nur allzuschnell der Versuchung, sich bei seinen Erinnerungen von den Bildern der Nachkriegsepochen, die sich wie Schichten im Bewußtsein abgelagert haben, falsch leiten und täuschen zu lassen. Deshalb hat der Interviewer bei der Frage „Was bewegte Sie unmittelbar bei Kriegsende?" den Zeitzeugen gebeten, sich an die unmittelbaren Ereignisse und den mentalen Bewußtseinszustand zurückzuerinnern, gleichsam 50 Jahre des Lebens zu streichen und zu antworten, als würde der Interviewer zwei Monate nach dem 8. Mai 1945 diese Befragung durchführen. Nun war der Interviewer in der glücklichen Lage, Zeitzeugen nach historischen Begebenheiten zu befragen, die mit tief ins Bewußtsein einschneidenden Veränderungen des mentalen Zustands verbunden waren. Wie schon häufig in dieser Untersuchung erwähnt, betonten die ehemaligen Schülersoldaten immer wieder die Lebendigkeit dieses oder jenes Ereignisses, das sich unauslöschlich für immer in das Gedächtnis eingegraben habe und mit seinem ganzen Umfang wieder aus der Vergangenheit zurückgeholt werden könne. Zu einem solchen Ereignis ist auf jeden Fall der Kriegsschluß zu rechnen. An der Glaubwürdigkeit der Aussagen der Zeitzeugen ist nicht zu zweifeln. Natürlich wird die eine oder andere Reflexion so nicht erfolgt sein, wäre das Interview tatsächlich einige Zeit nach Kriegsende durchgeführt worden.

Eine dafür typische Antwort auf diese Frage nach dem Bewußtseinszustand bei Kriegsende ist die eines Zeitzeugen, der schrieb, daß ihn nur eine Frage bei Kriegsende bewegte: „Welche politischen Kräfte waren für den Krieg verantwortlich und mußten daher ein für allemal aus dem politischen Leben ausgeschaltet werden?" Nachdem der Interviewer seine Zweifel aussprach, daß der Zeitzeuge schon zu einem solch frühen Zeitpunkt mit 16 Jahren gesellschaftskritische Gedanken entwickelt habe, gibt der frühere Luftwaffenhelfer zu, er habe am 8. Mai 1945 doch noch nicht die Klarheit zu diesem Thema gehabt, er sei erst später auf dem Umweg über die Darwinsche Lehre, mit der er sich allerdings schon als Junge beschäftigt habe, zu dieser Einsicht einer Gesellschaftskritik gelangt.

Trotz der Schwierigkeiten mit der Glaubwürdigkeit der Aussagen aus der Rückerinnerung wurde der Versuch unternommen, den Bewußtseinszustand der Flakhelferzeitzeugen bei Kriegsende herauszuarbeiten und zu kategorisieren.[2]

Nach der Analyse wurden die Erinnerungen der früheren Schülersoldaten nach bewährter Methode der vorherigen Kapitel in drei Gruppen eingeteilt. Sie sollen nach der Auswertung als Minus- und Plusgruppe bezeichnet werden. Aussagen, die sich weder der einen noch der anderen Gruppe einordnen ließen oder die unklare, abweichende Antworten zeigten, wurden in einer dritten sogenannten Plus-Minus-Gruppe zusammengefaßt. Gerade bei den Antworten zu der Frage nach dem Bewußtseinszustand zum Zeitpunkt des Zusammenbruchs wurden etliche unzureichende, dürftige Erwiderungen gegeben, die für die Bewertung unbrauchbar waren. Es kamen also hier nur 121 Zeitzeugenaussagen zur Auswertung.

Nun sollen zunächst Schülersoldaten zu Worte kommen, die in die sogenannten Plusgruppe eingeordnet worden sind. Es sind 55 Zeitzeugen (45,6 %). Alle sprechen von ihrer Freude darüber, daß der Krieg endlich vorüber war und sie glücklich überlebt hätten. Dem NS-Regime trauerten sie nicht nach, im Gegenteil, sie waren froh, daß dieser Unrechtsstaat untergegangen war. Diese Erkenntnis war nicht bei allen schon im vollen Umfang da. Erst die Information durch die Alliierten über die Greueltaten des NS-Regimes rief bei ihnen das Gefühl des Betrogenseins und die Überzeugung hervor, Betrügern und Verbrechern aufgesessen zu sein. Viele von ihnen fühlten sich trotz Hungers und Existenzkampfes, endlich frei vom Zwang des Nationalsozialismus. Sie schauten hoffnungsvoll in die Zukunft gleichsam mit der Parole: Es kann nur besser werden.

Nun folgen einige Stimmen, die dieser Gruppe einzuordnen sind. Jürgen Hinze erzählt:

Die Bombenangriffe und das Endkampfchaos in Berlin unversehrt überstanden zu haben schuf enormen Impetus an Tatendrang und Freiheitsgefühl. Große Selbständigkeit, wenig Desorientierung. Und mit dem Eintreffen der Amerikaner in Berlin eröffnete sich eine ganz neue Welt mit Sattwerden, Musik, Filmen, anderer Kleidung, und man ahnte noch gar nicht, daß man um kostbare Jahre der Jugend betrogen worden war. Desorientierende Emotionen gingen nur von Gefahren aus, die von Russen und Kommunisten drohten und wieder nach Unfreiheit rochen. Also bei mir brach kein Weltbild zusammen. Es konnte keine Welt zusammenbrechen, denn meine Welt war in der Urform zusammengebrochen durch den Tod des Vaters. Was jetzt kam, war die regelrechte Stunde Null, und in der Stunde Null wußte man, es sind alle Möglichkeiten offen, natürlich mit der ganzen Bremse noch nicht normaler wirtschaftlicher Verhältnisse. Es gab noch keine Heizung, kein Essen, keine Schule, keine Lehrer, aber ich wußte, das ist Null. Tabula rasa, ich kann jetzt meine Inschriften setzen in die neue Zeitperiode.[3]

Selten hat ein Zeitzeuge dem Interviewer mit solch starken Worten über seinen Zukunftsblick berichtet. Er feierte nach der Kapitulation in den Berliner Trümmern regelrecht Auferstehung. An anderer Stelle berichtet er von seiner Todesangst im Stalinorgelfeuer, als er nur noch seine Fingernägel hatte, um sich einzugraben. „Es war ein geradezu genüßliches Gefühl von einem Übermaß an Freiheit", sagt er. Das steigerte sich noch, als der Russe aus seinem Stadtteil abzog und er anfing, als 17jähriger in US-Militärküchen „pots und pans" zu waschen. In diesen Nachkriegswochen legte er den Grundstein für eine hoffnungsvolle Zukunft, die ihn in die höchsten Etagen der Filmindustrie führte.

Gebhard Rohlfing hatte 1945 als 18jähriger das Dritte Reich hinter sich gelassen:

Ich war ungeheuer erleichtert über das Ende des Krieges und schwor mir aufzupassen, daß uns ähnliches nicht noch einmal geschieht. Ich hatte endlich das Gefühl, wieder über mich selbst bestimmen zu können, und strebte sofort das Studium an, obwohl ich wußte, daß sämtliche Strukturen zerschlagen waren und zunächst neue „Kriegsherren" als Sieger das Sagen hatten. Ich hatte trotzdem das Bewußtsein eines Neubeginns.[4]

Jürgen Seifert (Rechtsanwalt) antwortet im Fragebogen:
*Glücksgefühl über das Ende des Krieges. Keinerlei Trauer um
das Ende des Reiches, sondern es bewegten mich Hoffnungen,
daß dieses so zerschlagen würde, daß große Teile des Landes in
andere Länder einverleibt würden, z. B. Schleswig-Holstein zu
Dänemark, was auch historisch zu begründen wäre. Die große
Enttäuschung und auch der absolute Verlust des Berufszieles
verursachten einen großen Haß gegen das Regime.*[5]

Zum besseren Verständnis des Geschriebenen ist es gut, den
Hintergrund zu erfahren, den der Zeitzeuge in einem Brief an
den Interviewer ausbreitete. Danach wußte er schon als Luftwaffenhelfer von der Existenz der Konzentrationslager und
der Beteiligung der SS an der Vernichtung der Juden. Vor
anderen hielt er mit seiner Meinung über die Nationalsozialisten nicht zurück und weigerte sich ostentativ, das Horst-Wes-
sel-Lied bei Appellen mitzusingen. Schließlich mußte er sich
einem Kriegsgerichtsverfahren stellen und wurde dank eines
entfernten Verwandten seiner Familie, Divisionär des Ge-
richts, nach längerer Untersuchungshaft mit nur sechs Wochen
verschärftem Arrest bestraft. So lassen sich seine Hoffnungen
auf eine Zerstückelung des Deutschen Reiches auch besser
nachfühlen, zumal der Zeitzeuge ein Holsteiner ist.

Peter Janko (Pfarrer) hat wahrscheinlich aus einem starken
Glauben seiner katholischen Religion das Kriegsende seelisch
bewältigt:
*Freude, daß der Krieg zu Ende und das Dritte Reich zerstört
war. Ein halbes Jahr in Gefangenschaft ohne Nachricht von
Angehörigen. Weil ich einen starken katholischen Glauben
hatte, war ich in keiner Weise orientierungslos. Wir sahen in der
Freiheit die Möglichkeit, neu beginnen zu können. Unsere
damalige Auffassung: Es kann alles nur besser werden!*[6]

Die Freude über das Kriegsende und den Untergang des
NS-Regimes ließ Klaus Engelskirchen (Lehrer i. R.) seine
Schmerzen und sein verlorenes Bein vergessen:
*Dem Dritten Reich habe ich nicht nachgetrauert. Ich wurde
am 11. April 45 schwer verwundet. Obwohl ich beinamputiert
und halbtot im Lazarett lag, fühlte ich mich wie erlöst, freute
mich, in einem sauberen Bett liegen zu können. Ich trauerte
meinem verlorenen Bein nicht nach, sondern freute mich, nie
wieder Soldat sein zu müssen. Von meinen Angehörigen wußte
ich nichts, ich bangte um deren Schicksal.*[7]

Übergroße Freude zeigte Fritz Czichon (Beamter i. R.) als am 8. Mai 1945 das „freie demokratische Österreich" ausgerufen wurde:

Mit Dank gegenüber Gott war ich noch am 7. Mai abends wieder daheim. Am 8. Mai wurde das „freie demokratische Österreich" ausgerufen: ungeheure Freude in meinem Herzen voll österreichen patriotischen Gefühls; die alten Fahnen, die jahrelang versteckt gewesen waren, aufgezogen und mit Salutschüssen - in Ermangelung einer anderen Waffe - aus einer Schreckschußpistole begleitet.[8]

Dieses Verhalten eines Österreichers bei Kriegsende ist durchaus nicht typisch, der Autor hat Antworten von österreichischen früheren Luftwaffenhelfern, die ihr Bedauern über das Ende des Dritten Reiches in ihren Antworten ausdrücken. Fritz Czichon entstammte einer gläubig-katholischen Familie, die, wie der Zeitzeuge wörtlich schreibt, „österreichisch-patriotisch, dazu monarchistisch" eingestellt war. „Hitlerei und Nazitum und der Anschluß an das Reich fanden denn keinen Eingang in unsere Herzen", so Czichon weiter wörtlich, aber mit „knirschenden Zähnen" mußte die Familie mit diesem Staat leben.

Günter Voß schreibt in seinem Fragebogen:
Es war ein seliges Gefühl: Man sah wieder helle Fenster, nachts konnte man ruhig schlafen. Das negative Ende des Krieges war schon lange keine Überraschung mehr. Hitlers Todesmeldung traf ein, als ich gerade im Verbandsraum des Lazaretts war. Meine Worte „Gott sei Dank" wurden von der OP-Schwester mit „wie können Sie so etwas sagen?" gestraft.

Interviewer: Brach bei Ihnen ein Weltbild zusammen, waren Sie orientierungslos?
Nein. Man kann ein Land nicht wegradieren, das war mir klar. Wie es aussah, das war schlimm genug, aber orientierungslos überhaupt nicht. Im Gegenteil. Jetzt also ran, schnell nach Hamburg, schnell Abitur machen, sich etablieren, was lernen, unbeeinflußt von außen, ein ganz wesentlicher Punkt. Daß mir nicht jemand sagte, wo es langgeht, nun sieh mal zu, wie so etwas funktioniert. Es war schwer genug. Ich durfte ja nicht mal nach Hamburg rein. Ich kam mit dem Entlassungsschein, da hieß es: „Haben Sie hier Arbeit? Dann dürfen Sie hier nicht rein!" Ich sagte: „Entschuldigen Sie bitte, ich habe hier mein Leben lang gewohnt und komme verwundet aus dem Krieg, und ihr laßt mich nicht in meine Wohnung. Wo gibt's denn so etwas?" Nee, ich mußte erst zur Schule, stempeln lassen, daß

ich dort zur Schule gehen werde, und dann bekam ich die Aufenthaltsgenehmigung. Orientierungslos? Überhaupt nicht, es war eine ungeheure Aufbruchsstimmung. Gleich in den ersten acht Tagen in die Tanzstunde, andere Klamotten an und jetzt: Was kostet die Welt? So ungefähr.[9]

Das Kriegsende des Franz Schönfeld stand unter dem Eindruck eines einmaligen persönlichen Erlebnisses:

Den Zusammenbruch habe ich am 8. Mai 1945 eigentlich gar nicht mitbekommen. Für mich war das Ende am 1. Mai. Ich kam mit Tausenden anderer deutscher Soldaten vor Schwerin in ein Gefangenenlager. Dort haben uns die Amis vom Kriegsende nichts gesagt. Am 22. Mai wurden wir in Güterzügen nach Neustadt, Lübecker Bucht, transportiert. Ganz Ostholstein hatten die Briten zur Interniertenzone gemacht. Mit unserer Einheit, ich war ja RAD-Mann, marschierten wir in Richtung Eutin, übernachteten irgendwo im Zelt, und am nächsten Morgen um ca. 6.30 Uhr kamen wir nach Kasseedorf. Am Ortseingang trat dann das Ereignis ein, welches ich bis zu meinem Lebensende nicht mehr vergessen werde. Irgendwer rief vorne meinen Namen. Ich fand ihn auf einem Blatt Papier an einem Telegrafenmast. Dann folgte „Wir suchen Angehörige und Freunde". Mutter und meine beiden Schwestern, 19 und vier Jahre alt, hatte ich am 28. Februar verlassen. Wir Luftwaffenhelfer aus Königsberg wurden über See ins „Reich" verlegt. Am Tage zuvor hatte ich sie das letzte Mal gesehen. Über den Verbleib meiner Familie wußte ich seitdem nichts mehr. Von meinem Vater und von meinem älteren Bruder ebenfalls nichts. Mein Einheitsführer sagte nur: „Junge, hau ab, wir sind hier vom Briten sowieso nicht registriert!" Fünf Minuten später betrat ich ein Siedlungshäuschen. Eine ältere Frau stand am Herd und kochte eine Milchsuppe. Sie schaute mich nur kurz an und sagte, ohne daß ich nur ein Wort sprechen konnte: „Deine Mutter wohnt eine Treppe hoch." Oben klopfte ich, öffnete die Tür und trat in einen verdunkelten Raum und fühlte im nächsten Augenblick meine kleine vierjährige Schwester an meinem Hals. Die Freude war unbeschreiblich. Wir lagen uns weinend in den Armen. Tatsächlich konnten meine Leute über See von Pillau aus flüchten und gelangten sicher nach Stralsund und landeten schließlich hier als Flüchtlinge. Dieses glückliche Wiedersehen war wie ein Wunder. Erst danach wurde mir das Kriegsende, die Kapitulation und der völlige Zusammenbruch bewußt. Tiefere Gedanken um das Ende vom NS-Deutschland machte ich mir damals bestimmt nicht. Alles war überdeckt von der übergroßen Freude des Wiedersehens. Das hielt noch wochenlang an. Trauer über das Ende des Dritten Reiches war absolut nicht vorhanden.[10]

Ein verhältnismäßig hoher Anteil der Befragten, 33 Zeitzeugen (27,3 %), mußte in die Minusgruppe eingeordnet werden. Auch innerhalb dieser Gruppe war eine breite Fächerung von Bewußtseinsinhalten zum Zeitpunkt des Kriegsendes festzustellen. Sehr viele von ihnen äußern, daß für sie eine Welt zusammengebrochen sei; die Trauer um den verlorenen Krieg sei groß gewesen. Einige konnten sich gut daran erinnern, daß sie geweint hätten. Es überkam sie ein Gefühl der Erniedrigung, bei vielen stieg eine maßlose Wut auf, daß sie betrogen worden seien, alles sei umsonst gewesen. Millionen Deutsche fanden den Tod und nun dieses Ende! Alle Illusionen seien hinweggefegt worden, Ideale, große Pläne waren futsch! Jetzt ständen sie vor einem Nichts, keine Alternativen, das Gefühl der Leere überfiel sie. Und einige zeigten damals große Trauer um das Ende des Dritten Reiches. Drei Zeitzeugen schrieben, daß diese Trauer bis heute anhalte. Natürlich gab es auch in dieser Gruppe kaum einen, der nicht seine Freude über das Kriegsende zeigte, denn die unmittelbare Lebensbedrohung war mit dem Waffenstillstand beendet.

Hier nun noch einige bemerkenswerte Aussagen. Georg Marten:

Es ist klar, ich hatte keine Ideale mehr, die waren alle weg, die waren ja alle Verbrecher. Ich hatte ja auch keine Alternativen, nichts. Es war nichts mehr da. Da stand ich vor dem Scherbenhaufen.[11]

Ludwig Gawenda hat seinen Fragebogen ganz akribisch nach Lehrerart ausgefüllt und dem Autor zugeschickt:

Probleme und Gefühle, die mich unmittelbar bei Kriegsende bewegten, hier in der Reihenfolge der „Stärke" aufgelistet: - Außerordentliche Freude und Befreiung, daß der Krieg beendet ist und daß nach den schweren Angriffen und den hohen Verlusten zunächst einmal unser Leben gerettet war. - Sorgen um das Schicksal meiner Familie in Schlesien. Lebten sie noch, wie ist es ihnen beim Einmarsch der Roten Armee ergangen? Wo sind sie geblieben? - Eine gewisse geistige Leere, Fragwürdigkeit und Verlust vieler bisheriger Wertvorstellungen, tatsächlich eine Desillusionierung. Niedergeschlagenheit und Trauer über den Verlust so vieler Klassenkameraden in unserer Batterie. - Dem Ende des Dritten Reiches habe ich nicht nachgetrauert.

Monate später schildert er beim Interview bewegt sein Lebensgefühl bei Kriegsende:

Es war eine unheimliche Befreiung, nämlich die Befreiung von der Angst. Und die Angst haben wir erst bekommen, als wir Tote neben uns sahen. Und wir hatten morgens Angst, daß es Tag war, weil ja auch bei Tage die Angriffe kamen durch die Amerikaner, und abends hatten wir Angst vor der Nacht. Das hat keiner zum Ausdruck gebracht, aber innerlich haben wir gesagt (G. seufzt tief): Wenn es doch vorbei wäre! Dann war's vorbei. Und ich weiß noch: Die Nachricht von Hitlers Tod, die wir im Radio erhielten, war umwoben im Radio von Brucknerscher Melodie, ich kann mich genau erinnern; deswegen, das ist eine ganz schlimme Geschichte mit mir, mag ich den Bruckner nicht. Ich habe prächtige Kollegen, die sagten, Bruckner, die soundsovielte, die mußt du hören, die ist wunderschön. Für mich ist Bruckner sofort Hitler. Ich bin in einer kleinen schlesischen Kleinstadt im Geist des NS erzogen: Erst mal die Kameradschaft, dann, ganz grob gesagt und sicher übertrieben, deutsches Führertum der Welt nicht im Sinne von „Deutschland, Deutschland über alles", so wie es Hoffmann gemeint hat, der hat es ja ganz anders gemeint, sondern tatsächlich, die deutsche Rasse ist überlegen den anderen und hat, davon abgeleitet, auch einen Führungsanspruch. Dann der organisierte Aufbau menschlicher Gruppierungen, ganz klar mit der sozialen Komponente. Da ging es auch darum, daß z. B aufgerufen wurde, helft den alten Leuten im Winter, tragt ihnen das Heizmaterial in die Wohnungen. All dieses aber, vor allen Dingen dieser Riesenführungsanspruch, dieses Eingebettetsein in eine organisierte Gesellschaft, das war auf einmal alles futsch. Und auch der Anspruch, und das war's, war uns von einem Tag auf den anderen klar, vor allen Dingen, als wir erfuhren, welche Vorgänge und Untaten sich im Geiste, und begründet durch die Ideologie des NS, ergeben haben, war von einem Tag auf den anderen weg; und dann war die Leere da: Was kommt jetzt? Es war wirklich eine furchtbare Leere. Woran sollten wir glauben? Christentum blieb als einziges übrig. Das war diese Leere, die war da.[12]

Der Zeitzeuge kehrt hier nichts unter den Tisch. Er schildert offen seine damalige Gemütsverfassung. Er war ein echtes Produkt des Nationalsozialismus, beeindruckt von der „sozialen Komponente". Aber offenbar hat er damals noch nicht einmal annähernd erkannt, daß vor dem Hintergrund der menschenverachtenden NS-Rassenpolitik das soziale Gehabe eine Farce darstellte. Als er dann von den Untaten des NS erfuhr, fiel er in ein tiefes Loch, „absolute Leere".

Ehrlich schildert sich auch Bruno Sabel als Kind seiner Zeit, groß geworden in der NS-Volksgemeinschaft, einem sozialen Gefüge. Im Fragebogen schreibt er:

„Ein großes Gut sinnlos vertan!" (Nach Faust, den ich immer bei mir hatte.) Kurzfassung: Ausgezogen für Großdeutschland, heimgekehrt in Landkreise, die zu verlassen eine Genehmigung erforderte.

Interviewer: Betrachten Sie vielleicht doch das Dritte Reich mit seiner Ideologie oder seinen Idealen als großes Gut, das nun bei Ihnen so zerrann? Brach da bei Ihnen ein Weltbild zusammen?

Ja, auf jeden Fall. Man darf ja nicht vergessen, wir waren doch in dem Gefühl groß geworden, wir sind eine Nation, sind ein großdeutsches Gebiet, wir sind eine Volksgemeinschaft, ein soziales Gefüge. Und was vor allen Dingen für uns wichtig war, wir waren durch die Munitionskalamitäten (er erzählte an anderer Stelle von fehlender Munition für die Geschütze), durch die Übermacht der Alliierten an sich schon skeptisch geworden an dem Endsieg. Aber konnten es nicht für möglich halten, daß man uns so enttäuschen konnte, daß es wirklich keine Wunderwaffe gegeben hätte. Und damit brach für uns praktisch vieles zusammen, nachdem man uns in unserem Glauben so enttäuscht hatte, unsere Einsatzbereitschaft bis zum Letzten verlangt hatte und praktisch in nichts auflöste, in Sinnlosigkeit. Und das möchte ich sagen, das große Gut, ich möchte nicht sagen das große Gut des NS, das große Gut des Idealismus.[13]

Helmut Zarnke macht sich mit seinen Gedanken zum Sprecher vieler früherer Schülersoldaten:

Ich war zunächst wie das Gros meiner Kameraden durch Hitlers Tod sehr erschüttert. Damit war für mich jeder weitere Einsatz sinnlos geworden. Wir fühlten uns in den folgenden Tagen vollkommen hilf- und orientierungslos. Der große innere Umbruch aller Werte, an die ich geglaubt hatte, kam erst allmählich und dauerte Monate und Jahre. Trotzdem verflog eine Illusion nach der anderen, nicht zuletzt durch das zu beobachtende Verhalten vieler Erwachsener. Im großen und ganzen war im Inneren alles wirr und durcheinander. Neben der plötzlichen (befreienden) Erkenntnis: Ich werde weiterleben - in den Monaten vor Kriegsende war ich uneingestanden von dem Gegenteil überzeugt - stand die Hoffnungslosigkeit, denn eine lebenswerte Zukunft erwartete ich nicht mehr. Ich hatte auch starkes Heimweh und vermißte meine Freunde und Kameraden, die ja in alle Winde verstreut waren.[14]

Gut zwischen den Zeilen läßt sich die Antwort des Jürgen Müller lesen:

Die Niederlage Deutschlands und der Schmutz, der wie ich meinte Propaganda der Alliierten gegen alles, was die bisherigen Wertmaßstäbe anging. Ein Schlüsselerlebnis am zweiten Tag der Besetzung meiner Heimatstadt: Die zwangseinquartierten englischen Soldaten hatten einen Hund, den sie „Hitler come on" riefen. Für mich unvorstellbar![15]

Müller war Schüler der NPEA(Nationalpolitische Erziehungsanstalt) und sein Vater ranghoher SA-Führer. Also durchaus verständlich Müllers Empörung. Unter „Schlüsselerlebnissen" versteht man wichtige, das weitere Leben prägende Erlebnisse. Sollte dieses Ereignis mit Hund „Hitler" noch heute symbolhaft für eine gewisse Trauer um den Untergang des Dritten Reiches stehen?

Heribert Jung trauert noch heute um das Ende des Dritten Reiches:

Ich trauerte damals dem Untergang des Dritten Reiches nach und tue es auch heute noch. Meine nationale Einstellung habe ich bis heute nicht geändert. Dies ist nicht, wie es heute meist getan wird, aus dem Blickwinkel der Überheblichkeit gegenüber anderen Völkern zu sehen.[16]

Für Horst Mungert (Betriebselektriker i. R.) war das Kriegsende die Stunde Null:

Das Kriegsende kann ich nicht genau beschreiben. Es gab eine Stunde Null, ein eigenartiges Gefühl, das mir bis heute klar vor Augen steht. Ausgehungert fragte ich mich angesichts der Material- und Menschenmassen der Alliierten: Wie konnte man diese Kriegsmaschinerie so lange aufhalten? Jubel gegenüber den Befreiern habe ich nicht gehabt und auch sonst nirgends erlebt.[17]

Die Begabung jugendlicher Wandlungsfähigkeit war bestimmend für das Verhalten von Dietmar Klesper:

Bis zum 2. Mai hätte ich noch unterwegs mit dem Arbeitsdienst die Panzerfaust genommen und einen russischen Panzer knakken wollen. Als dann alles gen Westen floh und sogar Vorgesetzte beim Arbeitsdienst verschwanden, schloß ich mich den Fliehenden an. Nach drei Tagen fand ich mich an der „Demarkationslinie" vor, wo wir von wenigen amerikanischen Solda-

ten empfangen, nach Waffen abgetastet und weitergeschickt wurden. Es ist für mich kaum nachzuvollziehen, wie sich der Wandel von „Einsatzbereitschaft bis zum Letzten" zur Ergebenheit in ein völlig neues Schicksal vollzogen hat. Ein schwarzer GI, der mich in seinem Laster ein Stückchen mitnahm Richtung Auffanglager, schenkte mir eine Apfelsine und eine Camel-Zigarette - fassungslos nahm ich beides in Empfang. Sorgen um die Mutter in Berlin und die Brüder an der Front (wo?) traten zurück gegenüber der eigenen Existenzsicherung. Auch ein Nachdenken darüber, daß das Dritte Reich nun endgültig zugrunde gegangen war, fand meiner Erinnerung nach kaum statt. Unbegreiflich - nach den vielen Jahren des Hoffens und Bangens, der Siege und der Zerstörungen![18]*

Ganz lapidar antwortet Dietmar Kuhnke:

Wenn ich ganz ehrlich bin, ich habe überhaupt nichts empfunden. Wir waren in Kopenhagen auf so einem Dampfer mit 100 Leuten interniert, es war der 7. Mai. Unsere einzige Sorge war, kriegen wir morgen was zu essen? Das war das Hauptgefühl. So war keine Zeit zum Nachdenken da.[19]

Spontan antwortet Christian v. Wennighausen auf die Frage, was ihn bewegte, als er kurz nach Kriegsschluß nach Hause kam:

Eigentlich war das Beherrschende: Man ist von seiner politischen Führung maßlos betrogen worden. Das war der erste und entscheidende Eindruck. Daß ich auch sagte, es ist alles umsonst gewesen. In meiner Familie, das war eine sehr große Familie, mein Vater hatte zehn Geschwister, sind sechs oder sieben gefallen, die in dem entsprechenden Alter waren. Da sagte ich: „Mein Gott noch mal, das ist alles umsonst. Und auch alles, was kaputtgegangen ist, die Städte, Münster, was man vor der Tür hatte." Und sagte man: „Verdammt noch mal, das sind doch irgendwie Lumpen gewesen, die uns da reingerissen haben." Das war so der allererste und entscheidende Eindruck.[20]

Hier spricht unvermittelt der junge Mann von 1945, der nach zwei Jahren Kriegsdienst als 17jähriger in die vom Krieg unberührte ländliche Idylle des Münsterlandes zurückkehrte und dem vor dieser Kulisse des krassen Gegensatzes der maßlose Betrug des NS-Staates erst so recht bewußt wurde.

Mit diesen vier Zeitzeugenstimmen sollten die letzten 33 von 121 Befragten (27,3 %) vertreten werden, die weder in die Plusnoch Minusgruppe eingeordnet werden konnten.

Nach dieser Dokumentation der jüngsten Veteranen des Zweiten Weltkrieges muß gefragt werden - wie eingangs dieses Kapitels angestrebt, ob Verbindungslinien von der Jungsoldatenzeit zum mentalen Bewußtsein bei Kriegsende gezogen werden können. Hilfreich wäre hier, einen Vergleich zu ziehen zu Angehörigen der gleichen Jahrgänge, die Kriegsdienste in diesen jungen Lebensjahren nicht abgeleistet haben und vom Krieg fast ganz verschont geblieben sind. Wie wurden diese Jungen vom Kriegsende bewegt? Eine solche Aufgabe ließ sich im Rahmen dieser Untersuchung natürlich nicht durchführen. Aber Andeutungen zur Lösung sind bereits bei der Frage nach dem frühzeitigen Erwachsen- und Gereiftsein gemacht worden.

Viele ehemalige Schülersoldaten haben von dem Abstandsgefühl zu Gleichaltrigen oder ein wenig Älteren gesprochen. Denen ist die Wucht des Krieges lange nicht so „unter die Haut gegangen". Analog ließen sich da auch Vergleiche ziehen zum Bewußtseinszustand bei Kriegsende. Viele frühere Schülersoldaten haben bei der Einschätzung des Einsatzes der Deutschen und besonders auch ihres eigenen als junge Soldaten „alles umsonst" gesagt. Es ist wohl klar einsichtig, daß zur Stunde Null die emotionelle Bewegtheit eines solchen jungen Menschen angesichts des Scherbenhaufens in Deutschland und auf den Schlachtfeldern tiefgreifendere Auswirkungen hatte als bei einem Gleichaltrigen, der abseits des Kriegsgeschehens das außergewöhnliche Glück hatte, die Kriegseinwirkungen mehr oder weniger nur am Rande mitzuerleben.

Vom NS-Regime betrogen

Mit der Analyse der Antworten auf die Frage nach dem Betrogensein durch den Nationalsozialismus soll nun der Versuch unternommen werden herauszufinden, ob die Einschätzung dieses Problems durch den früheren Schülersoldaten eine Verbindung zu seinem heutigen Gesinnungsbewußtsein zeigt. Mit anderen Worten, hat der Nationalsozialismus die Jugendzeit des Zeitzeugen inklusive Flakhelfer- und Jungsoldatenzeit so geprägt, daß sein heutiges Werturteil über diesen Abschnitt in Hinsicht auf die Frage nach dem Betrogensein beeinflußt wird? Die Antworten zu dieser Frage sind recht differenziert ausgefallen. Das wird vorwiegend darauf zurückzuführen sein, daß in der Frage formuliert wird: „Sind Sie um einen Teil Ihrer

Jugend betrogen worden?" Der Autor sah sich zu einer solchen Formulierung gezwungen, weil die Jugendzeit der Luftwaffen- und Marinehelfer tatsächlich eine Teilung oder besser gesagt eine Unterbrechung mit einem abrupten Ende gefunden hat. Die Flakzeit der 15- und 16jährigen ist als echte Jugendzeit nicht mehr zu werten, wie eingangs in dieser Untersuchung bereits dargelegt wurde. Die Antworten spiegeln dann auch diese Zweiteilung wider. Der Zeitraum vor der Einberufung wurde anders bewertet als der nachfolgende. Eine solche Beurteilung ist bei allen Antworten natürlich nicht durchgängig. Etliche ließen eine Differenzierung außer acht und stuften ihre gesamte Jugendzeit, die im allgemeinen bis nach Kriegsende gefaßt wurde, entweder als betrogen oder nicht betrogen ein.

Es gibt wohl kaum eine Frage, die so stark aus heutiger Erkenntnissicht beantwortet wurde wie die Frage nach dem Betrogensein. Das war vom Autor auch beabsichtigt. Denn die Einschätzung der Jugend vor dem Hintergrund der NS-Zeit aus dem Mentalitätsbewußtsein der damaligen Zeit ist nicht so sehr von Interesse wie die Beurteilung 50 Jahre danach. Die in langen Jahrzehnten gewonnenen Erkenntnisse erzeugen bei den Zeitzeugen Werturteile, die die Jugendzeit in einem anderen Licht erscheinen lassen.

Es ist nicht verwunderlich, daß der überwiegende Teil der Antworten (76 Zeitzeugen von 127 Befragten, das sind 59,8 %) in die sogenannte Plusgruppe eingeordnet wurde, d. h. die Befragten fühlten sich durch den Nationalsozialismus durchaus um einen Teil ihrer Jugendzeit betrogen. Sie hatten schon bald nach dem Zusammenbruch das verbrecherische System des Nationalsozialismus durchschaut und dann später nach und nach erkannt, wie sie durch die Machthaber im Dritten Reich hintergangen worden waren. Spätestens im Vergleich mit der Jugend, die in einem demokratischen Staat heranwächst, wurde die Einengung der persönlichen Freiheit im totalitären NS-Staat erkannt. Viele Möglichkeiten wurden ihnen versagt, wie beispielsweise das ungehinderte Reisen ins Ausland und der Zugang zu den Schätzen fremder Kulturen. Die Palette der Negativeinschätzungen ist sehr groß und soll im folgenden noch mit einigen Zeitzeugenaussagen belegt werden. Nun ist es aber nicht so, daß die Probanden der Plusgruppe ihre Jugendzeit nur im Lichte des Betrogenseins gesehen haben und permanent gelitten hätten unter der Knute der NS-Schergen. Es sind Antworten aus der Retrospektive; der Zeitzeuge hat seine Kenntnisse und Erkenntnisse in sein Urteil einfließen lassen. Er bezieht sich meist nur auf die Fragestellung, beschränkt sich auf die aus seiner Sicht negativen Erfahrungen, die er gemacht hat. Es gab auch viele Lichtblicke im Leben dieser Zeitzeugen, die sich durch den Nationalsozialismus betrogen fühlten.

Exluftwaffenhelfer Franz Schönfeld ist der typische Informant der Plusgruppe auf die Frage: Haben Sie das Gefühl, daß Sie durch den Nationalsozialismus um einen Teil Ihrer Jugend betrogen worden sind?

Auf jeden Fall bin ich vom NS betrogen worden. Aber im Grunde kommt diese Aussage nur in der Rückschau zustande. Hätte mir einer 1944 diese Frage gestellt, wäre wohl meine Antwort „nein" gewesen. Aber heute sehe ich, welchen Verbrechern wir als Kinder ausgeliefert waren. Schon die Bildung, die ich in der Volksschule erhielt, war mit Lügen und Unwahrheiten durchsetzt. Ich wurde zu einem Lakaien des NS-Systems erzogen. Keine Erziehung zum weltoffenen Blick, zur Kritik und Beurteilungsfähigkeit. Wir wurden „spezialisiert" zu NS-hafter Funktionstätigkeit. Kritisiert wurde nur der, der nicht NS-konform war, und Beurteilungen erfolgten nur mit nationalsozialistischen Denkschemata. Natürlich erlebte ich eine fröhliche, unbeschwerte Kindheit in einer intakten Familie und nach heutigen Maßstäben traumhaft schöne unversehrten Natur. Vor der Haustüre die Ostsee mit den schönsten Küstenabschnitten. Und die Eltern zogen mit uns Kindern jedes Jahr dorthin, sechs Wochen lang Ferien in Sonne, Sand und Wasser. Selbst in der Rückerinnerung habe ich bis zu meinem 15. Lebensjahr nichts vermißt. Und trotzdem war der Betrug groß. Schon wenn ich an meine HJ-Zeit denke! Dieses zwanghafte Antreten an jedem Mittwoch und Samstag. Wieviel Freizeit haben die mir da gestohlen! Daß das auch manch schöne Stunden brachte, habe ich schon an anderer Stelle geschrieben. Aber die Negativeindrücke überwiegen.[21]

Bei der Beantwortung der Frage hat Richard Werther zuerst die Frage verneint, weil er sich solidarisch mit seinen Mitmenschen fühlte. Später beim Interview trat dann doch eine andere Erkenntnis in den Vordergrund:

Ja, im Urlaub, wenn ich in Ostpreußen auf ein Gut gefahren war, da habe ich in der Landwirtschaft mitgearbeitet und dann auch schöne Tage immer gehabt. Wenn ich dann so nachdachte, was das eigentlich ist, was das für ein Quatsch ist, dieser ganze Krieg, diese ganze Uniformierung, dauernd, wenn es das Ganze nicht geben würde, was sich dann entfalten könnte. Solche

Gedanken habe ich natürlich jedesmal im Urlaub gehabt. Und ich hätte das Ganze lieber nicht mitgemacht. Das ist damals schon ganz fest dringewesen, daß das ein Irrsinn war und mir das gar nicht lag. Ich selber male gern, habe immer gerne gemalt. Viele Stunden habe ich gerne für mich gearbeitet, und das fehlte. Und das habe ich doch als ziemliche Last empfunden.[22]

Winfried Dolega wiegt die Vor- und Nachteile ab:
Ich fühle mich schon betrogen um einen Teil meiner Jugend. Die Nachteile sind ungleich schwerer, das ist ganz klar. Es kommt entscheidend darauf an, wie wir das damals beurteilt haben und wie wir das heute rückblickend beurteilen, und ich muß sagen, daß wir sehr wohl x Jahre verloren haben. Wir konnten nicht reisen. Meine Eltern sagten immer: Das holen wir nach dem Kriege nach. Auf diese Zeit als Luftwaffenhelfer hätte ich auch ganz gerne verzichtet, wenn ich das rückblickend betrachte und bewerte, man versucht ja, auch aus einer negativen Geschichte einige positive Seiten abzuleiten.[23]

Jürgen Hinze schreibt eine klare Antwort:
Und ob! Um das Heranwachsen mit einem lebenden Vater. Um die Unbeschwertheit der Pubertätsjahre. Um unbeschwertes Reisen in fremde Länder zu einer Zeit, da die Eindrücke am stärksten sind. Um jede Menge Freiheit der Gedanken, des Handelns und der Lektüre der Weltliteratur. Einfach auch um kostbare Lebenszeit.[24]

Überzeugend und entschieden rechnet Günter Voß mit den Nazis ab:
Entschieden ja. Ich fühlte mich ständig in meiner Freiheit beschnitten: Schule, Schularbeiten mußten sein. Aber warum ich als 10- oder 12jähriger unbedingt am Sonntag um 10 Uhr morgens antreten mußte, mir einen Film „Im Trommelfeuer der Westfront" mit seinen schrecklichen Kriegsszenen ansehen mußte oder mich im „Geländespiel" von den Gegnern verprügeln lassen mußte, konnte ich nicht einsehen. Der Musikunterricht litt stark - ich fühlte mich ständig überfordert, kein Sonnabend frei, kein Sonntagvormittag. Eigeninitiative wurde so unter dem Motto „Dienst an der Volksgemeinschaft" abgewürgt, man konnte sich nicht entfalten.[25]

Das Gefühl, betrogen worden zu sein, hatte dieser Zeitzeuge schon damals. Bei fast allen anderen Zeitzeugen ist ein solches Bewußtsein erst viel später in der Rückschau entstanden.

Spät zur Erkenntnis des Betrogenseins, eigentlich erst im Vergleich des Erlebens der eigenen Söhne mit seiner eigenen Jugendzeit, ist Bruno Zumhorst gekommen:

Ja, durch die Lebenserfahrungen, auch an den eigenen Kindern, wie Jugend eigentlich gestaltet werden sollte und kann. All die am eigenen Leib ertragenen Zwänge und Einengungen der persönlichen Freiheit und Entscheidungsmöglichkeit lassen die damaligen emotionalen Gefühle heute unverständlich erscheinen. Heute weiß man doch durch die eigenen Kinder, durch Familienleben, wie eigentlich ein Kind aufwachsen sollte. Aber wenn ich mir mal vorstelle, wie weite Wissens- und Bildungsbereiche total vernachlässigt sind oder Zuwendungen zur Kultur, Musik und Kunst. Das sind ja Sachen, die uns vorenthalten worden sind.[26]

Verhältnismäßig groß ist die Zahl der Zeitzeugen (34, das sind 26,8 % von 127 ehemaligen Flakhelfern), die in die sogenannte Minusgruppe eingeordnet wurden und nicht das Gefühl hatten, durch den Nationalsozialismus um einen Teil ihrer Jugend betrogen worden zu sein. Da sprechen die Kriegsveteranen von einer schönen Jugendzeit trotz NS. Sie hätten Volksgemeinschaftsgeist erfahren. Es sei eine Zeit positiver sozialer Erziehung gewesen. Der Nationalsozialismus habe durch die Hitlerjugend viel kind- und jugendgemäße Beschäftigung geboten. Ohne finanzielle Aufwendungen konnten die Jungen in den Spezialabteilungen der HJ segelfliegen, Motorrad fahren, funken, morsen, Kutter pullen und segeln. Es war einfach eine „große Zeit", in der man leben und vieles erleben durfte.

Hier regt sich der Verdacht, daß Idealvorstellungen aus der NS-Zeit auch nach 50 Jahren in ihrer Pseudowerthaftigkeit nicht erkannt worden sind. Ganz offensichtlich werden die Negativseiten des Dritten Reiches verdrängt, und manche bezweifeln auch in diesem Zusammenhang die alleinige NS-Schuld am Zweiten Weltkrieg. Es ist einfach ihre Welt, in die sie hineingeboren wurden, und die wollen sie sich nicht kaputtmachen lassen. Das Eingeständnis, einen Irrweg gegangen und einem Betrüger aufgesessen zu sein, türmt sich wie ein unüberwindliches Hindernis für sie auf.

Aber nicht allen Zeitzeugen, die diese Frage verneint haben, kann man den Vorwurf machen, im Gestrigen zu verharren und die historische Wirklichkeit zu übersehen. Manchmal sind es nur Gedankenlosigkeit und Mangel an vertieftem Verständnis der Zusammenhänge. Die Erinnerung an glückliche Kindertage überstrahlt die Spuren, die ein verbrecherisches, totalitäres System hinterlassen hat.

Hilmar Scharun ist dafür ein Beispiel :

Meine Jugendzeit war trotz des NS eine herrliche Zeit, um die ich mich in keiner Weise irgendwie „betrogen" fühle. Ich hatte wunderbare Freunde, wir unternahmen zahlreiche Bergtouren, spielten Musik zusammen, machten mit dem Rad Kunstfahrten und schwärmten von fremden Ländern. Damals wurden Grundlagen dafür gelegt, daß ich später, als ich es mir leisten konnte, die ganze Welt bereiste wie auch meine ehemaligen Freunde. Nach dem Kriege sprach niemand über die Vergangenheit. Nicht einmal im engsten Freundeskreis wußte man, was der andere alles erlebt hatte. Erst meine Ausstellung 1992 löste bei vielen die Zunge.[27]

Der Zeitzeuge pickt die vordergründigen Lichtblicke heraus. An anderer Stelle schreibt Scharun, wie sehr er Appelle und Veranstaltungen bei der Hitlerjugend gehaßt hatte und wie ihm das „Herumkommandieren" und „Über-ihn-Verfügen" zuwider waren. Und nach dem Kriege fielen er und seine Freunde in Sprachlosigkeit. Der Verdrängungsprozeß nahm seinen Lauf. Bis November 1992. Da organisierte er eine Ausstellung und dokumentierte die Geschichte seiner Schulklasse über den Zeitraum von 1937 bis 1947 mit Texten und Fotos. Die Zeit der Sprachlosigkeit war vorüber: „...meine Ausstellung löste bei vielen die Zunge."

Obwohl Hubert Schlegel (Angestellter i. R.) ein vom Krieg gezeichneter Mann ist - 70 Prozent kriegsbeschädigt und lange vor dem Zusammenbruch der Überzeugung, daß der Krieg verloren sei - und erst 1948 aus Kriegsgefangenschaft heimkam, beantwortet er die Frage nach dem Betrogensein mit „Nein":

Nein, ich fühlte mich um meine Jugend nicht betrogen. Ich hatte eine andere Wertskala, die ich mit der heutigen Jugend nicht tauschen möchte, eine andere Erlebniswelt, die unsere Jugend nie kennenlernen wird. Das soll kein Werturteil sein, nur die Feststellung eines Aliud.[28]

Es wäre interessant zu wissen, welche Wertvorstellungen der Zeitzeuge hatte. Leider liegt nur die schriftliche Beantwortung vor. Da er gerne im DJ und Pimpfenführer war, kann man darüber spekulieren, ob er von Werten geleitet wurde, die die Nationalsozialisten für die Jugend schufen. Auch aus solchen Worten spricht die Haltung eines Ewiggestrigen.

Bruno Sabel wandelt sein Nein in ein „Jein" um:
Betrogen? Nein! Wir wurden gefordert, geformt, sozial erzo-
gen. Allerdings ging manches auch „auf den Wecker".
Interviewer: Was meinen Sie damit, „auf den Wecker gehen"?
Ich habe mich wohl falsch ausgedrückt. Vielleicht vorstellungs-
mäßig vom Weltbild, das böse Ausland, die Plutokratien, das
Weltjudentum, wenn ich das als Schaden betrachte, o. k., *habe*
ich Schaden erlitten, dann wäre das ausgebügelt, aber ich
würde sagen, die positiven Mentalitätseffekte sind dieselben,
die die Leute heute in der Ostzone vermissen: Das Gefühl, in
eine Gemeinschaft eingebunden zu sein, ob sie echt existiert, ist
eine andere Frage. Aber man hatte das Gefühl. Es war mehr
Vertrauen und Zutrauen miteinander, ob's begründet war, ist
eine andere Frage, aber wir hatten es. Und ich möchte auch
sagen, die vielbestrittene Ehrlichkeit war auch größer, sie konn-
ten die Klamotten bei Verdunklung nachts stehenlassen, sie
standen auch morgens noch da. Ja, es heißt, wir hatten die
schreckliche Todesstrafe, ja gut, es brauchte keiner klauen. Die
Sicherheit war größer, und wir hatten mehr soziales Füreinan-
derempfinden.[29]
Der Zeitzeuge erinnert sich noch gerne an „positive Mentalitätseffekte" der NS-Zeit. Aber im gleichen Atemzug zieht er
solche Gefühle in Zweifel. Und er wäre gut beraten, auch die
„Sicherheit und das soziale Füreinanderempfinden" in Anbetracht der tödlichen Bedrohung durch Verhaftungen, Ver-
schleppungen und Vergasungen zu überdenken
Ein klarer Neinsager ist Neidhard Lammers:
Ich habe nicht im geringsten das Gefühl, daß man mich damals
betrogen hat. Im Gegenteil, es war für mich mit Abenteuern
verbunden, die ich ohne den Krieg wahrscheinlich nicht erlebt
hätte. Auch wir waren trotz Krieg fröhliche Jungen. Partei und
deren Agitatoren interessierten mich nicht und traten auf dem
Dorf nicht in Erscheinung. Von irgendeinem Terror, der heute
von den Medien so wirkungsvoll geschildert wird, war nichts
zu spüren. Man mußte nur eben seinen Mund halten, und das
tat dann ein jeder. Betrügt sich ein Jugendlicher von heute nicht
mehr um seine Jugend, wenn er Konsum und grenzenlose
Freiheit zu seiner Lebensphilosophie macht, Selbstdisziplin als
Zwang empfindet und menschliche Werte verlacht? Ich fühle
mich nicht betrogen um meine Jugend, wohl aber gewaltig
durch das, was man als geschichtliche Fälschungen in den
Medien fast täglich schlucken muß. Wir, die Zeitzeugen, haben

es anders erlebt und empfunden. Berichtigen wir es, wenn wir überhaupt zu Worte kommen, schilt man uns Nazis.[30]

Dieser wie auch der soeben zitierte Zeitzeuge Schlegel und etliche andere frühere Luftwaffenhelfer, die nicht alle angeführt werden können, haben große Schwierigkeiten, mit der Mentalität der heutigen Jugend umzugehen. Wertvorstellungen von 1940 können 50 bis 60 Jahre später nicht maßgebend sein. Natürlich gibt es unveränderliche Werte und Moralvorstellungen, aber sie sind immer in der jeweiligen Zeitperiode anders zu interpretieren. Aus dem ständigen Blick zurück ist ein Verständnis für die heutige Jugend nicht zu gewinnen. „Die Klage, daß die Jugend von heute ganz anders ist - und natürlich viel schlechter -, gehört schließlich zum ständigen Repertoire jeder Großvätergeneration."[31]

17 (13,4 %) Zeitzeugenaussagen waren vom Autor in die beiden vorangegangenen Gruppen nicht einzuordnen. Die ehemaligen Schülersoldaten konnten zum Teil mit dem Wort Betrug nichts anfangen. Sie machten differenzierte Aussagen, die quasi in subjektive und objektive Meinungen mündeten. So schreibt Erich Wenner:

Ich kann mir natürlich eine schönere Jugend (eine Jugend in angenehmeren Zeitläufen) vorstellen. Doch ich lasse das Gefühl nicht aufkommen, „um einen Teil meiner Jugend betrogen worden zu sein". Wenn neulich Herr Kohl von den zwölf Jahren Nazibarbarei spricht, ja, ich habe das nicht so empfunden, und ich habe mich zu keinem Zeitpunkt irgendwie unfrei gefühlt oder Angst gehabt, daß, wenn es klingelt, nicht der Milchmann vor der Türe steht. Ich weiß, daß es ein verbrecherisches System war und daß es eine Bande skrupelloser, machtbesessener Vabanquespieler war, die unser ganzes Land ruiniert haben und unseren Ruf ruiniert haben als Deutsche in der Welt, und ich verfluche diese Burschen aus der heutigen Sicht und auch schon vor 20/30 Jahren, aber mir persönlich haben sie nichts getan.[32]

Zu einem klaren Ja oder Nein konnte sich Helmut Bahr nicht durchringen:

Wir waren in diese Zeit hineingeboren, können also nur an den nachfolgenden Generationen nachvollziehen, wie es gewesen sein könnte, wenn ... Gewiß, oft kommen Wut und Ärger hoch, daß wir willfährige Werkzeuge für ein verbrecherisches Regime waren, mißbraucht worden waren. Der Krieg war die eigentliche Störung, und ich hatte das Pech, in diese Zeit hineingeboren zu sein. Deshalb ist die Frage nach der verlorenen

Jugend irgendwie unangebracht. Ein normales Leben - was ist normal? - hätte man zu dieser Zeit doch gar nicht führen können. Unsere Wertvorstellungen waren auch andere als heute. Pflichterfüllung, Disziplin, Pünktlichkeit und Ordnung bedeuteten mir noch etwas, auch heute noch. Ich befand mich in Übereinstimmung mit dem Geist der damaligen Zeit.[33]

Ludwig Gawenda ist einer von denen, die mit dem Wort „Betrug" Schwierigkeiten haben.

Ich habe nicht das Gefühl, durch den NS um einen Teil meiner Jugend betrogen worden zu sein. Es war „eben" eine Jugend in dieser Zeit, völlig ungewöhnlich, aber nicht ohne Freude, nicht ohne Erfolge, Begeisterung manchmal, auch Stolz.

Interviewer: Das ist eine Rückschaufrage.

Wenn Sie so wollen, ich hätte eine schönere Jugend haben können. Ich stoße mich an dem Wort „betrogen". Betrogen heißt, daß ich also sehr darunter gelitten hätte, natürlich dieses alles, aber ich sehe das als ein schweres Schicksal in der damaligen Zeit, das bezeichnet ganz lapidar, daß das einfach so war. Unter betrogen sehe ich ja auch eine vorsätzliche Handlung. Und wir hatten nicht, auch als HJ nicht, den Eindruck, daß das, was uns vorgemacht und gesagt wurde, ich sage es noch mal „mehr sein als scheinen", sauber, Kameradschaft, das, was uns eingebleut wurde, da hat man nicht den Eindruck, daß das ein vorsätzlicher Betrug war. Wenn Sie wollen, im nachhinein. Ich habe das oft mit Schülern diskutiert, auch wo die Eltern schimpften, daß sie mit Motorrädern durch die Gegend fahren. Ich habe immer wieder gesagt: „Jungs und Eltern, ich wäre gern im Alter Ihrer Kinder mit der Maschine durch Europa gefahren, als das zu erleben, was ich da erlebt habe, was ich erleben mußte." Wenn Sie es so sehen, meine Jugend hätte schöner sein können, hätte besser sein können, hätte unbeschwerter sein können. Wir sind nie reich gewesen, sind auch nie arm gewesen, d. h. wir konnten uns auch einfache Reisen leisten, das wäre sicher alles viel harmonischer gewesen, aber betrogen in dem Sinne; wir sind in die Zeit hineingegangen, und ich stehe zu dieser Zeit. Nicht in der Wertung, daß sie gut war, sondern sie war so, wie sie war, sie hat uns geformt, aber ich würde nicht von Betrug sprechen. Ich will die Zeit nicht loben, um Gottes willen nicht, um Gottes willen nicht, aber ich will auch nicht sagen, das war ein Betrug an mir, ich will nur sagen, es hätte schöner sein können. Vielleicht findet man ein anderes Wort als Betrug.[34]

Dagobert Kurt kommt zu keiner Aussage, weil er keine Vergleiche ziehen kann:

Um das zu beurteilen, müßte ich eine andere Jugend kennen. Heutige Verhältnisse kann man als Maßstab nicht anlegen. Wurde ich um einen Teil der Jugend betrogen? Um welchen Teil? Ich weiß es nicht. Damals wäre ich gar nicht auf die Idee gekommen, mich betrogen zu fühlen.

Interviewer: Das ist eine Rückschaufrage, wie stellt sich die Frage jetzt?

Das kann man nur Jahrzehnte später beantworten. Das ist ganz schwierig zu sagen. Der Lauf der Geschichte ist ja nicht rückdrehbar. Was wäre wenn? Wenn wir den Krieg gewonnen hätten. Ich scheue mich eben davor, positiv eben etwas zu sagen, ob so oder so, weil ich das eben nur im nachhinein sagen kann.[35]

Bedeutend stärker als bei der vorhergehenden Frage, was den jungen Soldaten bei Kriegsende bewegte, sind hier deutliche mentalitätsprägende Linien über den Zeitraum von 50 Jahren aufzuspüren. Die Zeitzeugen wurden regelrecht zu einem Bekenntnis aufgefordert: ein weiterer Schritt auf dem Weg der Spurensuche nach Einflüssen aus vergangenen Zeiten.

Skeptische Generation

Der Ausdruck „skeptische Generation" für die Jugendlichen der ersten Nachkriegsjahre ist zu einem festen Begriff geworden. Wesentlich zu dieser Bezeichnung hat Helmut Schelsky mit seinem 1957 erschienenen Buch „Die skeptische Generation" beigetragen.[36] Er hatte die Jugendlichen zwischen 15 und 25 Jahren im Auge und legte „seine Studie als eine generelle Theorie der modernen Jugend in der industriellen Gesellschaft an".[37] Die drei Jahrgänge der Schülersoldaten fanden bei Schelsky keine besondere Erwähnung. In erster Linie hob er „die aus dem Kriege zurückkehrende ältere Jugend" hervor, „diese älteste Schicht der von uns betrachteten Jugendgeneration ist in vieler Hinsicht für das Verhalten der gesamten Jugend nach 1945 vorbildlich und tonangebend".[38]

Nach den bisherigen Darstellungen dieser Untersuchung kann man aber mit gutem Recht die Flakhelferjahrgänge als die Speerspitze der skeptischen Generation bezeichnen. Sie zeigen fast alle Merkmale, die Schelsky in seiner Studie den Jugendlichen in den Nachkriegsjahren zuschreibt. Die Skepsis der früheren Luftwaffen- und Marinehelfer resultiert augenscheinlich aus einer Entpolitisierung und Entidealisierung ihres jugendlichen Bewußtseins. In den vorausgehenden Kapiteln ist schon mit Deutlichkeit in Selbstzeugnissen dargestellt worden, wie bei den jungen Soldaten nach Kriegsende und bei vielen schon etliche Zeit vorher plötzlich Leere eingetreten war. Wo sich früher noch nationalsozialistisch-ideologisches Bewußtsein gezeigt hatte, war nach dem Zusammenbruch nichts mehr vorhanden. Und es sollte auch so schnell nichts mehr an seine Stelle nachrücken.

Zunächst einmal waren die Heimgekehrten vollauf beschäftigt mit der Absicherung der primitivsten Lebensbedürfnisse. In vielen Familien fehlte der Vater; der war im Krieg umgekommen oder aus Gefangenschaft noch nicht zurückgekehrt. Der Sohn übernahm Vaterstelle, sorgte für Mutter und jüngere Geschwister, „organisierte" zusätzliche Lebensmittel und Brennmaterial. „Im Chaos der Nachkriegszeit erwies sich die Familie als die verläßlichste Institution. In den Überlebensstrategien der Nachkriegszeit setzten wir in gewisser Weise unsere Kriegserfahrungen fort als gemeinsame Sorge um Väter und Brüder, die immer noch 'draußen' waren, jetzt in Kriegsgefangenenlagern, als Sorge um das Dach über dem Kopf, in den Hamsterkäufen, im Kohlenklau." Martin Greiffenhagen hat hier seine Erfahrungen als ehemaliger Luftwaffenhelfer vom Jahrgang 1928 niedergeschrieben.[39] Diese Forschungsarbeit kann hierzu die empirische Bestätigung aus der Fülle der Interviews und Fragebogenantworten geben. Der innige Zusammenhalt der Familie in der Zeit nach dem Zusammenbruch erwies sich als Stabilisator der Gesellschaft. Nach dem Verschwinden fast aller Institutionen wurde sie einzige funktionierende Zelle im chaotischen Nachkriegsdeutschland.

Helmut Bahr soll hier mit seinen Worten für viele stehen: *Ich war froh, daß der Krieg vorbei war und ich einigermaßen heil so früh heimkommen durfte. Auch wenn ich mich nicht als Befreiter, sondern als Besiegter fühlte. All das ungeheuerliche und unglaubliche Geschehen, das mit der Herrschaft der Nationalsozialisten verbunden ist, das Entsetzen über die Wirklichkeit außerhalb unseres begrenzten Lebensbereiches war nur sehr schwer zu verdauen. Aber ich hatte ein Zuhause, in das ich nach längerer Abwesenheit heil zurückkehren konnte: Und das waren die Eltern und Geschwister, Freunde und Nachbarn. Das gab Halt, auch ungefragt. Eins wußte ich: Ich lebte! Zwar oft hungrig, aber das fiel nicht weiter auf, uns allen knurrte ja der Magen. Es ging in dieser Zeit nach dem Krieg auch weniger ums Neuanfangen oder gar ums Zuendegehen, sondern schlicht und einfach ums Überleben und Überstehen. Wir freuten uns, wenn auch mehr unbewußt, auf die Zukunft, die zwar düster vor uns lag, aber doch ein wenig Aussicht auf Hoffnung gab. Wenn ich einmal Bilanz ziehe nach 50 Jahren, dann muß ich feststellen, daß ich im Grunde aber den Krieg bis heute nicht wirklich verdaut habe.*[40]

Wegen des harten Überlebenskampfes hatten die jungen heimgekehrten Soldaten eher ein „privatistisches" Verhältnis zur Gesellschaft, selbst als sie sich nach und nach als demokratisches Gemeinwesen konstituierte. Woran sollten sich auch die jungen Männer orientieren? Ihre ideologische Welt war fortgefegt. So ist ihr Rückzug in den privaten Bereich der Familie nur zu verständlich, und für die meisten von ihnen folgte alsbald der Blick in die Zukunft auf Weiterführung der Schule, Ausbildung und Beruf. Mehr als zwei Drittel aller befragten Zeitzeugen haben kurz nach Kriegsende ihren Schulunterricht fortgesetzt. Mit welchem Ernst und Eifer die früheren Schülersoldaten ihr schulisches und berufliches Fortkommen betrieben, wurde schon im Kapitel „Mit 16 fast ein Erwachsener" aufgezeigt. Hieraus ein „Pseudoerwachsensein" abzuleiten oder von „vordergründigen Anpassungen" oder „reinen Abwehr- und Erledigungsreaktionen" zu sprechen, wie Schelsky in seinem Buch schreibt,[41] dürfte zumindest für die Angehörigen der Luftwaffenhelferjahrgänge nicht zutreffen.

Einige Zeitzeugen dieses Forschungsprojekts haben eindeutig von einem unbändigen Aufstiegswillen berichtet, dessen Wurzeln in ihrer Jungsoldatenzeit zu suchen sind. So erzählt Wilhelm Larberg:

Ich hatte einen starken Durchhaltewillen. Den habe ich aus dem Krieg mitgebracht, sonst hätte ich das gar nicht geschafft, glaube ich. Mit 17 Jahren, das wäre gar nicht möglich gewesen. In Buxtehude bin ich dann zur Schule gegangen. Da war ich noch beim Bauern. Da mußte ich morgens noch Kirschen pflücken und abends Stall ausmisten. Und weil ich hier nur als armer Bengel ankam, und die reichen Bauern saßen hier auf ihren Höfen, die hatten alles und ich hatte nuscht. Das, muß ich sagen, hat auch mein ganzes Leben geprägt, dieser Ehrgeiz, materiell etwas zu werden, der hervorgehobene Ehrgeiz, der hat mein Leben geprägt, das ist ein Ergebnis dieser Geschichte letzten Endes. Das hat auch etwas mit früher Reife zu tun. Ich

habe dann sehr schnell studiert. Man kriegte als Kriegsteilneh-
mer in Hamburg die Chance, nach sechs Semestern Examen zu
machen. Und da ich mein Studium auch selbst verdienen muß-
te, habe ich im Hamburger Hafen Nachtschichten als Hafen-
arbeiter abgerissen. Und dann hatte ich natürlich so die
Schnauze voll, daß ich die Chance sofort ergriffen hatte, und
habe dann fürchterlich geackert beim Repetitor, und alles wur-
de eingebleut und habe nach sechs Semestern Examen gemacht,
sogar ein recht gutes. Und dann habe ich beim Wirtschaftsprü-
fer gearbeitet in Hamburg zwei/drei Jahre. Und als ich so viel
Geld hatte, daß ich wieder anfangen konnte, habe ich in
Wilhelmshaven angefangen. Da wollte ich mal sehen, wie man
richtig studiert. Das hat mir dann gefallen. Dann habe ich in
politischen Wissenschaften promoviert. Ich war fertig 1958.[42]

Der eigentliche Anlaß, die Schülersoldaten des Zweiten
Weltkriegs als typische Vertreter der skeptischen Generation
zu bezeichnen, ist die in den Interviews deutlich gewordene
„Ohne-mich-Haltung" dieser Jugendlichen. Bei der Frage
„Haben Sie schon bald nach dem Krieg am neuen politischen
Leben Anteil genommen?" haben 27 von 42 interviewten
Zeitzeugen mit einem Nein geantwortet. In ihren Äußerungen
kommt sehr klar die Skepsis gegenüber den neuen politischen
Strukturen und deren neuen Vertretern und Anhängern zum
Ausdruck. Unter diesen 27 Antworten sind natürlich auch
solche, die eine völlige Gleichgültigkeit am politischen Ge-
schehen wegen des harten Überlebenskampfes oder konzen-
trierter Studien oder intensiver Berufsvorbereitung bekunden.
Man hatte dafür überhaupt keine Zeit.

Seine Erfahrungen aus nationalsozialistischen Zeiten waren
der Grund für die Skepsis des Richard Werther:

Auf Broterwerb und Studium war ich ausgerichtet. Und alles,
was mit politischem Engagement, Parteieintritt, Gewerk-
schaftszugehörigkeit zusammenhing, machte mich skeptisch,
und die Leute, die sich da betätigten, hielt ich auch für solche,
die im unlauteren Wettbewerb über den Parteiweg schneller zu
schönen Posten kommen wollten. Das sind Erfahrungen aus
der Zeit des Dritten Reiches. Denn die Leute, die sich politisch
engagierten in SA-Uniform oder Parteiuniform, wollten da-
durch irgendwelche Vorteile haben, und so habe ich dasselbe
Bild klischeehaft auf das neue System übertragen. Deswegen
kam ein politisches Engagement nicht in Frage, da stand ich
abseits, da wollte ich nichts mit zu tun haben, obwohl man
dann später nachdachte, daß es doch nötig ist, daß sich solche

Leute für so etwas engagieren. Aber wir hielten damals die Leute für Opportunisten. Die ganz Alten, die früher im Zentrum waren, die arbeiteten im alten Geist weiter, das hat man verstanden. Aber wenn ein junger Mensch aus dem Bekanntenkreis in eine Partei gegangen wäre, von dem hätte man gleich gedacht: Um Gottes willen, Vorsicht, der will Karriere machen auf unlautere Wettbewerbsweise.[43]

Vielleicht hat der Zeitzeuge die Querelen um das vom Caritasverband geleitete Krankenhaus seiner Heimatstadt, dem sein Vater - seit 1933 Mitglied der NSDAP - vorstand, vor Augen. Oder dachte Werther an einen katholischen Ordensgeistlichen, der sich als V-Mann der Nazis immer in leitende Stellen einweisen ließ und schließlich das Krankenhaus als Leiter übernahm und seine Enteignung und Überführung in den weltlichen Provinzialverband erreichte? Sicherlich auch abschreckend für den Zeitzeugen war die Erinnerung daran, daß sein Vater mit diesem Hitler-konformen Geistlichen zusammengearbeitet hatte.[44]

Waldemar Holz berichtet:
Ich habe nicht teilgenommen am politischen Geschehen, aber ich hätte teilnehmen können, weil in Weilheim, da hat mein alter Mathematiklehrer, Nipp hat er geheißen, der hat mich getroffen, das war Frühjahr 46. „Kommen's zum Oberbräu, da ist es ganz toll.“ Da war der noch junge Franz Josef Strauß da, der war Landrat von Schongau, glaub' ich, da hat mir das nicht recht gut gefallen, daß er gesagt hat: „Jedem Deutschen“, das habe ich persönlich gehört, als Offizier hat er das gesagt, „jedem Deutschen, der noch ein Gewehr in die Hand nimmt, dem soll die Hand abfallen.“ Das habe ich ihm übelgenommen. Und dann hat der Lehrer ihn mir vorgestellt, und dann hat er mir auf die Schulter gehaut, das wäre die Karriere für mich gewesen. Hat er gesagt: „Kommen's zu uns“, hat er g'sagt, „wir brauchen solche Leute“ und so. Ich hab mich aber da abgestoßen gefühlt. Diese Geschafftelhuberei, diese Wichtigmacherei![45]

In späteren Jahren, so erzählt der frühere LwH weiter, habe er dann doch ein anderes Verhältnis zu Strauß und seiner CSU bekommen, nachdem er Bayernpartei- und FDP-Wähler gewesen sei. Er bezeichnet sich als konservativ und CSU-Wähler und zeigt dann dem Interviewer stolz einen Bildband mit der persönlichen Widmung des Franz Josef Strauß.

Der Nationalsozialismus saß Heinrich Meißner noch in den Gliedern, als er das erste Mal zur Wahl gehen sollte:
Ich bin zu den ersten Wahlen nicht hingegangen. Weil ich noch so enttäuscht war und sagte, was nützt die ganze Partei, wir sehen ja, wo wir hingekommen sind, und jetzt geht's vielleicht wie vor 33. Dann habe ich aber bald festgestellt, bei der zweiten oder dritten Wahl, du mußt wählen gehen, du mußt deine Meinung kundtun, also geh hin und wähle eine Partei! Zunächst beeinflußt vom Elternhaus und später kam es so: Örtlich wählst du diese Partei, auf Landesebene jene Partei und auf Bundesebene eine dritte Partei. In etwa war ich schon in der Richtung festgelegt auf bürgerliche Parteien.[46]

Helmut Zarnke äußert offen seine damalige Skepsis:
Als ich heimkehrte, war ich sehr ernst geworden und fühlte mich trotz meiner 16 Jahre erwachsen. Ich lehnte, wohl auch als Reaktion auf die vorausgegangene „Gängelei", Autoritäten ab, obwohl man sich ja gezwungenermaßen der Besatzungsautorität fügen mußte. Auch hatte ich mir vorgenommen, ihnen, d. h. den sogenannten Autoritäten, nicht mehr zu glauben, war skeptisch und manchmal zynisch.[47]

Auch Bruno Sabel reiht sich in die „skeptische Generation" ein:
... deswegen hießen die Leute, die wie Sie und unsere Jahrgänge, die skeptische Generation, die alles in Zweifel stellte nach dem Motto: Uns haben sie schon einmal geleimt. Ich bin auch jahrelang nicht mehr hingegangen zum Wählen.[48]

Eine markante Stimme zum Thema politisches Leben und Nachkriegszeit, Helmut Bahr:
Nein! Politik war mir völlig gleichgültig in den ersten Jahren nach dem Krieg wie auch während des Krieges. Ich hatte auch genug mit Auswirkungen dieser hinter uns liegenden Zeit zu tun und das alles zu verarbeiten, das, was man heute Vergangenheitsbewältigung nennt, die bei mir sehr früh einsetzte. Auch wenn ich persönlich nicht viel zu bewältigen hatte. Ich war auch noch nicht volljährig, also nicht wahlberechtigt. Das Sagen hatten sowieso die Franzosen. Parteien empfand ich als Marionetten der Besatzungsmacht. In Wirklichkeit war uns die Demokratie ja auch von den westlichen Siegermächten verordnet worden. Demokratisches Denken und Handeln mußten erst mühsam erlernt werden. Das brauchte Zeit. Mein Zukunftsdenken und die Bewältigung des Alltags beschränkten sich damals in den ersten Nachkriegsjahren ganz auf die eigene Person.[49]

Eindrucksvoll und in klarer Form charakterisiert sich dieser Zeitzeuge im Zusammenhang mit dem schon weiter oben von ihm Gesagten als den typischen heimgekehrten Jungsoldaten: Noch unter dem Schock des im Krieg Erlebten stehend, entsetzt über die ungeheuerlichen Untaten der Nazis, flüchtet er sich in den Hort seiner Familie. Aus diesem Halt heraus erkennt er ein Fünkchen Hoffnung in einer - wenn auch noch recht düsteren - Zukunft. Dem politischen Geschehen steht er gleichgültig gegenüber, später eher skeptisch.

Jürgen Hinze ist gleich nach Kriegsende in Berlin in Kontakt mit den Amerikanern gekommen. Er erzählt auf die Frage nach der Anteilnahme am politischen Leben:

Ja, ich bin durch die Amerikaner in regelrechten Diskussionsgruppen politisch interessiert geworden. Das war natürlich der große Traum der idealen Demokratie, der sich später meiner Auffassung nach nicht realisiert hat. Das war der erste Schritt, dann habe ich richtig Politik studiert, ein paar Semester an der damals eröffneten Hochschule für Politik, hatte es aber auch nur gemacht im Hinblick auf meine mögliche diplomatische Karriere, nicht um in die Politik in parteipolitischem Sinne zu gehen. Und ich bin viel interessierter gewesen an der sich damals zum ersten Mal nach dem Krieg sehr vehement bewegenden Europa-Union und wurde gleich eins der ersten Mitglieder, ich war wohl Mitglied Nr. 27. Ich habe den Ausweis heute noch, obwohl gar nichts geschah. Endpunkt: Ich habe mir geschworen, nach diesen NSDAP-Zeiten nie in eine Partei einzutreten, habe mich auch strikt daran gehalten. Auch die Art von Demokratie, die Gefälligkeitsparteidemokratie, die wir heutzutage haben, ist nicht das Ideal, von der wir jungen Menschen am Ende des Kriegs geträumt haben.[50]

Obwohl der frühere Luftwaffenhelfer in einem der deutschamerikanischen Clubs mitmachte, ist ihm Politik „nicht unter die Haut" gegangen. „Bereits im Herbst 1945 wurden von den Westalliierten Überlegungen angestellt, wie man die deutsche Jugend vor einem Versinken in Sinnlosigkeit bewahren könne. Engländer und Amerikaner blieben ihrer schon bei der Kriegsgefangenenarbeit zugrundegelegten Auffassung treu, man dürfe nicht einfach eine Weltanschauung gegen eine andere austauschen, vielmehr müsse die Jugend sich selbst finden. Die ersten Bemühungen fanden statt in deutsch-englischen oder deutsch-amerikanischen Clubs, in Versöhnungsbünden".[51]

Nachdem der Zeitzeuge locker von seinen verschiedenen politischen Begegnungen geplaudert hat und auch noch stolz auf seine frühe Mitgliedschaft bei der Europa-Union verweist, kommt er fast abrupt zu einem Endpunkt, der damals wie in einen Schwur vor sich selbst mündet: Einer Partei trete ich nie bei. Diesem Schwur ist er sein ganzes Leben treu geblieben. Er gehört zu der verhältnismäßig großen Schar der Zeitzeugen dieses Projekts, die, nachdem sie sich erst einmal die „Finger am Nationalsozialismus verbrannt hatten", den Versuchungen, einer Nachkriegspartei beizutreten, stets widerstanden haben. Zu einem ungestörten Verhältnis zur Demokratie ist er nie gekommen. Sein ursprünglicher Traum von der idealen Demokratie ist nie in Erfüllung gegangen.

Alle Flakhelferzeitzeugen waren keine „gelernten Demokraten". Sie haben die Demokratie erst später ganz langsam lernen müssen. Zunächst hatten sie die neue Staatsform nur im Kopf, während im mentalen Verhalten noch lange die unselige NS-Zeit nachwirkte. Die jungen Männer aus der Luftwaffenhelfergeneration registrierten das Schweigen der Eltern und fragten weder sie noch ihre ersten Lehrer und Lehrherren nach der Vergangenheit, obwohl die Sieger diese jungen Menschen freigesprochen haben von Schuld und Verantwortung für die Naziverbrechen. Vielleicht waren die in Kinder- und Jugendjahren eingeschliffenen Strukturen nationalsozialistischer Mentalität noch so übermächtig, daß Mitleidsgefühle mit den Älteren sie verstummen ließen.

Die Erhebung ergab auch, daß 15 ehemalige Schülersoldaten von 42 Interviewten am neuen politischen Leben in den Besatzungszonen interessiert waren. Aber die meisten von ihnen wollten dennoch keiner politischen Partei beitreten. Einige wurden schon zitiert. Mit Eduard Wollmann soll noch ein typischer Vertreter dieser Gruppe zu Wort kommen. Vom Ideengut des Nationalsozialismus wurde er regelrecht verfolgt. Letztlich auch bei ihm die Skepsis gegenüber den neuen Parteien und der Entschluß, nie einer solchen beizutreten:

Ja, ich hab' nur eins nicht gemacht. Einer Partei beitreten möchte ich nicht. Ich habe auch andere Kameraden, Freunde, die haben gesagt: Nein, wir sind zur SPD gegangen, weil wir der Meinung sind, die politische Arbeit kann man nicht allein anderen überlassen, da gehören Leute hin wie wir. Ich habe Freunde, die in der CSU sind, während ich mich schon interessiert habe fürs politische Geschehen. Bin auf Versammlungen gegangen, und ich habe diskutiert mit anderen und bin auch immer zur Wahl gegangen, habe mich aber keiner Partei angeschlossen. Auch nach dem Krieg ließ mich eigentlich nicht die

Überzeugung los, daß an dem Programm des NS, wie es uns
vorgelegt wurde, manches gar nicht so schlecht war, in Wirk-
lichkeit aber anders vollzogen wurde. Da habe ich mir gesagt,
einzutreten in eine Partei und immer ja sagen müssen zu dem,
was die Parteileitung verlangt, das möchte ich nicht.[52]

Bei den Interviews wurde vielfach von den Probanden die
Frage „Welche politische Partei fanden Sie sympathisch, als
sich bei Gründung der Bundesrepublik Parteien formierten?"
in die vorhergehende Frage nach der Anteilnahme am politischen Leben mit einbezogen. Von anderen wiederum wurde
dieselbe Frage in einem Zug mit der nächsten Frage („1949/50
wurden Sie wahlberechtigt. Hatten Sie sich schon zu diesem
Zeitpunkt auf eine bestimmte Partei festgelegt?") beantwortet.

Aus dem gesamten Komplex zum politischen Leben lassen
sich schließlich sichere statistische Zahlen ermitteln. So haben
sich von den 42 befragten Zeitzeugen zu Beginn der ersten
demokratischen Wahlen im Nachkriegsdeutschland auf folgende Parteien festgelegt: CDU (CSU): 17 (40,5 %); SPD: 5
(11,9 %); FDP (DP): 11 (26,2 %); SED (DDR): 1 (2,4 %); auf
keine Partei festgelegt, Nichtwähler: 8 (19 %).

Diese Zahlen beziehen sich also nur auf den frühen Anfang
der Bundesrepublik. Das Wahlverhalten der Zeitzeugen hat
sich später verändert. Und heute sieht das schon ganz anders
aus. Eine spezielle Frage zum heutigen Wahlverhalten wurde
im Interview nicht gestellt. Dem Interviewer erschien es wichtiger festzustellen, ob seit den Gründungsjahren eine grundlegende Änderung im Wahlverhalten bei den ehemaligen Schülersoldaten stattgefunden hat. Sechs Zeitzeugen sagen, daß bei
ihnen eine grundlegende Änderung eingetreten sei. So hat
beispielsweise einer, der über lange Zeit die Freien Demokraten gewählt hatte, sich die Kandidaten der Sozialdemokraten
als Favoriten erkoren. Er sei sogar Mitglied dieser Partei geworden. Ein anderer Exluftwaffenhelfer sagte freimütig, daß
er über Jahrzehnte die CDU gewählt habe. Aber seit der
großen Friedensbewegung kämen bei allen Wahlen nur noch
die Grünen in Frage. Er habe, so sagt der Zeitzeuge, das „C"
als reine Makulatur erkannt. Zwei Interviewte bezeichnen sich
offen als Protestwähler. Immer konservativ eingestellt, wählen
sie heute Rechtsradikale. Die CDU sei ihnen nicht konservativ
genug. Sieben bezeichnen sich als Wechselwähler. Da wählen
die einen bei den Kommunalwahlen die Grünen, bei den Land-
tagswahlen die Roten, und wenn die Bundestagswahlen anste-
hen, die Schwarzen. Alle Wechselwähler erweisen sich als

bewußte Zeitgenossen, die das politische Geschehen aufmerksam registrieren, die versuchen, öffentliche Belange abzuwägen und die Kandidaten unter Außerachtlassung ihrer Parteizugehörigkeit nach ihrem persönlichen Engagement zu bewerten.

Obwohl sich alle Zeitzeugen nach Kriegsende in die Arbeit am Wiederaufbau Deutschlands stürzten, ein überwiegender Teil von ihnen als Juristen, Wirtschaftsfachleute, Lehrer, Journalisten, Techniker und Ärzte in die Führungspositionen der neuen Bundesrepublik aufrückte, traten nur acht von ihnen einer politischen Partei bei: Fünf von ihnen wurden CDU-Mitglieder, zwei traten in die SPD ein, und nur einer wurde FDP-Mitglied. Ein Zeitzeuge wurde schon 1949 SED-Mitglied, nachdem er zwei Jahre zuvor der Liberaldemokratischen Partei in der DDR angehört hatte. Sein politischer Werdegang als ehemaliger Luftwaffenhelfer müßte einem besonderen Forschungsvorhaben anvertraut werden. Einen interessanten Versuch hat Ingrid Renner mit ihrer Diplomarbeit „Die Flakhelfer-Generation aus der ehemaligen DDR im gesellschaftlichen Umbruch" unternommen.[53]

. Zu fragen ist bei allen früheren Schülersoldaten, ob in ihrem politischen Nachkriegsverhalten irgendwelche Prägungen aus ihrer Jungsoldatenzeit aufzuspüren sind. Von allen bisher untersuchten Fragestellungen sind hier kompetente Antworten am schwierigsten zu finden. Schneller zum Erfolg könnte eine Vergleichsstudie mit Gleichaltrigen oder ein wenig Älteren aus der Nachkriegsjugend, die nicht im militärischen Dienst standen, führen. Nicht nur Vermutung, sondern fast Gewißheit könnte die Annahme sein, daß 15- bis 18jährige junge Männer, die im Bomben- und Granatenhagel standen, motiviert vom Enthusiasmus, die Heimat zu schützen, nach dem Ende um so enttäuschter und skeptischer wurden gegenüber allem politischen Geschehen danach, skeptischer als eben gleichaltrige oder jüngere, vom unmittelbaren Kriegsgeschehen verschonte, Zeitgenossen. Und so war es dem Autor wichtig, diese Frage einzubringen als Gradmesser für Prägungen aus Schülersoldatenzeiten bis in unsere heutigen Tage hinein.

Sechster Teil: Die Zeit als Schülersoldat bleibt unvergessen

Begleitende Spuren

Nun haben wir die ehemaligen Schülersoldaten in ihrem Mentalitätsbewußtsein ein Stück des Weges in die Nachkriegszeit hinein begleitet. Der kurze Abschnitt ihres Soldatseins hat bei ihnen einen starken Einfluß auf ihr Denken und Handeln in allen auf sie zukommenden Lebenslagen ausgeübt. Sie sind durch diese ein bis zwei Jahre vor Kriegsende schlechthin andere Menschen geworden. So mancher betont ausdrücklich, daß sein Leben durch seine Jungsoldatenzeit mit Sicherheit eine andere Richtung genommen hat.

Der Autor hat nun den Versuch unternommen, mit einer gezielten Fragestellung begleitende Spuren im Lebensablauf dieser jüngsten Kriegsveteranen des Zweiten Weltkriegs noch deutlicher zu machen. Es wurde den früheren jungen Kriegsteilnehmern die Frage gestellt, ob sie nach dem Kriege oder auch noch viel später von den Ereignissen in den Erinnnerungen, in der Gefühlswelt und sogar in Träumen berührt worden sind. Es sollen also mit dieser Frage Momente im Leben des Zeitzeugen gesucht werden, die als Spotlights diese ereignisreiche Kriegszeit spontan oder gezielt ins aktuelle Bewußtsein zurückgeholt haben oder immer noch zurückholen.

In erster Linie wird nach Erinnerungen gefragt, die die eindrucksvollen Erfahrungen aus dem kurzen Soldatenleben der Betroffenen in unterschiedlicher Form markieren. Bei dieser Gelegenheit läßt sich natürlich nach der Authentizität solcher Erinnerungen fragen. „Der vorherrschenden Ansicht (der Psychologen) über das Gedächtnis zufolge beurteilt man die Authentizität einer Erinnerung nach ihrer Lebhaftigkeit und ihrem Detailreichtum."[1]

Die Aussagen der Zeitzeugen in den Fragebogen und Interviews lassen an solchen Indizien nichts zu wünschen übrig. Aber die moderne Psychologie kommt auch zu der Erkenntnis: „Qualitäten wie Lebhaftigkeit und Genauigkeit können nicht als Beleg dafür gelten, daß eine solche Erinnerung wahr ist, und wo solche Qualitäten fehlen, kann man dennoch nicht den Schluß ziehen, daß die Erinnerung falsch ist."[2]

Nun aber wird hier nicht eine einzelne Erinnerung analysiert, es stehen weit über 100 Aussagen zur Verfügung. Sie alle bilden untereinander eine Art externe Bestätigung für die anderen, mögen sie auch da oder dort, in diesem oder jenem Detail unwahr sein. So kann hier behauptet werden, daß die vielen Erinnerungsstücke, die dem Autor vorgelegt wurden und die im Kern auffallende Parallelitäten aufweisen, ein Zeugnis für Echtheit darstellen.

Bei der Spurensuche des Forschers stellt sich aber die Frage, wie die Erinnerungen bei den Zeitzeugen hervorgerufen werden. Mit der vorgelegten Frage hoffte der Verfasser, „Erinnerungswurzeln" von den ehemaligen Schülersoldaten zu erhalten. Lothar Steinbach hat sich bei seinen lebensgeschichtlichen Interviews die Frage gestellt, „ob es eine besondere Qualität von Erfahrungen gibt, die uns so tief prägen, daß sie in unserem Langzeitgedächtnis verankert bleiben. Erfahrungen vielleicht, die wie Risse unsere Lebensgeschichte markieren?"[3]

Das Leben der Zeitzeugen weist eindeutig Markierungen auf, die intensiv in das Langzeitgedächtnis eingeprägt worden sind. Viele Menschen, besonders ältere, fragen sich verwundert, warum so vieles aus dem Leben nicht aufgehoben wird, so vieles verlorengeht. Aber wäre es nicht sinnvoller zu fragen und darüber erstaunt zu sein, warum wir uns an so manche Begebenheit, an manches Geschehen, an dieses erfahrene Leid oder auch an eine erlebte Freude so lebendig erinnern?

Die befragten Schülersoldaten können eine solche Frage klar beantworten. Die Kriegszeit liegt vor ihren Augen nicht wie ein schönes Erinnerungsfoto. Vielmehr ist das Erlebte, Erfahrene und Erlittene in ihr jugendliches Gedächtnis „unauslöschlich eingebrannt" und wird bei vielfältigen Gelegenheiten im Alltagsleben in oft unangenehmer Weise ungewollt in die Gefühlswelt übertragen. Vielleicht wird sich mancher an dem Ausdruck „unauslöschlich eingebrannt" stören und ihn als Floskel, eher geeignet für einen billigen Roman, abtun. Die moderne experimentelle Psychologie verweist aber auf einen realen Hintergrund für solche Bezeichnungen, die das Gedächtnis betreffen. So schreibt der amerikanische Psychologe Kotre: „Wenn uns etwas verblüfft oder schockiert oder einfach noch nie zuvor widerfahren ist, scheint ein Blitz in unserem Geist abgefeuert zu werden, der das Ereignis dem Gedächtnis einbrennt. Neurologisch betrachtet, handelt es sich bei diesem Blitz um eine massive Zunahme der Kortexaktivität, die möglicherweise von einer plötzlichen Hormonfreisetzung ausgelöst wird. Die Hormone erhöhen die Menge der zur Verfügung stehenden Glucose, die den Zellen als Brennstoff dient. Der neutrale 'Blitz' gewährleistet nicht, daß das daraus resultierende 'Foto' sich mit der Zeit nicht verändert (Forschungsergebnisse beweisen das Gegenteil); aber es stellt sicher, daß der sich verändernde Eindruck lange Zeit Bestand haben wird."[4]

Die Frage nach immer wieder auflebenden Erinnerungen löste bei den Zeitzeugen ein überraschendes Echo aus. Ihre Antworten machen oftmals in erschütternder Weise das im Kriege Erlebte deutlich. Beim überwiegenden Teil der Befragten zeigen sich markante „Wiederherstellungssignale", die Erinnerungen in Verbindung mit starken Emotionen erzeugen. Solche Auslöser für gefühlsgeladene Rückschau weisen eine Vielfalt und dennoch einen erstaunlichen Gleichklang bei den betroffenen früheren Jungsoldaten auf.

Wer blickt heute bei Flugzeugmotorengeräusch noch zum Himmel empor? Und wenn er dennoch hochschaut und einen Flieger in ca. 8000 Meter Höhe, Kondensstreifen hinter sich herziehend, erblickt, denkt er, wenn ihm überhaupt Gedanken zu diesem Düsenjet kommen, vielleicht nur an seinen letzten Urlaub, den er auf Mallorca oder den Malediven verbracht hat. Der Luftwaffenhelferveteran wird beim Anblick eines solchen Flugzeuges emotionell 50 Jahre zurückgerissen; er sieht den US-Bomberverband im Anflug, beobachtet durch das Flakfernrohr das Öffnen der Bombenschächte einer Fortress II, sieht die tödliche Last im Kurvenflug Richtung Flakstellung fallen, erlebt angstvolle Schrecksekunden bis zu den ohrenbetäubenden Detonationen des Bombenteppichs in unmittelbarer Nähe der Stellung.

Das Wiederherstellungssignal „Düsenjet mit Kondensstreifen" löst bei vielen früheren Flakhelfern die Erinnerung an die schrecklichen Tagesangriffe der Amerikaner aus. Ein ähnliches Signal sind Feuerwerke, besonders in der Silvesternacht, und Luftschutzsirenen, die zur Probe heulen.

Helmut Bahr schreibt:
Was mir aus der Luftwaffenhelferzeit geblieben ist, das ist der Umstand, daß ich auch heute noch nicht das Heulen einer Luftschutzsirene hören kann, auch wenn mir der Verstand sagt: Das ist nur eine Übung, ohne daß mich ein Unbehagen befällt. Auch konnte ich viele Jahre, fast Jahrzehnte kein Feuerwerk sehen, und sei es auch aus einem noch so freudigen Anlaß, ohne die äußerst unbehagliche Gedankenverbindung zu den „Feu-

*erwerken" des Krieges herzustellen, besonders an die gewalti-
gen „Feuerwerke" über dem Rhein-Main-Gebiet. Dort waren
wir auf den Dächern des Opel-Werkes in Rüsselsheim statio-
niert, hatten also eine uneingeschränkte Sicht rundum.*[5]

Unter Feuerwerk sind nicht nur der Mündungslichtschein
der Abwehrkanonen, das Explosionsfeuer der Bomben und
die brennenden Gebäude zu verstehen. Wenn Zeitzeugen sich
an das nächtliche „Feuerwerk" über den Städten erinnern,
meinen sie die magnesiumleuchtenden Flugkörper, die von den
feindlichen Vorausflugzeugen, den sogenannten Pfadfindern,
an Fallschirmen hängend, über dem geplanten Zielgebiet ab-
geworfen wurden und eine ganze Stadt in ein phantastisches,
in vielen Farben schillerndes Licht hüllt. Wegen der baumähn-
lichen Form wurden diese überdimensionalen Leuchtstäbe
auch Christbäume genannt. Diesem apokalyptischen Feuerwerk folgte das tödliche Inferno des Bombenhagels. Viele
Zeitzeugen können daher an Feuerwerken kein Vergnügen
finden. Sie sollen an glückliche Zeiten erinnern und Friedens-
und Segenswünsche verkünden. Bei den Schülersoldaten bewirken sie das Gegenteil, es „geht grauenvoll an die Seele", wie
ein Zeitzeuge sagt.

Es wird aber auch von anderen Auslösern spontaner Erin-
nerungen berichtet, die mehr oder weniger unangenehme Erinnerungen freisetzen. So sagt Waldemar Holz im Interview:
*Daß ich so jung Soldat war, das bringt mich nicht ganz los. Der
Soldat steckt in mir drin. Ich bin in den ersten Jahren nach dem
Krieg oder vielleicht auch nach zehn Jahren, sogar heute noch
manchmal, wenn ich spazierengehe und das Gelände anschaue,
dann denke ich, hier könnte man Bereitstellungen machen.
Oder hier würde ich in Deckung schlupfen, wenn gerade ein
Einschlag kommt. Oder die Bodenwellen bei Beschuß. Das
steckt immer noch in mir drin.*[6]

Franz Schönfeld erzählt:
*Neulich ging ich in einer kleinen Ortschaft über die Straße
während eines Gewitters, das ich aber weiter entfernt vermu-
tete. Plötzlich ein fürchterlicher Donnerschlag direkt über mir.
Spontan ging ich blitzschnell flach zu Boden. Schlagartig wurde
mir danach die Situation bewußt: Im Februar 1945 explodierte
zwei Meter neben mir an einem kleinen Erdwall ein russisches
Granatwerfergeschoß. Hätte ich mich damals nicht flach hin-
geworfen, wäre ich von unzähligen Splittern durchsiebt worden.*[7]

Ereignisse wecken nicht nur unangenehme oder angenehme Erinnerungen, sie können also auch physische Spontanreaktionen auslösen. Weitaus schlimmer ist es Bernd Hensler ergangen. Vom Knallen ist er sein ganzes Leben lang bis heute verfolgt worden:

Ein Jahr lang war ich Ladekanonier an der 8,8-Kanone. Den Knall des Abschusses konnte ich ertragen, wenn ich mich mit offenem Munde darauf konzentrierte. Aus dieser Erfahrung ist geblieben, daß mich noch heute eine unversehens zugeschlagene Tür furchtbar erschreckt, aber auch ein plötzliches Angesprochenwerden von hinten. Ich habe das nicht mehr ertragen können. Das ist natürlich kein organisches Geschehen, das Knallen im Ohr, sondern ein psychosomatisches Geschehen. Wenn es irgendwo knallt, dann geht es mir wirklich schlecht. Bin also nach dem Kriege bei plötzlichem Türzuschlagen vom Stuhl gefallen, auf dem ich ordentlich saß. Heute passiert es mir noch gelegentlich, daß ich tatsächlich zu zittern anfange. Aber es hängt immer nur mit dem Knall zusammen. Oder dieses von hinten Angesprochenwerden, wenn das jemand leise tut, geht das noch, dann kommen ähnliche Dinge zutage. Mit dem Knall, das kann nur daher kommen, da bin ich absolut sicher, mit dem Sprechen, das könnte sich weiter verlagert haben. Das Knallen ist klar auf diese Tätigkeit zurückzuführen.[8]

Die Aussagen der früheren Schülersoldaten liefern aber auch reichlich Beispiele dafür, daß Berührungspunkte mit den Kriegsereignissen bewußt gesucht werden. Weil sie immer wieder auch nach mehr als 50 Jahren von den Erinnerungen in ihrer Gefühlswelt eingeholt werden, suchen diese jüngsten Kriegsveteranen gerne die alten Stätten erlebter Ängste auf. Was sie dazu treibt, bleibt fast ein Rätsel, kann von den Betroffenen nicht erklärt werden. Die Motivation für solche Besuche ist am ehesten noch mit der eines Ganges zum Friedhof ans Grab eines lieben Menschen zu vergleichen.

Das Schicksal des Ludwig Gawenda ist schon beschrieben worden. Am 18. April 1945 wurden fast alle seine Klassenkameraden bei einem Luftangriff auf Helgoland getötet:

Die Erlebnisse auf Helgoland wirken bei mir immer noch nach. Alljährlich fahre ich auf diese Insel und lege an der Grabplatte für meinen Freund und Klassenkameraden Wendelin Franz, diese kleine Steinplatte befand sich neben anderen neben dem Glockenturm der evangelischen Kirche auf „unserer Insel", einen Strauß nieder. Mich drängt es danach, jedes Jahr wenigstens einmal auf der Insel zu sein.[9]

Von den vielen Zeitzeugen, die immer noch auf „Spurensuche" sind, sei Günter Voß herausgegriffen:

Realiter gehe ich seit einigen Jahren meinen Spuren aus dem Kriege nach: In Guben auf der polnischen Seite der Neiße fehlen jetzt zwei kaiserlich-wilhelminische Kantsteine, wo die Werfergranate einschlug, die mich verletzte und zwei Kameraden tötete. Das Gefühl ist schwer zu beschreiben, das ich an dieser Stelle empfand. Vor drei Monaten stand ich am Grab eines September 1944 von uns getöteten Partisanen in dem kleinen Dorf und führte - zwar nur mit ein paar Brocken, Händen und Füßen - mit der Bürgermeisterin ein Gespräch, die als Zehnjährige den Dorfkampf miterlebt hatte. Aus dem, was ich schreibe, ersehe ich selbst, wie wesentlich die Kriegserlebnisse für mich waren.[10]

Überwältigend sind die Zeugnisse der Zeitzeugen, die das Stichwort „Träume" aufgegriffen haben. Die Vielzahl der Schilderungen von belastenden Träumen hat den Verfasser veranlaßt, eine eigene statistische Erhebung zu diesem Thema zu erstellen. Von den 122 ehemaligen Luftwaffen- und Marinehelfern, die in irgendeiner Form von den damaligen Ereignissen später berührt worden sind, berichten fast 50 Prozent von immer wiederkehrenden Träumen.

Winfried Murbach erzählt von einem Traum, der ihn jahrzehntelang leiden ließ und dessen Ursachen ihn bis heute nicht loslassen:

Ich habe bis 1956 regelmäßig von einem Tieffliegerangriff geträumt - am 16. April. 45 aus der RAD-Zeit - mit Toten, die wir am 18. April (meinem 17. Geburtstag) in Neuhaus an der Elbe beigesetzt haben. Da liegen 21 Kameraden, ich war noch diese Woche da auf dem Friedhof. Ich hätte das damals gar nicht erzählt. Ich war da so fertig an dem Tag. Vor vier Jahren war ich schon mal da. Von 86, die wir damals waren in der Einheit, sind 21 umgekommen da. Die sind beim Tieffliegerangriff gefallen. Das war auf dem Rückmarsch über die Elbe. Auf so einer Lichtung war das. Wir waren in einem Flakzug. Und unser Flakzugführer war ein ehemaliger Flakoberleutnant. Da kamen plötzlich die englischen Tiefflieger. Das war in einer Eisenbahnschneise auf so einer Lichtung. Und der dichte Wald ging rechts ab, und zum Waldrand ging es zur anderen Seite links herüber. Dann rief er „Zug 2, Waldrand!" Sind wir hin. 20 von den Toten waren mit Sicherheit in dem anderen Teil. Die haben nämlich in den dichten Wald die Bomben hereingeworfen und im zweiten Anflug mit den Bordwaffen gefeuert.

Und von uns ist nur einer neben mir verblutet. Der hat wohl einen Querschläger abgekriegt, vermute ich. Erich hieß er, aus Osnabrück war er. Von 80 bis 90 Leuten 20 Tote, das war eine ganze Menge. Diesen Traum habe ich geträumt, bis wir hier eingezogen waren 1963. Nacht für Nacht. Auch meine Frau konnte es nicht mehr ertragen. Dann bin ich zum Arzt gegangen. Ich hielt es nicht mehr aus. Geschrien habe ich dauernd. Dann bin ich zu einem Neurologen. „Setzen Sie sich mal hin", sagte er, „legen Sie sich mal aufs Ledersofa hin!" Fragte zwischendurch ein bißchen was. „Setzen Sie sich mal hin!" Dann hat er Blutdruck gemessen. „Ich verschreib' Ihnen mal ein paar Tabletten." Ich habe seitdem den Traum nicht mehr gehabt. Hat er wohl irgendwie geschickt gefragt oder wie. Er hat anscheinend so geschickt gefragt, daß ich das losgeworden bin. Ich habe seitdem nicht einmal mehr den Traum gehabt.[11]

Der Exluftwaffenhelfer Götz Bergander hat sein Dresdentrauma in einem eindrucksvollen Buch aufgearbeitet. Im Fragebogen schreibt er:

Noch nach Jahrzehnten Träume von Bombardements. Um das ganze Trauma aufzuarbeiten, habe ich mich wohl in die entnervende Erforschung aller Umstände der Luftangriffe auf Dresden begeben, die zu dem Buch „Dresden im Luftkrieg" führte.

Im Interview gibt er dann noch Einzelheiten preis:

Manchmal träume ich von einem Bombenangriff, wo ich dann auf der Straße stehe, nicht etwa in der Stadt, wo das passiert ist, sondern in meinem Heimatdorf, wo gar nichts passiert ist, da stehe ich auf der Straße und sehe die anfliegen. Und in anderen Träumen, die mich bis heute noch verfolgen, sehe ich mich zu spät kommen bei einer Abreise oder dem Zug hinterherlaufen. Vielleicht hängt das damit zusammen: Kommst du noch in den Keller? Weil ich beim ersten Luftangriff auf Dresden im Wohnzimmer war und mal wieder am Radio den Flaksender hörte, den Jägerleitsender, und in meine große Planquadratkarte, die ich von der Luftwaffe hatte, alles einzeichnete und den Anmarschweg wußte. Und ich war zu spät heruntergegangen. Und dann hörte ich es schießen, ich hatte an dem Tag wohl Tagesurlaub und guckte dann noch raus und sagte: „Unsere schießen doch da draußen." Unser Haus stand etwas frei, und ich konnte übers Elbtal weggucken. Das Brummen wurde immer lauter, und wir hatten damals eine russische Haushaltshilfe, die sowieso nicht runtergehen wollte. Und dann habe ich noch geschrien: „Anna los, es geht los!" Und dann sind wir

beide die Treppe runter, und 300 Meter entfernt ging ein Bom-
benteppich herunter. Es gab einen solchen Krach, daß ich diese
Treppe runter bin, ich weiß nicht, wie ich runterkam; ein
Traumdeuter könnte vielleicht jetzt sagen: „Ja wenn Sie immer
meinen, Sie müßten irgendwo hin im Traum, daß Ihnen plötz-
lich klar wurde, du bist verrückt hier oben, du mußt sofort
herunter."[12]

Gerhard Rehagen ist nach Einschätzung des Verfassers der
am schwersten betroffene Zeitzeuge: 80 Prozent schwerkriegs-
beschädigt. Lassen wir ihn persönlich zu Wort kommen:
Ich bin durch Träume und durch die eigenen Verletzungen
noch lange, lange Jahre von den Kriegseinwirkungen belastet
gewesen. Wenn man wie ich eine 80prozentige Behinderung
davongetragen hat, wird man mit den Ereignissen in irgendei-
ner Form immer wieder konfrontiert.

An anderer Stelle geht er näher auf die Ereignisse ein:
Eines Tages wurde ich für einen Tag abkommandiert zur Nach-
barbatterie, die tschechische 7,65-Lafettenkanonen hatte. Aus-
gerechnet an diesem Tag hatten wir einen schweren Einsatz.
Bei ungefähr der 20. Gruppe gab es einen Abschußknall und
sofort eine Detonation hinterher: Rohrkrepierer! Ich nehme
an, daß Sie wissen, was das bedeutet. Von elf Mann Besatzung
waren neun Kameraden sofort tot bzw. starben innerhalb einer
Stunde. Ich kam ins Lazarett und habe seitdem eine taube
(gefühlsmäßig) Kopfhälfte. Aufgrund der schweren Verluste,
die unsere Einheit laufend in der Stellung „Gartlage" (Osna-
brück) hatte, wurden wir dann nach Rulle (nördlich von Os-
nabrück) verlegt. Etliche Jahre später ist dann bei mir durch
das verletzte Mittel- und Innenohr ein Bakterium zum Gehirn
durchgefressen. Neun Monate Uniklinik in Münster waren die
Folge mit zwei schweren Gehirnoperationen und einer erstmals
in Deutschland gelungenen Innenohrentfernung. Sechs Mona-
te nach den Operationen klang dann auch die Gehirnhautent-
zündung ab, und es ging wieder aufwärts.[13]

Gernot Diemel wurde nach seiner Luftwaffenhelferzeit Soldat und war als 18jähriger bei seinem ersten Fronteinsatz in
Ostpreußen bei der Rückeroberung des von den Russen über-
rollten Dorfes Nemmersdorf beteiligt. Den Soldaten bot sich
ein grauenhaftes Bild. Die gesamte Zivilbevölkerung war von
den sowjetischen Truppen in bestialischer Weise ermordet
worden.[14] Dazu schreibt der Kriegsveteran:
Als ich eine Familie gegründet hatte und meine Kinder klein
waren, ist mir häufig Nemmersdorf im Traum erschienen, der

Anblick der vielen ermordeten Kinder, die so alt waren wie meine Kinder! Das hat mich oft im Schlaf verfolgt, und man wird heute immer wieder daran erinnert, wenn man nach Jugoslawien schaut.[15]

Gebhard Rohlfing schildert in besonders eindrucksvoller Weise seine Träume aus dieser unseligen Zeit:

Ganz sicher: ja. Diese Zeit und die folgende davon nicht verschiedene eigentliche Soldatenzeit gehen mir bis heute in meinen Träumen nach. Erlebe ich eine neue oder bekannte Stadt im Traum, so suche ich zuerst ihre relative Lage zu möglichen Angriffszielen aus der Luft abzuschätzen. Häufig erlebe ich mich in Flakstellungen oder werde erneut - und im Bewußtsein, dafür eigentlich zu alt zu sein - eingezogen. Dabei versuche ich mich in der Regel, jedem Dienst oder jedem Appell zu entziehen. Des öfteren erlebe ich, daß mir Teile des Marschgepäcks abhanden gekommen sind, z. B. Gasmaske oder Wollsocken. Das ist bis heute der Fall. Auch Luftangriffe sind häufig Gegenstand meiner Träume. Und bei jedem Düsenjäger erinnere ich mich an deren erstes Auftauchen als Me 163 oder 263. Manche Lufterschütterungen lassen in mir sofort die jähe Erinnerung an das Geräusch fallender Bombenteppiche wach werden.[16]

Bruno Sabel „kämpft" immer noch gegen feindliche Jagdbomber:

Ja, habe früher oft, heute noch manchmal Träume von Jabo-Angriffen im Kampf „Mann gegen Mann" im Abstand von 15 bis 25 Metern! Die Familie findet das nicht gerade schön! Es sind eben Erinnerungen, die tiefe „Engramme" hinterlassen haben, ohne daß ich sie bei Tage als belastend oder störend empfinden würde.

Im Gespräch schildert er dann ausführlicher seine Kämpfe:

... ich habe öfters Jabo-Angriffe sozusagen Mann gegen Mann gemacht. Der Jabo gegen mich, ich gegen ihn, denn wir hatten an unserer B1 Zwillingsmaschinengewehre stehen, MG 81, die Jabos griffen die Meßstellungen direkt an, damit das Hirn der Batterie ausgeschaltete werde. Und wenn so ein Jabo in acht Meter auf Sie zukommt, dann fassen Sie das persönlich auf, es ist effektiv so. Ein Luftangriff ist eine unpersönliche Geschichte, da schieße ich gegen eine Maschine, aber wenn der Jabo da vorbeikommt und ich sehe ihn in geringem Abstand vorbeifliegen und ich sehe, wie der da aussieht mit seiner Brille, und der sieht mich auch, dann ist das persönlich gemeint. Von Bombenangriffen habe ich nie geträumt, nur von Jabo-Angriffen, weil

das eine außergewöhnliche persönliche Unverschämtheit war.
Daß das immer gut ausgegangen ist, liegt daran, der hat nicht
so gut gekonnt getroffen wie ich auch nicht.[17]

Nichts setzt so deutliche Markierungen im Lebensablauf der
ehemaligen Jungsoldaten wie die immer wiederkehrenden Erinnerungen aus jenen Kriegstagen. Die statistische Auszählung
ergab, daß 88 (64,7 %) Zeitzeugen von 136 Befragten in ver-
schiedenster Weise von den Kriegsereignissen immer wieder
berührt werden. 34 (25 %) berichten, sie seien selten im Laufe
der Jahrzehnte an ihre Luftwaffenhelferzeit erinnert worden,
andere Ereignisse hätten das Erleben als Flakhelfer überdeckt,
oder ein bald nach dem Krieg einsetzender Verdrängungsprozeß habe viele Erinnerungen ausgelöscht. Wer verdrängt oder
das Erlebte von anderem Geschehen als überdeckt betrachtet,
hat damit noch nicht seine erfahrenen Emotionen negiert. Ein
Zeitzeuge meinte im Gespräch dazu: „Ich glaube, daß die
damals 15- und 16jährigen das bis heute noch nicht einhun-
dertprozentig verarbeitet haben; das schmort irgendwo."

Die Janusköpfigkeit der Erinnerung

Mit dem letzten Kapitel betrachtet der Verfasser die Spurensuche aus den bewegten letzten Kriegsjahren als abgeschlossen. Eine Fülle von Fragen prasselte auf die Veteranen nieder.
Damit wurden die meisten aus längst stillgelegten Reserven
hervorgelockt, aus „Stellungen", in die sie ihre Engramme
verbannt hatten. Aber bevor der letzte Buchteil mit der obli-
gatorischen Zusammenfassung und Bilanz des Geschriebenen
abschließt, muß sich der Leser noch mit einer Frage an die
Zeitzeugen befassen, die darüber Aufschluß geben wird, ob der
ehemalige Jungsoldat das Erlebte und Erfahrene anderen Menschen gerne mitteilt oder ob eher das Gegenteil der Fall ist.
Diese Frage gilt also nicht der Spurensuche aus vergangenen
Kriegs- und Nachkriegszeiten, sie eröffnet aber höchst interessante Aspekte, die auf die mentale Einstellung der Zeitzeugen 50 Jahre danach hinweisen.

Jeder Mensch erzählt gerne, was er heute, gestern oder im
letzten Urlaub gemacht hat, berichtet von Episoden aus seiner
Kindheit, von Mutter, Vater, Geschwistern und Freunden. Die
mündliche Kommunikation unter Menschen besteht zum großen Teil aus Erzählungen und Berichten aus der Vergangenheit.

Und wie sieht es bei den ehemaligen Flakhelfern aus? Erzählen sie gerne aus ihrer Soldatenzeit?

Weil die Antworten recht differenziert ausgefallen sind, soll für den Leser zum besseren Verständnis noch vor den Zitaten der Zeitzeugen und der Analyse ihrer Meinungen eine statistische Auswertung vorangestellt werden. Nach der bewährten Dreiergruppeneinteilung wurden in die Plusgruppe alle Antworten eingeordnet, die eine positive Bereitschaft zum Erzählen der Erinnerungen aus der Kriegszeit als Schülersoldat zeigten. Ansprechpartner sind in der Regel Familienangehörige, besonders die eigenen Kinder oder Enkel. Genannt werden aber auch immer wieder von den Zeitzeugen, die den Lehrberuf ergriffen haben, die Schüler. Die dankbarsten Abnehmer von Erinnerungen aus den Flakstellungen sind die ehemaligen Luftwaffen- und Marinehelfer selbst. Bei den vielen immer wiederkehrenden Treffen der Schülersoldaten von einst werden im „Kameradenkreis" die alten Geschichten aus Schule und Flakbatterie im „Tauschverfahren" mitgeteilt.

96 von 149 Befragten (64,4 %) konnten in diese erste Gruppe eingeordnet werden. Natürlich gab es bei diesen Plusstimmen keine durchgängige begeisternde Zustimmung zur Mitteilung oder zum Austausch von Erinnerungen. Von fast allen wurden in irgendeiner Form Vorbehalte geäußert. So erzählte man die Erlebnisse und Erfahrungen nur den Personen, die Verständnis dafür zeigten. Das waren in der Regel die Kameraden von einst. Von sehr vielen und nicht nur von denen dieser Gruppe wurde festgestellt und beklagt, daß die Zuhörer keinerlei Verständnis für das Erleben der Jungen in den letzten Kriegsjahren aufbrächten. Die Einzigartigkeit der Lebensumstände von damals sei so fremdartig, daß sie mental nicht nachvollzogen werden könne. Schulterzucken und Langeweile seien die Reaktionen. Die dankbarsten Zuhörer sind noch, abgesehen von den Gleichaltrigen, die Familienangehörigen der früheren Schülersoldaten. Der Ehemann, Vater oder Großvater wird schließlich in einem anderen Licht gesehen als fremde Personen, die vielleicht mit der Gloriole des jugendlichen Helden Erlebtes erzählen und nur zu schnell aus Unkenntnis des einstigen Zeitgeschehens von den Zuhörern in die rechte Ecke als halbe Nazis gestellt werden.

Den Vater oder Großvater kennt der Nachwuchs und zeigt Verstehen, gepaart mit Mitgefühl. Und vielfach wurde berichtet, daß aus dem Erzählen von Spotlights des Jungsoldatenlebens des eigenen Vaters der Wunsch bei den Kindern entstand, alles für sie aufzuschreiben. Auf diese Weise sind manche interne Zeitdokumente entstanden, die ihren Wert vielleicht bei künftigen Generationen erst richtig zeigen werden.

Die genannten Vorbehalte haben aber keineswegs die Zeitzeugen davon abgehalten, die Frage positiv zu beantworten. Anders sieht es bei den 34 (22,8 %) anderen Zeitzeugen der Befragungsaktion aus. Sie geben an, daß sie selten von ihrer Flakhelferzeit erzählt hätten. Nur wenn sich die Gelegenheit ergeben habe, mit Gleichaltrigen aus demselben Erlebniskreis zusammenzutreffen, seien persönliche Berichte zustande gekommen. Die Zeit wurde also nur hin und wieder hervorgeholt und wenn, dann ohne Begeisterung, ohne jeglichen „Glanz des heldenhaften Gedenkens".

Dieses Einschätzen der Gesprächsbereitschaft sagt nichts aus über die in diesem Forschungsprojekt untersuchten Fragen nach dauerhaften Prägungen aus der Jungsoldatenzeit der Zeitzeugen. Es wird von den Betroffenen nur zum Ausdruck gebracht, daß sie über diese Dinge nicht gerne gesprochen haben. Sicherlich liegt die Motivation für diese Einstellung vorwiegend in der ablehnenden Haltung des NS-Regimes und der Verurteilung der verbrecherischen Handlungsweise der NS-Führung, Kinder und Schüler für den Kriegsdienst zu mißbrauchen.

Die restlichen 19 (12,8 %) früheren Schülersoldaten beantworten die Frage mit „Nein". Sie gehören weitgehend zu dem Teil der Probanden, die, wie schon eingangs erwähnt, als Flakhelfer vom Bombenkrieg über Deutschland kaum betroffen wurden und ihre späteren Erfahrungen beim anschließenden Militärdienst in diesen Fragenkomplex nicht eingebracht haben, im Unterschied zu etlichen anderen früheren Schülersoldaten, die ihre Zeit bei der Flak, beim RAD und Militär als eine Einheit betrachten.

Wichtiger als die Frage nach der Bereitschaft zum Erzählen ist die nach den Inhalten des Erzählten. Wenn danach auch nicht ausdrücklich gefragt wurde, geben etliche Aussagen doch aufschlußreiche Informationen. So mancher Schülersoldat, der Lehrer geworden ist, hatte das Bedürfnis, seinen Schülern von der Zeit des Nationalsozialismus, und speziell vom Kriegseinsatz der Schüler bei der Flugabwehr zu erzählen.

Ludger Siemelfink schreibt im Fragebogen:
Ich habe eigentlich erst in den letzten Jahren meiner Berufszeit in der Schule davon erzählt. Immer nur dosiert. Meistens in

Verbindung mit vervielfältigten persönlichen Urkunden, die ich aus jener Zeit noch besitze. Ich tat es im Bewußtsein, ich müsse auch etwas Persönliches geben. Ich tat es erst, als die eigentlichen Kriegsteilnehmer schon die Schule verlassen hatten, als keine Lehrer mehr da waren, die noch von jener Zeit berichten konnten. Und ich spürte, daß die Jugend dankbar war, daß man ihr etwas aus jener furchtbaren Zeit erzählte. Und die Eltern der Mädchen und Jungen waren ja nicht mehr imstande, von der NS-Zeit und vom Krieg zu erzählen.

Interviewer: Haben Sie die Erfahrung gemacht, daß manche das nicht hören wollten?
Nein. In der Schule ist das natürlich eine willkommene Unterbrechung des Unterrichts. Ich habe aber auch Hintergründe des Nationalsozialismus aufgezeigt.[18]

Der pensionierte Lehrer Bernd Hensler hat nur äußerst kurz im Fragebogen geantwortet:
Ich habe nicht gerne von dieser Zeit erzählt, aber eigentlich doch recht oft, weniger innerhalb der Familie, öfter zu meinen Schülern.

Interviewer: Was haben Sie den Schülern erzählt? Nur die äußeren Geschehnisse, die technischen Seiten, oder haben Sie auch zeitkritische Wertungen angebracht?
Über technische Dinge habe ich nie gesprochen. Ich habe sehr oft mich verpflichtet gefühlt, über diese NS-Zeit zu sprechen, und habe darin bei den Schülern auch über meine Erfahrungen gesprochen. Ungefähr wie ich es auch in dem Fragebogen gemacht habe. Über Geschehnisse, die verbrecherischen Charakter hatten, also 15jährige Kinder in den Krieg zu schicken. Wenn das in Persien 1980 geschieht, als Khomeni so etwas tat, war das verbrecherisch. Und in Deutschland ist das nicht viel anders gewesen. Wobei dann meine Zuhörer jedesmal gestaunt haben, daß es so etwas gegeben hat. In der Geschichte der Nazizeit wird von diesen LwH relativ selten oder wenig gesprochen. Die erscheinen ja nicht als eine große historische Bewegung. Somit habe ich also versucht, dieses verbrecherische NS-System deutlicher zu entlarven. Auch in der Lehrerfortbildung, die ich später gemacht habe, habe ich oft davon gesprochen, aber gerne gesprochen habe ich nie davon. Auch heute nicht. Als ich den Fragebogen von Ihnen bekommen habe, habe ich mich auch da völlig zurückgezogen und habe mit niemandem weiter darüber gesprochen. Später habe ich das Ergebnis des Fragebogens meinen Kindern, ich habe sechs Kinder, gezeigt, und wir haben darüber gesprochen. Ich habe das auch

*nie verschwiegen, alle diese Erlebnisse aus dieser Zeit, aber
gerne habe ich nicht erzählt. Ich fange von mir aus nicht an zu
schwadronieren, so nenne ich das. Ich kann mich fürchterlich
darüber ärgern, wenn ich manchmal Leute höre, die über ihre
Kriegszeit erzählen, als seien sie da als Helden herumspaziert.
Und dann kommen solch glorifizierende Kriegserlebnisse zustande.*[19]

Diesen Zeitzeugen haben wir schon als einen in sich gekehr-
ten Mann kennengelernt, der viel über die unselige NS-Zeit
nachgedacht hat. Er ist ein gutes Beispiel dafür, wie man
Aufklärungsarbeit für die später Geborenen durchführen
kann. Übrigens hat so manch anderer seiner Luftwaffenhelfer-
kollegen seinen Abscheu gegenüber dem „Schwadronieren",
wie Hensler es nennt, geäußert.

Ein bemerkenswertes Beispiel für Erzählen und welche Wirkung es beim Erzähler und beim Zuhörer ausübt, liefert Dietmar Klesper:

*Bei meinem Sohn in der Klasse mußte ich mal erzählen als
Zeitzeuge, wie das war. Da habe ich ihnen von Berlin und den
Bombenangriffen erzählt. Ich hatte mir auch extra Mühe gegeben, möglichst schrecklich davon zu erzählen. Da sagte mir
mein Sohn danach: „Du hast erzählt, und deine Augen haben
geleuchtet." Das war peinlich. Das ist genau der Wahnsinn.
Daß man irgendwo etwas erlebte, das man keineswegs bejahen
kann, verstandesmäßig schon gar nicht. Daß das ganz sinnlos
war und vom Bösen getragen war, das ist doch das Problem.
Und dann die ganzen Dinge, die da schön waren, dieses Sich-
durchbeißen-Müssen. Es ist doch alles zufällig und wirr, was
da gelaufen ist oder was man heute darüber denkt.*[20]

Die Peinlichkeit spiegelt sich in Gestik und Mimik des Zeitzeugen beim Gespräch deutlich wider. Gerade diesem Exluftwaffenhelfer kann man in keiner Weise Tendenzen zum glori-
fizierenden Heldentum vorwerfen. Diesen Eindruck gewann
der Interviewer während des zweistündigen Gesprächs. Aber
der Sohn als aufmerksamer Zuhörer und Beobachter las aus
den Augen seines Vaters den Enthusiasmus heraus. Bei aller
kritischen Einstellung zu dieser schrecklichen Zeit läßt sich so
etwas nicht verbergen. Noch kurz zuvor, bevor er diese Begebenheit in der Klasse seines Sohnes erzählte, sagte Klesper: „Es
war eine tolle Zeit, das muß man schon sagen, so als Luftwaffenhelfer gefordert zu sein." Die ganze Janusköpfigkeit dieses
Themas erfüllt immer noch den Zeitzeugen.

Von dieser Doppelgleisigkeit berichtet auch Bruno Zumhorst auf die Frage, ob er gerne aus seiner Luftwaffenhelferzeit erzählt habe:

Leider ja, auch zur Bewältigung dieser Zeit. Meine beiden Söhne hörten gern zu, werteten diese Berichte nach meiner Meinung aber für ihre weltanschauliche Einstellung richtig, da von mir keinerlei Beschönigung oder Verharmlosung erfolgte.

Interviewer: Warum haben Sie „leider" geschrieben?

An sich muß ich jetzt sagen, daß für junge Leute 40 Jahre und länger später das kein Thema sein sollte, höchstens ein kritisches Thema. Und ich habe mich aber oft dabei erwischt, daß ich diese Thematik nicht kritisch anzugreifen wußte; und meine Frau hat mich auch oft erwischt und hat gesagt: „Hör mal zu, du kommst jetzt in die Phase der Schwärmerei und der Beschönigungen." Aber das ist oft so gewesen, daß Situationen und Erlebnisse in dieser Zeit auch was Frohstimmendes an sich hatten, wenn es um gemeinsame Handlungen, um Kameradschaft usw. ging oder um Handlungen, die man positiv geleistet hat. Da war irgendwie untergründig noch ein Stück Stolz und Befriedigung drin. Und dann erwischt man sich auch dabei, daß die Flakzeit dieses naturgegebene und altersgemäße Abenteuerdenken beglückt hat, das in jedem jungen Menschen drin ist. Und wenn ich mich dabei erwischte, daß ich wieder diesen tollen Tag oder diese Nacht mit den Ereignissen schilderte, dann mußte ich mich immer schnell zurücknehmen, selbstkritisch zurücknehmen.[21]

Auch Ludwig Gawenda war Lehrer und wurde bei seinen vielfältigen Kontakten zu Jugendlichen von seiner Flakhelferzeit und den Jahren nach dem Krieg stark beeinflußt. Übergreifend beispielhaft für das Verhalten vieler Luftwaffen-und Marinehelfer sind einige Geschichten, die Gawenda im Interview schildert. Zunächst schreibt er auf die Frage nach dem Erzählen nur sehr knapp:

Ich habe nie gern aus meiner Flakhelferzeit erzählt, die Reaktionen waren dann stets Mitleid oder Unverständnis.

Interviewer: Hatten Sie Angst vor diesen Reaktionen, oder fürchteten Sie Emotionen, die Sie unangenehm an diese Zeit erinnern könnten?

Angst vor diesen Reaktionen. Als ich nach Tübingen zum Studium kam, die Kommilitonen waren zwei/drei Jahre jünger als ich, da lernte ich einen Arztsohn, der Medizin studierte, kennen, Der sagte mir, das mußt du so oft wie möglich erzählen, damit du dich davon freiredest. Das hat mir schon nicht gefal-

len, *obwohl es gut gemeint war. Und dann gab es wieder andere, die zwar höflich waren, aber wo ich den Eindruck hatte, die glauben das gar nicht, daß es so war, und später war es so, daß die Mehrzahl, wenn ich auf Einzelheiten einging, ich den Eindruck hatte, das akzeptieren die nicht in dem Sinne einer, ja, Wahrheit ist nicht richtig, sondern das geht an ihnen vorbei. Nicht daß sie mir irgendwie Unwahrheit unterstellt hätten, das glaube ich gar nicht, aber es ging an ihnen vorbei, weil es jenseits ihrer Erfahrens- und Erlebnisfähigkeit war. Und das habe ich akzeptiert, wäre mir vielleicht genauso gegangen, obwohl ich denen immer gesagt habe, auch meinen Bekannten, für mich als Dorfjungen hat es nichts Interessanteres gegeben, wenn auf dem Rittergut, das gehörte einem Baron, und die Kinder der Knechte und Mägde waren meine Freunde da, der eine Kutscher beim Baron mit einem Bauern, der die Milch immer nach Freiburg in die Molkerei fuhr, abends oft zusammenstanden und ihre Erlebnisse vom Krieg erzählten. Das waren eben ganz kleine Soldaten vom Dienstrang, die waren beide im Ersten Weltkrieg Soldaten; da haben wir Jungens Maulaffen feilgehalten, uns hat das damals unheimlich interessiert. Und die Jungen kommen heute mit den Argumenten der heutigen Zeit. Wenn ich sagte, wir mußten dies und dies machen, dann fragten die: „Warum habt ihr das machen müssen?"*[22]*

Es läßt sich fragen, warum dem Studenten Ludwig der gute Ratschlag des Arztsohnes mißfallen hat. Der Zeitzeuge gehört zu der Gruppe der Jungsoldaten, die durch ihr frühes Reifsein schon als Jugendliche ohne elterlichen Beistand durchaus wußten, wie man sich durch die unruhigen Notzeiten durchzuschlagen hatte. Und nun kommt so ein zwei, drei Jahre Jüngerer ohne persönliche harte Kriegserfahrungen daher und will gute Ratschläge erteilen. Solche Bevormundung hätte keinem „alten Kriegshasen" gefallen, wenn auch eine noch so gute Absicht dahintersteht. Leider hat der Interviewer es versäumt, nach den Gründen des Mißfallens zu fragen, deshalb dieser Versuch einer Erklärung. Der Zeitzeuge kann auch nichts anderes sagen als die meisten Zeitzeugen: Unverständnis gegenüber dem Erlebten aus dem Krieg. Andere aber verstummen, ziehen sich zurück, öffnen sich dem Tagebuch und teilen sich nur noch dem Gleichaltrigen mit dem gleichen Erlebnishorizont mit. Gawenda allerdings kann das nicht so ganz begreifen: Hat er nicht auch mit hochroten Ohren als Junge den „Heldengesängen" der Weltkrieg-1-Krieger andächtig gelauscht? O tempora, o mores! Die Jungen von heute hinterfragen alles, und das ist gut so. Kritik, Protest, Widerstand gegenüber den Staatsautoritäten waren unbekannte Wortgebilde der Generation des Dritten Reiches. Der Exmarinehelfer bietet hier ein Stück Mentalitätsgeschichte.

Die Zeitzeugendokumentation auf die Frage nach dem Erzählen soll Günter Voß abschließen, der im echten Erzählton das „Gerne" oder „Nicht-Gerne" gut schildert.

Ja, unseren Kindern und anderen Interessierten erzähle ich gerne aus dieser Zeit - vielleicht geht es ihnen dabei wie mir als Kind, wenn der Vater oder andere vom Weltkrieg erzählten. Das war doch so etwa kurz nach dem Siebenjährigen Krieg!

Interviewer: In welcher Form haben Sie erzählt, anekdotenhaft oder auch mit Kritik an dieser Zeit?

Natürlich, man kann da nicht nur das Positive herauspicken oder nur Döntges erzählen. Daran liegt mir nichts, und daran liegt auch meinen Kindern nichts. Die wollen dann auch wissen, wie es wirklich war. Man gerät natürlich im zunehmenden Alter in die Gefahr, immer dasselbe zu erzählen. Und dann bremst meine Frau schon. Die Frauen sind ja im allgemeinen die Leidtragenden, wenn die alten Herren von anno „Leipzigeinundleipzig" anfangen zu schwärmen oder zu erzählen, wie schön es bei der Truppe war.

Interviewer: Haben Ihre Kinder Ihnen hin und wieder den Vorwurf gemacht: Papa, jetzt wirst du richtig enthusiastisch?

Das ist wahrscheinlich auch mal der Situation angemessen gewesen. Ich könnte mir vorstellen, als wir das erste Gefecht hatten bei der Flak, das war ja sehr eindrucksvoll, wir hörten ja sonst nur aus dem Keller dieses Dröhnen, das durch die Schornsteine herunterkam, während wir da an Ort und Stelle sahen, wie die Flakgeschütze schossen, und bei dem Höllenspektakel, da mußte ja der Feind zusammenbrechen - so ungefähr - und unsere Stadt in Ruhe lassen. Diese Begeisterung kann ich heute noch nachvollziehen. Wir hatten das Gefühl, wir wehren uns unserer Haut. Also hier soll er nicht durchkommen und hier alles kaputtschmeißen. Ja, kann sein, daß da meine Augen auch mal leuchteten, aber so viele leuchtende Sachen haben ich auch wieder nicht erlebt. Jedenfalls meinen Kindern vermittele ich nicht, daß ein Krieg eine Ehre sei, es ist eine erbärmliche Metzelei, sonst nichts.[23]

Manche Wunden schmerzen noch

Mit der Beantwortung der letzten Frage des Fragenbogens wurde dem Zeitzeugen die Gelegenheit gegeben, gleichsam selber das Schlußwort zu diesem Forschungsprojekt zu formulieren. Der frühere Schülersoldat sollte Antwort geben auf die Frage, ob nach seiner Einschätzung die Jungsoldatenzeit auf seine Persönlichkeitsprägung einen Einfluß ausgeübt hat.

Was ist eigentlich unter Persönlichkeitsprägung zu verstehen? Eine Person ist ein ichbegabtes Wesen, das eine erkennende und handelnde Beziehung zu anderen Personen und zu seiner Umwelt entwickeln kann. Somit hat jede Person eine individuelle Geschichte, durch die das betreffende Individuum sich zu einer eigenen Persönlichkeit entwickelt mit bestimmten Anlagen, Haltungen, Charakterzügen und Meinungen über sich und die Welt.[24] Die Summe der Lebensphasen macht jeden Menschen zu der Persönlichkeit, die sich im vollen Umfang erst im reifen Lebensalter zeigt. Ein solcher Abschnitt geriet durch diese Untersuchung bei einer bestimmten Gruppe ins besondere Blickfeld. Es war ein Zeitraum, der im einhelligen Urteil der Probanden dieser Studie eine herausragende Stellung in ihrem Lebensablauf einnahm und gerade dadurch, daß er einen Teil ihrer Jugend umfaßte, in intensiver Weise zur Gestaltung der Persönlichkeit beigetragen hat. In welcher Weise und aus welcher Perspektive betrachtet, positiv oder negativ, ist in vielfältiger und unterschiedlichster Art in den einzelnen vorausgehenden Kapiteln dargelegt worden. Die Zeitzeugen haben in eindrucksvoller und überzeugender Weise auf die prägenden Elemente dieser kurzen, aber bewegten Zeit hingewiesen. Die Spuren, wenn auch manchmal schwer wahrnehmbar, sind im weiteren Verlauf des Lebens der ehemaligen Flakhelfer unübersehbar.

Es gibt eine ganze Anzahl von Zeitzeugen, die in ihrer Fragebogenantwort oder im Gespräch definitiv feststellen, daß sie in der kurzen Zeit ihres Soldatseins entscheidend in ihrer Persönlichkeit geprägt worden seien. Einige sollen hier beispielhaft angeführt werden.

Jürgen Müller schreibt:

Es war für mich wohl die einprägendste Zeit meines Lebens und hatte einen wesentlichen Einfluß auf mein Leben. Sie war aus meiner Sicht für mich gut, immer selbstentscheidend im Leben handeln zu können, anpassungsfähig zu sein, wenn erforderlich, und nicht immer nach Hilfen Dritter zu jammern, wenn ich es auch selbst schaffen kann. Und nicht immer alles so zu machen, wie es vorgeschrieben zu sein scheint, wenn es bessere eigene Wege gibt. Aber auch zu erkennen, daß ich im Leben in einer Gemeinschaft eigene Freiheiten zurückstecken muß, weil ich eben gegenüber den anderen auch Pflichten habe.[25]

Der Zeitzeuge zählt hier eine Reihe von erlernten Verhaltensweisen auf, die als typische Persönlichkeitsfaktoren genannt werden, wie Selbstbeherrschung, Durchsetzungsfähigkeit und Bereitschaft zur sozialen Zusammenarbeit.

Richard Werther antwortet nur kurz in seinem Fragebogen: *Ja, und zwar in vieler Hinsicht.*

Interviewer: In welcher Hinsicht?
Das Reagieren auf Anforderungen, daß ich da nicht übergeschnappt oder beleidigend dem anderen gegenüber reagiere, sondern daß ich das in Formen bewahre, an den anderen auch denke, menschlich gesehen, und dennoch zu einer Lösung komme, die für den anderen wie für mich selber irgendwie nützlich, aufbauend, ganz einfach positiv ist. Das ist ja auch eine Lehre, wenn wir irgendwie Oberschüler geblieben wären ohne Gemeinschaftsdrill damals, hätten wir manchmal sicher anders, eingebildeter als Akademiker, ich sage ja immer „Akamimiker", reagiert.[26]

Bei diesem Zeitzeugen steht bei der Gesamtbeurteilung seiner Aussagen das mitmenschliche Füreinander, das er auch an anderer Stelle als Kameradschaftsgeist umschreibt, ganz hoch in der Wertung für Lebensprinzipien. Der junge Mensch von heute wird am Wort „Gemeinschaftsdrill" heftig Anstoß nehmen. Es hat den Klang der verordneten Zwangsmaßnahme. Zur selbstlosen Fürsorge oder gar zur Nächstenliebe kann keiner gezwungen werden. Für Werther hat das Wort einen anderen Klang. Die Erlernung der Fürsorgepflicht, die ihm beim Militär als Persönlichkeitsprägung eingegangen ist, ist richtungweisend für sein ganzes Leben.

Die Bilanz, die Ottmar Krämling zieht, sieht so aus:
Die Flakhelferzeit ist nur eine kurze Periode in meinem Leben, aber sie hat einen großen Einfluß auf mein Leben. Wie ich schon ausführte, ist sie zusammen mit dem RAD, dem Militär und der Gefangenschaft, verbunden mit der Vertreibung, für mein Leben prägend. Wie weit dieser Einfluß entscheidend war, kann ich nicht sagen, weil ich schon nicht weiß, was ohne dies geschehen wäre. Wenn man lebensbedrohende Situationen

überlebt, kann man positive Schlußfolgerungen ziehen und auch negative. Für mich sind die Erfahrungen positiv, ich könnte natürlich auch die negativen in den Vordergrund stellen. Mein Vater schrieb mir einmal, er wundere sich, daß ich mich nie beschwert hätte, daß ich zu früh geboren wäre, dann hätte ich das alles nicht erleben brauchen. Ich denke gar nicht daran und habe eigentlich nie die Versuchung gehabt, das überhaupt in Erwägung zu ziehen. Vielleicht ist das mein Charakter.[27]

Albert Petzold (Ingenieur i. R.) spricht in schlichter, aber deswegen nicht weniger beeindruckender Weise:

... doch, also irgendwie würde ich das bejahen. In dem jungen Alter da schon mehr oder weniger seinen Mann zu stehen, glaube ich, hat das einen schon geprägt. Ich habe was übernommen, und irgendwie im stillen sage ich mir, immer wenn ich die Jugendlichen hier sehe, Mensch, in dem Alter hast du schon ganz was anderes geleistet. Das ist schon eine Prägung, das glaube ich doch.[28]

Als 15jähriger wurde Petzold Luftwaffenhelfer, mit 18 Jahren kehrte er Ende 1946 aus einem sibirischen Gefangenenlager als Dystrophiker zurück. Er spricht nicht gerne über diese Zeit, nur wenn er ausdrücklich dazu aufgefordert wird. Es ist ihm immer „peinlich", wenn man ihn dazu drängt. Sein Auftreten, sein Sprechen machen auf den Interviewer den überzeugenden Eindruck: Dieser Mann ist von diesen drei Jahren für das ganze Leben geprägt worden.

Erst durch den Aufruf zu dieser historischen Forschung hat der frühere Luftwaffenhelfer Gebhard Wagner tiefere Rückschau gehalten:

Ingesamt hatte die Zeit als Flakhelfer einen entscheidenden Einfluß auf die Ausprägung meiner Persönlichkeit, was jedoch im wesentlichen auch auf mein damaliges Alter zurückzuführen ist, in dem zwangsläufig bestimmte Weichen gestellt werden. Und ich bin eigentlich erst durch Ihre Fragerei darauf gekommen, wie wichtig dieser Lebensabschnitt gewesen ist, das ist mir eigentlich nicht so klar gewesen, muß ich ganz ehrlich sagen, aber wenn ich ehrlich bin, muß ich zugeben, ja, das war so, aber das ändert nichts an der Tatsache, daß ich für mich im Prinzip bis auf manche Einwirkungen diese Zeit für eine verlorene Zeit halte. Es gibt auch keine positive Erinnerung.[29]

Die Erkenntnis, daß jemand die Flakhelferzeit für eine verlorene Zeit hält und ihr keine positiven Seiten abgewinnen kann, sie aber dennoch für die Persönlichkeitsformung als entscheidend betrachtet, braucht kein Widerspruch zu sein. Wie bereits festgestellt, hat so mancher aus negativen Erfahrungen positive Erkenntnisse gewonnen.

Ein hoher Anteil der in diesem Forschungsprojekt befragten und interviewten ehemaligen Flakhelfer der Jahrgänge von 1926 bis 1928 hat deutlich zum Ausdruck gebracht, daß diese Jungsoldatenzeit einen Einfluß auf die Persönlichkeitsbildung hatte. So sprechen 100 (71,4 %) von 140 Befragten. 22 (15,7 %) von ihnen beantworten die Frage mit Einschränkungen. Eine Beeinflussung liege schon vor, so die Tendenz ihrer Aussagen, aber auf keinen Fall eine entscheidende; andere Lebensabschnitte, wobei manche besonders die anschließende Militärzeit, eventuell mit Gefangenschaft, meinen, hätten stärker zur Persönlichkeitsbildung beigetragen. In beiden Gruppen wurde immer wieder geäußert, daß eine kompetente Antwort sehr schwer zu fassen sei. Sie hätten schon das Gefühl, daß diese Zeit sich stark in ihr jugendliches Bewußtsein eingegraben habe, aber Spuren hierfür in ihrem Leben auszumachen sei sehr schwer oder fast unmöglich. Andererseits sagte so manche Ehefrau der Veteranen, die diese Frage nicht so präzise beantworten konnten: „Mein Mann ist aus dieser Zeit deutlich geprägt, das merke ich daran, wie er sich manchmal verhält."

Bleibt noch der kleine Rest von 18 Zeitzeugen zu erwähnen, die die Frage mit „Nein" beantworten. Für sie gelten die Erwägungen, die schon an verschiedenen anderen Stellen gemacht worden sind: Während die zuerst erwähnten Zeitzeugen auf das Besondere in diesem Abschnitt ihrer Jugendzeit hinweisen und daraus Prägungen ableiten, können sich die meisten Neinsager eben nicht darauf berufen; ihre Flakhelferzeit ist ereignisarm abgelaufen. Vielleicht haben auch bei manchen von ihnen zu stark Verdrängungsfunktionen gewirkt, die die Retrospektive für ihre jugendliche Bewußtseinslage und die Fähigkeit zu schlußfolgernden Selbsterkenntnissen verschleiert haben.

Als die letzten Seiten dieses Buches geschrieben wurden, las der Autor in seiner Tageszeitung einen UNICEF-Bericht über den Einsatz von 200 000 Kindersoldaten unter 16 Jahren gegen Ende der 80er Jahre in den Kriegs- und Krisengebieten in aller Welt. Solche Kinder, so die UN-Studie, litten noch sehr viele Jahre unter Alpträumen oder psychosomatischen Erkrankungen. Dieser Bericht hat die Menschen betroffen gemacht. Von 1943 bis 1945 kämpften 200 000 Kinder(Schüler)soldaten auf deutschem Boden. Einige von denen, die heute noch leben, haben nun berichtet, wie diese Zeit sie bis heute nicht losgelassen hat und wie manche Wunden heute noch schmerzen. Macht das die Menschen der Kinder- und Enkelgeneration betroffen?

Anmerkungen, Quellenverzeichnis

Erster Teil

1 Siehe Literaturverzeichnis

2 Grass: Rede von der Gewöhnung, in: ders. 1968, S. 169

3 Itschert 1984, S. 14

4 Schätz 1972

5 Der Ausdruck „Flakhelfer" ist nur bedingt anwendbar. Unter Flakhelfer wurden ursprünglich nur die Hiwis, die Hilfswilligen in den Heimatflakbatterien, verstanden, die sich aus sowjetischen Kriegsgefangenen rekrutierten. Auch wurden mancherorts die Flakwehrmänner, ältere Männer, die für den normalen Wehrdienst nicht mehr einberufen wurden, als Flakhelfer bezeichnet. In der Literatur hat sich der Ausdruck „Flakhelfergeneration" eingeschlichen, z. B. bei Bude 1987, S. 39. Das ist ein irreführender Begriff, denn die Schüler und Lehrlinge des Jahrgangs 1929 wurden offiziell nicht zum Flakdienst einberufen; siehe Nicolaisen 1981, S. 402, und Schörken 1990, S. 13. Unter keinen Umständen lassen sich die Jahrgänge 1929/1930 in den Begriff Flakhelfer einordnen. Vielleicht haben einzelne dieser Jahrgänge noch beim sogenannten Volkssturm mitgemacht. Wenn dennoch in dem vorliegenden Buch der Ausdruck „Flakhelfer" verwendet wird, dann nur in der Bedeutung Luftwaffen- und Marinehelfer, Jahrgänge 1926 bis 1928.

6 Grele: Ziellose Bewegung. Methodologische und theoretische Probleme der Oral History, in: Niethammer 1985, S. 195

7 Vorländer: Mündliches Erfragen von Geschichte, in: Drs. 1990, S. 10

8 Hagemann: „Ich glaub' nicht, daß ich Wichtiges zu erzählen hab'...", in: Vorländer 1990, S. 34

9 20.7.39 Fragebogen, Interview, Brief, in: Archiv des Verfassers

10 11.10.24

11 B 138

12 20.5.40 - 43

13 3.9.9 - 12

14 Stöckle: Zum praktischen Umgang mit Oral History, in: Vorländer 1990, S. 132

15 2.68.32 f

16 3.52.34 - 39

17 Vgl. Krech 1985, S. 65/66

18 Vgl. Dilthey 1968, S. 200

19 2.15.39 ff

20 2.31.29 - 31

21 3.3.11 - 13

22 4.58.11 ff

23 4.81.9 - 13

24 Dilthey 1968, S. 37

25 Greiffenhagen, Martin: Die Luftwaffenhelfer. Erfahrungen einer „peer group" des Zweiten Weltkriegs. Stuttgarter Zeitung vom 5. Juli 1980

26 Dülk 1993, S. 5

Zweiter Teil

1   Vgl. Condrau: Entwicklung und Reife, in: Böckle 1981, S. 58

2   Vgl. Schörken 1984, S. 69 f

3   2.24.17 - 29

4   6.11.45 - 12.6

5   2.1.12 - 29

6   2.26.4 - 10; 12 - 16

7   4.72.37 - 73.14

8   6.16.9 - 25

9   6.17.39 - 18.5

10 6.12.10 - 17

11 3.36.23 - 35

12 3.38.31 - 36; 38 - 40

13 6.1a.49 - 2a.21

14 16.1.40 - 43

15 4.22.21 - 37

16 6.14.38 - 15.3

17 2.75.8 - 32; 35 - 49

18 6.7.29 - 46

19 1.28.4 - 28

20 6.1a.15 - 31

21 4.1.27 - 2.6

22 Vgl. Bude 1987, S. 75 ff

23 20.1.40 - 2.3

24 Z. B. Hildebrand 1991, S. 301

25 Kannicht 1985, S. 220

26 3.11.38 - 12.10; 19 - 26

27 Spranger 1932, S. 2

28 1.81.48 - 82.4

29 6.4.25 - 35

30 7.5.26 - 30

31 7.6.25 - 32

32 7.8.4 - 18

33 7.12.25 f

34 7.15.31 - 40

35 7.15.45 - 16.4

36 2.87.39 - 41

37 4.23.22 - 29

38 4.53.14 - 22

39 4.86.10 - 27

40 4.107. 10 - 16

41 4.43.49 - 44.8

42 8.5.27 - 33

43 3.45.3 - 26

44 3.107.15 - 33

45 7.9.32 - 37

46 7.10.17 - 31

47 4.61.15 - 37

48 7.17.24 - 28

49 Haehling von Lanzenauer o. J., S. 29 f

50 7.8.45 - 9.2

51 Kehlenbeck 1993, S. 89/90

52 3.82.14 - 28

Dritter Teil

1 Lehmann 1983, S. 208
2 Golowitsch 1985
3 Kannicht 1985, S. 221
4 Schörken 1990, S. 18
5 4.65.31 - 66.12
6 4.111.38 - 112.33
7 1.73.12 - 16; 23 - 31; 74.1-7
8 13.11.9 - 11
9 13.11.3 - 8
10 1.10.45 - 11.4
11 3.49.8 - 14
12 4.91.3 - 13
13 4.27.4 - 7; 28.10 - 20
14 1.84.49 - 52; 85.15 - 40
15 1.86.18 - 20; 87.1 - 9
16 1.62.45 - 63.18
17 1.21.11 - 16
18 13.10.39 - 46
19 4.56.17 - 22
20 13.4.21 - 31
21 1.21.2 - 10
22 3.102.27 - 38
23 4.69.3 - 8
24 1.63.48 - 50
25 1.53.23 - 54.14
26 1.11.25 - 30
27 1.82.12 -.19; 29 - 32
28 1.18.22 - 19.14
29 1.17.37 - 18.9
30 2.36.22 - 38.3; 42.33 - 43.6
31 Vgl. Kannicht 1985, S. 249
32 Vgl. Lehmann 1983, S. 68
33 15.8.4 f
34 15.8.6 - 10

35 2.83.1 - 14

36 3.50.13 - 51.23

37 2.21.1 - 17

38 15.2.42 - 3.3

39 2.23.4 - 10

40 3.81.1 - 4

41 15.6.21 - 35

42 15.7.42 - 44

43 2.72.42 - 45; 70.22 - 31

44 3.101.15 - 22; 102.42 - 49; 105.22 - 34

45 20.7.8 - 16

46 23.2.30 - 40

47 20.3.21 - 34

48 1.22.33 - 41

49 1.3.28 - 42

50 2.80.2 - 20; 79.11 - 50

51 10.4.3 - 33

Vierter Teil

1 Vgl. De Witt 1982, S. 160

2 Vgl. Kannicht 1982, S. 221

3 Vgl. Schörken 1984, S. 233

4 4.62.24 - 41

5 3.73.1 - 16

6 4.87.9 - 35

7 3.54.8 - 23; 25 - 33

8 1.1.23 - 40

9 1.81.15 - 24

10 2.65.10 - 17; 25 - 29; 73.16 - 21

11 Vgl. Nicolaisen 1993, S. 856

12 9.7.45 - 52

13 12.44.23 - 26

14 4.24.41 - 25.14

15 3.91.23 - 35

16 2.36.2 - 19

17   Nicolaisen 1985, S. 67

18   2.56.31 - 41

19   21.1.6 - 28

20   4.15.41 - 16.6

21   2.83.43 - 52; 3.84.2 - 13

22   10.9. 6f

23   Schörken 1990, S. 46

24   10.8.40 - 43

25   1.42.42f

26   Vgl. Lehmann 1983, S. 120 - 163

27   Vgl. De Witt 1982, S. 100

28   10.12.18 - 20

29   1.32.16 - 43

30   2.70.36 - 48

31   22.14.11 - 15.20

32   10.11.47 - 12.10

33   10.14.31 - 33

34   3.37.41 - 49

35   2.47.26 - 47; 48.3f

36   3.59.14 - 17; 22 - 44

37   3.73.36 - 38; 74.46 - 75.8

38   3.13.2 - 13; 13.23 - 38

39   3.26.33 - 49

40   4.103.13 - 28

41   3.107.7 - 14; 113.4 - 8

42   4.14.44 - 49; 15.15 - 39

43   1.30.27 - 31; 38.19 - 22; 29.43 - 50

44   1.57.35 - 58.3

45   4.5.13 - 38

46   20.5.24 - 28

47   9.13.16 - 22

48   9.16.4 - 25

49   1.48.46 - 49.11

50   1.33.1 - 24

51   1.72.41 - 73.1

52 1.85.46 - 86.10

53 Schulz-Bongert 1995

54 1.33.37 - 47

55 2.7.5 - 10

56 3.87.50 - 88.1

57 4.96.41 - 97.3

58 3.42.7 - 16

59 4.30.18 - 21

60 3.34.38 - 35.8

61 4.10.12 - 18

62 B 124

63 22.22.3 - 5

64 3.20.2 - 21

65 3.101.33 - 38

66 17.1.29 - 31

67 2.72.46 - 48

68 3.52.19 - 21

69 17.10.22 - 24

70 17.11.10 - 12

71 17.2.21 - 30

72 17.4.2 - 4

73 3.52.27 - 32

74 1.31.8 - 21

75 3.20.24 - 27

76 3.40.29 - 37

77 4.37.31 - 46

78 2.40.18 - 35

79 4.29.17 - 41

80 3.90.29 - 36

81 2.61.32 - 36

82 2.81.41 - 82.2

Fünfter Teil

1 Greiffenhagen 1988. Lehmann 1983. Niethammer 1983. Rosenthal 1986. Rosenthal 1987. U. a.

2 In der Vergangenheit sind immer wieder Versuche gemacht worden, Aussagen aus lebensgeschichtlichen Interviews nach der Oral History-Methode zu historischen Ereignissen in Gruppen zusammenzufassen und Identitätskategorien anzulegen. Als Beispiel möge auf die Typeneinteilung von Gabriele Rosenthal 1987, S. 118 f, hingewiesen werden, deren Dreiertypeneinteilung aber mit der hier vorgenommenen Einteilung nicht deckungsgleich ist und aus den dort und hier ersichtlichen spezifischen Umständen auch nicht sein kann.

3 3.99.15 - 22; 5 - 14

4 12.13.30 - 35

5 12.2.1 - 6

6 12.2.47 - 3.2

7 12.3.3 - 8

8 12.14.30 - 15.1

9 4.77.9 - 13; 20 - 33

10 4.110.37 - 11.37

11 2.92.3 - 6

12 1.83.21 - 51; 84.2 - 30

13 2.38.45 - 47; 39.2 - 13

14 12.9.20 - 30

15 12.11.26 - 30

16 12.5.2 - 5

17 12.7.19 - 23

18 4.46.20 - 34

19 4.35.43 - 46

20 12.16.15 - 23

21 4.113.16 - 33

22 1.47.34 - 48.3

23 1.74.15 - 23

24 3.101.25 - 28

25 4.78.43 - 50

26 1.36.50 - 37.7

27 16.6.4 - 10

28 16.6.13 - 16

29 2.40.45 - 41.10

30 3.18.36 - 19.4

31 Schelsky 1957, S. 89

32 4.66.25 - 27; 63.24 - 23

33 22.10.15 - 19; 9.14 - 23

34 1.88.3 - 6

35 1.13.22 - 31

36 Schelsky 1957

37 Bude 1987, S. 45

38 Schelsky 1957, S. 131

39 Greiffenhagen 1988, S. 60

40 22.17.3 - 5; 21 - 27; 31 - 18.8

41 Vgl. Schelsky 1957, S. 93

42 3.49.25 - 43; 55.4 - 13

43 1.49.22 - 34

44 Diese ergänzenden Umstände sind dem Autor aus sicherer historischer Quelle bekannt; aus Gründen der Anonymität des Zeitzeugen kann sie nicht veröffentlicht werden.

45 1.8.16 - 26

46 3.35.28 - 34

47 13.10.6 - 9

48 2.39.13 - 16

49 22.30.26 - 30; 31.1 - 3; 11 - 19

50 3.104.53 f - 105.7 - 13

51 Schörken 1990, S. 150

52 1.25.15 - 24

53 Renner 1993

Sechster Teil

1 Kotre 1996, S. 47

2 ders., S. 54

3 Steinbach, Lothar: Lebenslauf, Sozialisation und „erinnerte Geschichte", in: Niethammer 1985, S. 393

4 Kotre 1996, S. 117

5 23.23.9 - 18

6 1.3.21 - 27

7 4.113.43 ff

8   2.78.40 - 79.3

9   1.88.40 - 44

10 4.80.9 - 17

11 2.15.20 - 22; 10.45 - 11.12

12 3.78.15 - 17; 26 - 43; Bergander 1994

13 10.13.7 - 17; 18.9.6 - 9

14 Böddeker, Günter: Nemmersdorf, in: Reinoß 1983, S. 301 - 305

15 18.6.13 - 18

16 18.10.18 - 29

17 2.41.34 - 50

18 2.24.7 - 29

19 2.83.40 - 84.15

20 4.47.50 - 48.8

21 1.37.25 - 41

22 1.88.45 - 89

23 4.80.32 - 81.5

24 Vgl. Hügli 1991, S. 443

25 20.8.19; 21.3.28 - 35

26 1.49.14 -21

27 3.9.9 - 21

28 20.2.21 - 25

29 3.115.35 - 44

Literaturverzeichnis

Banny, Leopold: Dröhnender Himmel - Brennendes Land. Der Einsatz der Luftwaffenhelfer in Österreich 1943 - 1945, Wien 1988

Bergander, Götz: Dresden im Luftkrieg, Köln/Weimar/Wien 1994

Böckle, Franz; Kaufmann, Franz Xaver; Rahner, Karl; Werlte, Bernhard (Hg.): Christlicher Glaube in moderner Gesellschaft, Enzyklopädische Bibliothek in 30 Bd., Freiburg/Basel/Wien 1981

Bude, Heinz: Deutsche Karrieren, Frankfurt 1987

Dilthey, Wilhelm: Der Aufbau der geschichtlichen Welt in den Geisteswissenschaften (Gesammelte Schriften Bd. 7), 5. Aufl. Stuttgart/Göttingen 1968

Dülk, Franz; Fickentscher, Fritz: Feuerglocke, Luftwaffenhelfer-Schicksale, Kitzingen a. M., 1993

Golowitsch, Helmut: „Und kommt der Feind ins Land hinein...", Nürnberg 1982

Grass, Günter (Hg.): Über das Selbstverständliche, Neuwied/Berlin 1968

Greiffenhagen, Martin: Jahrgang 1928. Aus einem unruhigen Leben, München/Zürich 1988

Haehling von Lanzenauer, Reiner: Die vergessene Kanone, Baden-Baden o. J.

Hildebrand, Klaus: Das Dritte Reich, München 1961

Hügli, Anton; Lübcke, Poul (Hg.): Philosophielexikon, Hamburg 1991

Itschert, Ernst A.: Feuer frei - Kinder!, Saarbrücken 1984

Kannicht, Andreas: Selbstwerden des Jugendlichen, Würzburg 1985

Kehlenbeck, Paul: Schicksal Elbe, Frankfurt 1993

Kotre, John: Weiße Handschuhe. Wie das Gedächtnis Lebensgeschichten schreibt, München/Wien 1996

Krech, David; Crutchfield, Richard S.: Grundlagen der Psychologie, Bd. 3, Lern- und Gedächtnispsychologie, Weinheim/Basel 1985

Lehmann, Albrecht: Erzählstruktur und Lebenslauf, Frankfurt/ New York 1983

Nicolaisen, Hans-Dietrich: Der Einsatz der Luftwaffen- und Marinehelfer im 2. Weltkrieg, Büsum 1981

Nicolaisen, Hans-Dietrich: Die Flakhelfer, Frankfurt/Berlin/Wien 1985

Nicolaisen, Hans-Dietrich: Gruppenfeuer und Salventakt, Büsum 1993

Niethammer, Lutz (Hg.): Lebenserfahrungen und kollektives Gedächtnis, Frankfurt 1985

Niethammer, Lutz (Hg.): Hinterher merkt man, daß es richtig war, daß es schiefgegangen ist, Berlin/Bonn 1983

Reinoß, Herbert (Hg.): Letzte Tage in Ostpreußen, München/Wien 1983

Renner, Ingrid: Die Flakhelfer-Generation aus der ehemaligen DDR im gesellschaftlichen Umbruch, eine biografieanalytische Untersuchung, Diplomarbeit, Berlin 1993

Rosenthal, Gabriele: Wenn alles in Scherben fällt, Opladen 1987

Rosenthal, Gabriele (Hg.): Die Hitlerjugend-Generation. Biografische Thematisierung als Vergangenheitsbewältigung, Essen 1986

Schätz, Ludwig: Schüler-Soldaten, Die Geschichte der Luftwaffenhelfer im zweiten Weltkrieg, Frankfurt 1972

Schelsky, Helmut: Die skeptische Generation, Düsseldorf/Köln 1957

Schörken, Rolf: Luftwaffenhelfer und Drittes Reich, Stuttgart 1985

Schörken, Rolf: Jugend 1945, Politisches Denken u. Lebensgeschichte, Opladen 1990

Schulz-Bongert, Joachim: 1945, Niederlage und Befreiung, Düsseldorf 1995

Spranger, Eduard: Psychologie des Jugendalters, Leipzig 1932

Vorländer, Herwart (Hg.): Oral History, Mündlich erfragte Geschichte, Göttingen 1990

De Witt, Jan; van de Veer, Guns: Psychologie des Jugendalters, Donauwörth 1982

Fragebogen

Fragen zur Person

Ihr Geburtsjahrgang?

Beruf der Eltern?

Welche Schule besuchten Sie, als Sie Flakhelfer wurden?

Wo verbrachten Sie Ihre Kindheit, bis Sie zum Flakdienst einberufen wurden?

Hitlerjugend

Waren Sie gerne Pimpf und später Hitlerjunge? Wenn ja, warum?

Eltern

Waren Ihre Eltern NS-Parteimitglieder? Wenn ja, waren sie aktive oder passive Parteimitglieder?

Flakhelferzeit

Von welchen Gefühlen wurden Sie bewegt, als Sie zum Flakdienst einberufen wurden?

Was können Sie zu Ihrem Verhältnis zu den Vorgesetzten, Unteroffizieren und Offizieren sagen?

Flakhelfer bewegten sich in einer Männerwelt. Sie lernten es früh, sich darin zu orientieren. Sie schufen sich einen Verhaltenskatalog: angepaßte Lebensweise; nicht auffallen; Fassade bewahren; keine Schwäche zeigen; „Strammheit" an den Tag legen, um im übrigen unbemerkt zu bleiben; auf alle Vorteile achten. Können Sie diesen oder einen ähnlichen oder einen anderen Verhaltenskatalog aus Ihrer damaligen Verhaltensweise bestätigen?

Waren diese Verhaltensweisen in irgendeiner Form für Ihr weiteres Leben prägend? Wenn ja, können Sie Beispiele nennen?

Gab es für Sie in Ihrer Flakhelferzeit, vielleicht vor dem Hintergrund einer besonderen Gefahrensituation, ein Schlüsselerlebnis?

Haben Sie in der letzten Phase vor Kriegsende Ängste ausgestanden?

Auswirkungen

Was bewegte Sie unmittelbar bei Kriegsende?

Haben Sie u..er dem Einfluß der Kriegsereignisse ein neues
Selbstwertgefühl erhalten? Haben Sie sich z. B. frühzeitig
erwachsen oder gereift gefühlt? Wie hat sich das bei Ihnen
konkret geäußert?

Ihre Zeit bei Kriegsende und unmittelbar danach?

Rückblick

Haben Sie das Gefühl, daß die Flakhelferzeit für Sie bereichernd für Ihr Leben war?

Haben Sie das Gefühl, daß Sie durch den Nationalsozialismus
um einen Teil Ihrer Jugend betrogen worden sind? Wenn ja,
inwiefern?

Erste Freundschaften mit Mädchen gab es oft im Alter von 15
oder 16 Jahren. Flakhelfern war das in der Regel nicht möglich. Welche Erfahrungen haben Sie gemacht?

Sind Sie nach dem Krieg, vielleicht noch sehr viel später, von
den Ereignissen in Ihren Erinnerungen, in Ihrer Gefühlswelt, eventuell auch in Ihren Träumen berührt worden?
Wenn ja, können Sie Beispiele angeben?

Haben Sie in der Vergangenheit gerne aus Ihrer Flakhelferzeit
erzählt, oder war eher das Gegenteil der Fall?

Die Flakhelferzeit ist rein rechnerisch ein nur kurzer Zeitab-
schnitt in Ihrem Leben. Können Sie dennoch sagen, daß diese
Zeit einen entscheidenden Einfluß auf die Ausprägung Ihrer
Persönlichkeit hatte?

Zusatzfragen (wurden nur beim mündlichen Interview gestellt)

Als Sie aus dem Krieg wieder heimkamen, war da das Verhält-
nis zu den Eltern anders geworden oder gar gestört? Gab es
Konflikte? Ließen Sie sich vielleicht nicht mehr so viel sagen?
Entschieden Sie selbständiger?

Können Sie rückblickend sagen, daß in Ihrem Umgang mit den
militärischen Vorgesetzten gewisse, damals eingeübte Verhaltensweisen Einfluß auf Ihr künftiges Berufsleben genommen haben, Verhaltensweisen wie auch beispielsweise das
damals erfahrene Auf-einander-angewiesen-Sein mit den
Kameraden und natürlich auch der erlernte Gehorsam?

Wie war Ihr beruflicher Werdegang?

Haben Sie schon bald nach dem Krieg am neuen politischen
Leben Anteil genommen? Wenn ja, wurden Sie von dem im
Krieg und in der unmittelbaren Nachkriegszeit Erlebten
dabei geleitet?

Welche politische Partei fanden Sie sympathisch, als sich bei
Gründung der BRD politische Parteien formierten?

In den Jahren 1949/50 wurden Sie wahlberechtigt. Hatten Sie
sich schon zu diesem Zeitpunkt auf eine bestimmte Partei
festgelegt?

Wenn ja, hatte diese Festlegung in späteren Jahren eine grundlegende Änderung erfahren? Können Sie Gründe dafür angeben?